Für Marilier
Freifrau Treusch v. Buttlar Brandenfels

Johannes v. Buttlar

Der Menschheitstraum

Wissenschaftler auf den Spuren der Unsterblichkeit

Econ Verlag
Düsseldorf · Wien

1. Auflage 1975

Gesetzt aus der 11 Punkt Times der Linotron
Satz: Industriedruck AG, Essen-Werden
Herstellung: Mohndruck Reinhard Mohn OHG, Gütersloh
Printed in Germany
ISBN 3 430 11615 5

DANK

all denen, die dieses Projekt durch Anregungen, Forschungsergebnisse und persönliche Gespräche unterstützt haben. Denn ohne sie hätte sich der »Menschheitstraum« nicht realisieren lassen.

Neben den vielen Ungenannten möchte ich ganz besonders danken: Piet Alkema, Niederländische Antillen; Professor Mario de Abreu, Brasilien; den Doktoren Maria Alexandrova und Lew Rudkevich, UdSSR; Professor Ana Aslan, Rumänien; Dr. Johan Bjorksten, USA; Professor Dr. G. Berdyshev, UdSSR; Dr. Siegfried Block, Bundesrepublik Deutschland; Dr. Herman Le Compte, Belgien; Professor Dr. Wolfgang G. Claren, England; Professor Dr. Gerald Feinberg, USA; Hans Gottschlich, Bundesrepublik Deutschland; Professor Dr. Denham Harman, USA; Dr. John H. Heller, USA; Richard Hochschild M. A., USA; Dr. Robin Holliday, England; Professor Dr. Arthur Jores, Bundesrepublik Deutschland; Dr. Gottfried Juppe, Bundesrepublik Deutschland; Dr. Hanns Kaiser, Bundesrepublik Deutschland; Lew W. Komarow, UdSSR; Dr. Heinz Kurz, Bundesrepublik Deutschland; Frieder Mayrhofer, Bundesrepublik Deutschland; Professor Dr. Linus Pauling, USA; Dr. Milan Pesic, Jugoslawien; Dr. Karl Ransberger, Bundesrepublik Deutschland; Professor Dr. Barnett Rosenberg, USA; Dr. Elis Sandberg, Schweden; Dr. P. Smythe, Natal; Professor Dr. Gottfried Schettler, Bundesrepublik Deutschland; Dr. Joachim Stein, Bundesrepublik Deutschland; Professor Dr. Mel Weinstock, USA; Dr. Fritz Wiedemann, Bundesrepublik Deutschland; Dr. Edward Walton, Australien und Dr. R. De Wilde, Fiji.

Besonderer Dank gebührt Dirk Meynecke für seine konstruktive Kritik und ständige Ermutigung, und meiner Frau, die eine hektische Zeit mit Verständnis ertragen hat.

Inhaltsverzeichnis

I

200 Jahre jung – ein Traum?

Die Möglichkeit das Leben zu verlängern, ist ein uralter Wunsch, wohl so alt wie die Menschheit selbst.
Und seit Jahrtausenden verwandten Gelehrte aller Zeiten unendliche Mühe darauf, in die Hintergründe des Alterungsprozesses einzudringen.
Göttliche Unsterblichkeit ist der Traum der Menschheit, die Realität jedoch ist ein fortschreitender Alterungsprozeß mit dem unausweichlichen »Höhepunkt« Tod.
Gegen dieses anscheinend unabwendbare Geschick haben sich schon immer Vereinzelte aufgelehnt.
Gerade heute, mit Eintritt ins kosmische Zeitalter, hadern so manche, daß die dem Menschen bemessene Lebensspanne einfach zu kurz ist. Es erscheint ihnen geradezu als Ironie, daß wir zwar auf dem Mond landen – Sonden aussenden, um unser Sonnensystem zu erforschen; über Satelliten fernsehen, Herzen verpflanzen –, aber den unbarmherzigen Prozeß des Alterns fortschreiten lassen wie eh und je.
Noch vor kurzem belächelten Wissenschaftler die Bemühungen der Alchimisten um das »Elixier des Lebens« und die Versprechungen Heilkundiger der Vergangenheit über eine mögliche Verlängerung der natürlichen Lebensspanne.
Die meisten Mediziner lehnen Begriffe wie Lebensverlängerung oder Verjüngung kategorisch ab. Vielleicht billigen sie eine Behandlung gegen vorzeitiges Altern oder gar eine Art Revitalisierung; aber eine Kontrolle des Alterungsprozesses – niemals. Denn für sie sind Altern und Tod unabänderlich. Nur Dummköpfe oder Scharlatane können es wagen, von einer Umkehrung oder gar Aufhebung dieser Prozesse zu reden.
Haben sie recht? Oder ist die Unabänderlichkeit »Tod« nur ein Vorurteil?
Ich hatte aus verschiedenen Quellen erfahren, daß Forschungsinstitute in aller Welt mit Hochdruck daran arbeiten, das Altern zu meistern. Namhafte Wissenschaftler – Mediziner, Gerontologen und Biochemiker sollen an den Forschungen beteiligt sein.

Jagen sie einem Phantom nach? Etwa dem sagenhaften, viel belächelten »Jungbrunnen«? Oder rückt die »Unsterblichkeitspille« tatsächlich in greifbare Nähe?
Was steckt dahinter?
Reine Sensationsmacherei? Oder etwa schon handfeste Ergebnisse? Meine Neugier war nicht mehr zu bremsen. Ich mußte der Sache auf den Grund gehen. Denn die Konsequenzen aus einer Lebensdauer von 200, 300 oder noch mehr Jahren sind nicht auszudenken! Schließlich hat das Problem des Alterns, des Todes, die Geschichte gestaltet, die menschliche Gesellschaft geformt und ihre Weltanschauung geprägt.
Muß eine derartige Ausdehnung der Lebensspanne nicht eine gänzlich neue Weltanschauung bedeuten?
Eine Welt von ewig Alten – oder vielleicht eine Welt von ewig Jungen?
Doch abgesehen davon, möchten wir denn wirklich so viel länger leben?
Die Hälfte der Bundesbürger möchte das nur zu gern. Soviel geht jedenfalls aus einer Umfrage des Instituts für Demoskopie, Allensbach, hervor. Denn die Frage: »Möchten Sie 150 Jahre alt werden«, beantwortete jeder zweite mit *Ja*. Bedingung war allerdings, im Vollbesitz aller körperlichen und geistigen Kräfte zu sein. Besonders lebenslustig erwiesen sich die Jugendlichen. Verständlicherweise. Von den über 60jährigen wünschten sich dagegen nur 39% noch weitere 90 Jahre zu leben.
Welche Chancen haben nun die Lebenshungrigen?
Ich machte mich auf die Suche nach der »ewigen Jugend«, wie einst der spanische Entdecker Ponce de León. Ihm war es zwar gelungen, Florida zu entdecken. Aber seiner fieberhaften Suche nach dem »Jungbrunnen im Fabelland Bimini« wurde 1521 durch Indianerpfeile ein vorzeitiges Ende gesetzt – welche Ironie des Schicksals. Indianer hatte ich sicherlich nicht zu befürchten, aber würde ich nicht verschlossene Türen, erstaunte und abweisende Mienen vorfinden?

Anfangs lagen meinen Nachforschungen nichts als ein paar Hinweise zugrunde. Doch schon bald führte eine interessante Spur zur anderen. Aus wenigen Andeutungen wurde ein »Schneeballsystem«. Und schließlich gelang es mir, in die geheimsten Forschungsstätten vorzudringen. Ich stieß auf Projekte, über die selbst unter Eingeweihten nur hinter vorgehaltener Hand geflüstert wird. Ich wurde mit Fakten, atemberaubenden Ergebnissen, ungeahnten Perspektiven konfrontiert.
Am Ende stand ich vor einer Lawine.
Lebensverlängerung.
Verheißungsvoll und bedrohlich.
Der russische Wissenschaftler Lew Komarov aus Moskau sagt: »Der Mensch kann und muß *nicht Dekaden* – sondern *Jahrhunderte* leben«. Komarov kam durch Forschungsergebnisse zur Überzeugung, daß es möglich sein muß, den Alterungsprozeß *chemisch* so weit zu *beeinflussen,* daß der Mensch schon bald wenigstens *dreimal* so lange *leben* wird wie heute! Dr. Johan Bjorksten aus Madison, USA, versichert: »Die Spur ist heiß! Die Möglichkeit einer längeren, produktiven Zukunft mit all ihren Verheißungen, Gefahren und unvermeidlichen Geschicken für den Einzelnen, liegt nun in greifbarer Nähe.«
Und der Präsident der belgischen Gesellschaft für Geriatrie, Dr. Herman Le Compte behauptet: »Wir können bis zu 500 Jahren, vielleicht sogar länger leben, wenn wir die von mir ausgearbeitete Formel befolgen.«
Prof. Denham Harman von der Universität Nebraska, USA, ist einer der führendsten Gerontologen. Ihm ist es inzwischen bereits gelungen, das Leben von Mäusen um 53% zu verlängern.
Und Prof. A. Comfort, London, ist der Ansicht, daß die Inangriffnahme der Erforschung des Alterungsprozesses das wichtigste Großprojekt neben der Eroberung des Weltraums ist.
Hat der Nachwuchs bei einer Lebensverlängerung überhaupt noch Chancen?

Wie viele Berufe müßten wir erlernen?
In welchem Alter würden wir pensioniert?
Wie würde das Rentenproblem gelöst? Oder gäbe es keines mehr?
Was würde aus der Familie mit ihren dann wenigstens fünf Geschlechterfolgen?
Vor allem aber – könnte jedermann diese »Unsterblichkeitspille« erwerben? Oder wäre sie nur einem bestimmten Personenkreis zugänglich? ...
Und nicht zuletzt – wie würden wir die schon jetzt bedrohliche Überbevölkerung meistern?

Mit einer verlängerten Lebensspanne beginnt ein neues Zeitalter. Denn eine »Gesellschaft der Unsterblichen« muß umwälzende Auswirkungen nach sich ziehen, die uns heute unvorstellbar sind. Sie würden das Leben jedes Einzelnen einschneidender beeinflussen, als dies je zuvor durch revolutionäre Erfindungen – vom Rad bis zur Atombombe – geschah.
Wir alle werden damit wohl vor die wichtigste Entscheidung unseres Daseins gestellt: die Verlängerung unserer Lebensspanne auf unbestimmte Dauer.
Ist es bereits soweit?
Existiert die »Unsterblichkeitsdroge« schon?

II

Mit Goldsaft zur Unsterblichkeit

Unter den schillernden »Boulevard-Verjüngererern« unserer Tage, erinnern einige nur allzusehr an gewisse Alchimisten. Vom maßgeschneiderten Mäntelchen des Geheimnisvollen umhüllt, handeln sie mit »lebensverlängernden« Mixturen, Formeln und Geheimrezepten. Ein einträgliches Geschäft – das vor allem dazu beiträgt, auch ernsthafte Bemühungen um die Lebensverlängerung in schlechten Ruf zu bringen.
Wen wundert es daher, daß die seriösen Wissenschaftler, die sich mit der Altersforschung beschäftigen, möglichst unauffällig im Hintergrund und ohne marktschreierische Schlagzeilen in der Sensationspresse zu arbeiten versuchen.
Die ersten »Gerontologen« nannten sich Alchimisten. Die eigentliche Heimat ihrer Kunst, der Alchimie, kann nicht mit Sicherheit bestimmt werden. Denn ihre Spuren weisen nach China, Ägypten und Griechenland.
Die Alchimisten selbst allerdings führen sie auf Hermes Trismegistos – den Gott der Weisheit, Thoth – zurück. Dieser Name entstammt der synkretistischen Geisteswelt des hellenistischen Alexandriens.
Eine Reihe geheimnisvoller Schriften über Medizin, Metallscheidekunst und Alchimie u. a., von denen nur noch Fragmente erhalten sind, sollen ebenso auf Hermes Trismegistos zurückzuführen sein, wie die mysteriöse Tabula Smaragdina. Diese Smaragdtafel wurde nach alchimistischer Legende in der Cheopspyramide gefunden und soll mit ihren magischen Instruktionen das »Testament des dreimal größten Hermes« sein.
Sehr oft wird nun angenommen, daß der Hauptzweck der Alchimie in der Kunst des »Goldmachens« zu suchen ist. Das stimmt nicht. Denn das philosophische Konzept der Alchimie strebte in jeder Hinsicht nach Läuterung und Veredelung. Es wurde gleichermaßen auf den Menschen, die Elemente und den Kosmos angewandt.
Die Umwandlung von unedlen Metallen in Gold wurde daher nur als *Teil* eines allgemeinen Umwandlungsprozesses *aller*

Dinge in eine unvergängliche Substanz betrachtet. Doch *Hauptziel* blieb stets, das *Allheilmittel* zu finden und damit die Verlängerung der Lebensspanne zu gewinnen. Nach Ansicht der Alchimisten wurde das Elixier des Lebens aus dem »Stein der Weisen« gewonnen.

Es soll sich dabei um einen mit Gold versetzten Extrakt handeln, der unter gewissen Voraussetzungen das Leben verlängert. Es ist daher kein Wunder, daß Gold in flüssiger Form auch als Allheilmittel betrachtet wurde.

Allerdings entspricht es nicht ganz alchimistischer Auffassung, in diesem Elixier ein Mittel zur Erringung unbegrenzter Lebensdauer zu sehen. Die Alchimisten erhofften sich davon vielmehr physiologische Perfektion, mit einer verlängerten Lebensspanne gepaart, aber kein ewiges Leben auf Erden. Paracelsus sagte: »Der Stein der Weisen reinigt und läutert den menschlichen Leib und führt ihm neue jugendliche Kräfte zu.«

Nach Ansicht der Alchimisten ist der Stein der Weisen das sagenhafte Endprodukt langwieriger Herstellungsprozesse aus der »materia prima« (Urstoff). In einem entsprechenden Glasbehälter, dem »Philosophenei«, wurde die »materia prima« durch Erhitzung in den Stein der Weisen umgewandelt. Dabei mußten sieben Stufen durchlaufen werden, deren jede einen bestimmten Vorgang symbolisierte. In der ersten Stufe wird die »materia prima« zum »Merkurialwasser«, um in der zweiten im »Bauch der Erde« vergraben zu werden, sich schwärzt (nigredo, mit dem Sinnbild des Raben) und verwest. In der dritten Stufe folgt die symbolische Umwandlung des Raben in weiße Tauben – die Schwärze hellt sich wieder auf. Darauf vollzieht sich in der vierten Stufe die Reduktion; das heißt, der durch Verdunstung verlorengegangene Geist muß mit Hilfe von »lacta philosophia« (philosophischer Milch) genährt und wiedergewonnen werden; er zeigt sich anfänglich durch Gelbfärbung. – Mißlingt die Reduktion, taucht der buntschillernde Pfauenschweif (cauda pavonis) auf, der im »Totenkopf« endet.

In der fünften Stufe rötet sich die Materie (rubedo) und »wütet als roter Drachen gegen sich selbst«, bis sie sich in »Blut« verwandelt. Dann ist die Reduktion gelungen. In Stufe sechs muß der Geist durch Fixierung oder Coagulation (Gerinnung) wieder feste Form annehmen – und daraus entsteht der Stein der Weisen, die siebte Stufe.

Rückblickend kann man sich nur wundern, daß die Alchimisten davon überzeugt waren, mit solchem Hokuspokus das menschliche Leben zu verlängern. Zubilligen muß man ihnen jedoch, daß sie es sich bei der Jagd nach dem Stein der Weisen in ihren Giftküchen wirklich nicht leicht gemacht haben.

Für manche alchimistische Lebensverlängerer mag das auch Grund genug gewesen sein, weniger aufwendige Methoden anzuwenden. – Unter den chinesischen Alchimisten beschäftigten sich vor allem die Taoisten, deren Begründer Laotse war, besonders gern mit der Lebensverlängerung. Einer von ihnen, Ko-Hung, wollte in seinem Optimismus die taoistischen Methoden gleich an der ganzen Bevölkerung ausprobieren.

Abgesehen von einigen »Abwegigkeiten«, enthielt die taoistische Unsterblichkeitssubstanz – hsien – sogar ein paar Delikatessen. »Hsien« bestand u. a. aus Kranicheiern, Pfirsichen, Schildkrötenbrühe und als Abrundung aus einem alterszähen, erstickten Affen! – Doch die oberste Stelle der »hsien« Rezepte nahmen harte Mineralien, wie Katzengold und -silber ein, denn: »Sie widerstehen dem Feuer und zerfallen auch unter der Erde nicht.«

Daher betrachteten die Taoisten die dauerhaftesten Mineralien auch als wirkungsvollste Verjüngungskomponenten. Verderbliche Nahrung, wie z. B. Getreide, wurde demzufolge nur mit Abscheu und der Not gehorchend verzehrt. Wurde doch die Aussicht auf Unsterblichkeit dadurch ganz erheblich geschmälert.

Wir können jedenfalls ziemlich sicher sein, daß sich der einzige Erfolg derartiger Rezepte in Verdauungsbeschwerden niederschlug. Von Ko-Hung wurde dann auch nichts mehr gehört.

Als weiteres Verjüngungsmittel nahm Körperbewegung in der taoistischen Lehre eine hohe Rangstufe ein. Durch sie wurde nicht nur die Atmung aktiviert, sondern auch das Triebleben beeinflußt, ohne welche eine Verjüngung undenkbar war.
Allerdings geht es dabei nicht um das landläufige Ein- und Ausatmen unserer Auffassung. Atmung im taoistischen Sinne heißt, sich bis in die letzte Körperzelle mit Luft anzufüllen. Bedeutet, die eingeatmete Luft durch geistige Konzentration bis in den Daseinskern, bis in die Samenzellen zu dirigieren.
So bestand also die Ernährung der taoisitischen Unsterblichkeitskandidaten vornehmlich aus Luft und Liebe. Nur den Willensschwachen wurde als äußerstes Zugeständnis widerwillig eine tägliche Mahlzeit aus trockenen Wurzeln, Beeren und Früchten zugebilligt. Denn die Gefahr einer Vergiftung des Organismus entsprach dem Verhältnis der Auswurfstoffe, die den Darm belasten. – Je weniger, umso besser, so glaubten die Taoisten.
In bezug auf ihr Sexualleben befanden sich diese Unsterblichkeitsanwärter allerdings mehr oder weniger in der Zwickmühle. Denn ein ausgiebiges Sexualleben war zwar vorgeschrieben, aber der Unsterblichkeitsjünger hatte die Auflage, dabei seinen Samen unter allen Umständen zu erhalten. Ein Problem, das durch ein ausgeklügeltes System sexueller Beziehungen zu Jugendlichen des anderen Geschlechts gelöst wurde. Denn der beim Liebespartner erreichte Orgasmus zählte für den eigenen, zurückgehaltenen. Und nach Tao Tsang wurde derjenige von allen Krankheiten geheilt und erweiterte seine Lebensspanne, der sich auf eben diese Weise innerhalb von 24 Stunden dutzende Male dem Beischlaf hingab. Die Chancen auf Unsterblichkeit stiegen im Verhältnis zu den dabei gewechselten weiblichen Partnern!
So war diese Lehre der Taoisten ein dorniger, mit endlosen Strecken verletzlicher Sterblichkeit gezeichneter Weg, der am Ende jedoch Unsterblichkeit versprach.

Es wird überliefert, daß auch Shi Huang-ti, der erste Kaiser der kurzlebigen Ch'in Dynastie (259–210 v. d. Z.) die taoistischen Idealbestrebungen des »lange zu leben ohne zu altern« in aller Aufgeschlossenheit unterstützte. Damit er das Elixier des Lebens heimbringe, schickte er einen seiner Hofschranzen – Hsü Fu – mit einem Gefolge von Jungfrauen und Jünglingen zu den im östlichen Meer vermuteten Inseln der Weisen.

Und Wu-ti, einer der Kaiser der westlichen Han-Dynastie (140–86 v. d. Z.) hielt ein Heer von Beamten allein damit in Atem, eine Fülle von Drogen und Theorien auf ihre Tauglichkeit in bezug auf die Herstellung eines Unsterblichkeitselixiers zu prüfen.

Versuche dieser Art zogen sich in China mehr oder weniger intensiv über Jahrhunderte hin. Bis im Jahr 31 v. Chr. zwei Hofbeamte endlich Kopf und Kragen riskierten, indem sie ihrem Kaiser Ch'eng-ti schonend nahelegten, weitere Versuche auf diesem Gebiet doch gnädigst aufzugeben. Denn es sei unmöglich, ein Rezept für die Unsterblichkeit zu finden.

Vor allem glaubten die alten Chinesen, daß in künstlichem Gold große magische Kräfte verborgen seien. Darum versuchten die Alchimisten des Fernen Ostens, aus Zinnober, einem Quecksilbererz, goldähnliche Legierungen zu gewinnen. Sie waren felsenfest davon überzeugt, schon dann unsterblich zu werden, wenn sie ihre Mahlzeiten aus Gefäßen solcher Legierungen zu sich nahmen.

Jedoch der »erhabene Po-Yang« gab sich mit einem derart ungenügenden Ersatz nicht zufrieden. Erst, als er die echte Goldmedizin hergestellt hatte, gab er Ruhe – und wurde daraufhin zusammen mit seinem Schüler Yu auch prompt unsterblich. Auch sein Hund starb nie, so geht die Mär, denn er hatte die Reste aus den Eßschalen heimlich ausgeschleckt.

So wurde seit Menschengedenken nach der »ewigen Jugend« gesucht. Und schon in den ältesten, uns bekannten Schriften wird darüber berichtet . . .

»Gilgamesch, du bist gegangen, du hast dich abgemüht und viele Qualen erduldet ... Ich will dir ein Geheimnis verraten, von einem verborgenen *Wunderkraut* will ich dir Kunde tun. Das Kraut sieht aus wie ein Stechdorn und wächst tief unten im Meere, sein Dorn ist wie ein Stachel des Stachelschweins, es blüht im fernen Süßwassermeer ... Wenn du davon ißt, so wirst du ewige Jugend und Leben finden ...
Sie waren ins ferne Süßwassermeer gekommen ... Schwere Steine band Gilgamesch an seine Füße. Die zogen ihn tief ins Weltmeer hinab, da sah er ein Kraut gleich einem Stechdorn ... Er nahm das Kraut ... tauchte auf ... stieg ins Boot und hielt die Wunderblume des Meeres in Händen ... Es ist ein Kraut das Leben verheißt! Des Menschen heißes Begehren wird nun erfüllt, die Vollkraft der Jugend wird ihm erhalten ... Ich will es nach meinem festummauerten Uruk bringen ... will alle Helden essen lassen davon ... Der Name der Pflanze ist ›als Greis wird der Mensch wieder jung‹ ... Zwanzig Doppelstunden fuhren sie weiter ... Nach dreißig Stunden machten sie Rast ... Gilgamesch sah einen Teich und badete ... Es roch eine Schlange den Duft des Krautes, sie schlich sich heran und nahm das Kraut. Sie warf ihre Haut ab und verjüngte sich ... Gilgamesch fluchte ... setzte sich nieder und weinte ...«
(Dieser Text entstammt der sogenannten »ninevitischen Fassung« des Gilgamesch Epos zu Beginn des 1. Jtds. v. Chr.)
Immer wieder taucht ein »Verjüngungskraut« auf. Auch in den altchinesischen Pen-t'sao Aufzeichnungen ist die Rede davon, wie der »die Kunst, das Leben zu nähren«, kundige buddhistische Priester Wen-shiang in den Besitz eines Geheimrezeptes zur Lebensverlängerung kam.
Es war im siebten Regierungsjahr der Yüan-ho-Periode (812 v. d. Z.), als er in den frühen Morgenstunden am 18. Tag des dritten Monats auf dem Berg Mao-shan, in der Nähe der Hua-yang-Höhlen, einem alten Mann begegnete.

»Du siehst wie ein Unsterblicher aus«, sprach dieser ihn an. »Du sollst von mir ein Geheimrezept erfahren. – Einst lebte in Shun-wu, im Bezirk Nan-ho, ein Ahne des Ho-shou-wu. Ursprünglich hieß er T'ien-erh, nannte sich aber später Neng-szu. Er war nicht mehr zeugungsfähig und ergab sich dem Wein. – In seinem achtundfünfzigsten Lebensjahr machte er sich eines nachts auf den Heimweg, doch vom Rausch übermannt, blieb er unterwegs auf freiem Felde liegen und schlief ein. Als er wieder erwachte, fielen ihm zwei Ausläufer von Schlingpflanzen im Feld auf. Sie wuchsen im Abstand von drei Fuß zueinander und ihre Triebe umschlangen und trennten sich etwa drei- oder viermal hintereinander.

T'ien-erh fand das höchst verwunderlich. – Schließlich grub er eine der Pflanzen mit der Wurzel aus und trug sie heim. Alle Erkundigungen über die seltsame Schlingpflanze in den umliegenden Dörfern und in der Wildnis blieben fruchtlos. Niemand wußte etwas darüber. So legte er sie in die Sonne zum Trocknen. Einem boshaften Nachbarn ermunterte dies zum Spott.

›Du möchtest die Pflanze wohl als Wunderkraut benutzen, alt, zeugungsunfähig und kinderlos wie du bist! Warum nimmst du sie nicht als Medizin ein‹, hänselte er T'ien-erh.

Der pulverisierte daraufhin die Pflanze und vermischte sie mit seinem Wein.

Nach sieben Nächten erkannte er das Prinzip des menschlichen Lebens. Und nachdem mehrere zehn Tage vergangen waren, fühlte er sich beschwingt, voller männlicher Kraft und von übermächtigem sexuellen Verlangen erfüllt.

Er heiratete und nahm die Droge auch weiterhin regelmäßig. Die Einzelgabe erhöhte er auf zwei ch'ien.

Nach 700 Tagen waren alle bisherigen Krankheiten von ihm abgefallen. Er sah wieder jugendlich aus und zeugte einen Sohn.

In den nächsten zehn Jahren wurde er Vater weiterer Söhne und behauptete, daß die Schlingpflanze daran Schuld habe.

›Man kann 160 Jahre alt werden, wenn sie regelmäßig eingenommen wird. Aber in den alten Rezepten der Pen-tsao Schriften ist sie nicht aufgeführt‹.«

»Ich erhielt dieses Rezept von meinem Lehrer. Und der hatte es von Nan-ho«, fuhr der Alte auf dem Berge fort.

»Auch ich wurde wieder zeugungsfähig. Die Droge verhalf mir zu mehreren Kindern. Da sie die innere Ausgeglichenheit stört, wollte ich sie anfangs nicht einnehmen. Auch meine Gefährtin nahm die Droge, und wir erlebten höchstes Glück. T'ien-erh wurde die volle Wirkung dieser Schlingpflanze bewußt, deswegen änderte er seinen Namen auch und nannte sich später Neng-szu (›der Zeugungsfähige‹).

Als er im Alter von 160 Jahren starb, hinterließ er 19 Kinder. Sein Sohn Yeng wurde ebenfalls 160 Jahre alt, denn auch er nahm diese Droge. Er hinterließ 30 Söhne und Töchter. Und dessen Sohn Shou-wu verdankt der Schlingpflanze 130 Lebensjahre und 21 Kinder«, so endete der Bericht des Alten.

Zu allen Zeiten hing der Mensch dem Traum vom längeren Leben nach. Es ist daher nicht weiter verwunderlich, daß schon die geringste Andeutung über ein lebensverlängerndes Mittel die Gemüter erhitzte und die Fantasie beflügelte; zumal in der Vergangenheit die Lebenserwartung weit kürzer war als heute. Was hat der Mensch nicht alles zusammengebraut, um länger zu leben ... »Mit dem Erfolg, daß der Gestank von Kohle, Schwefel, Mist, Gift und Harn diesen Leuten ein süßeres Vergnügen bereitet als Honig. Und daß sie ihre Höfe, Güter und ihr väterliches Erbe durchbringen und in Rauch und Asche verwandeln. Ein Irrsinn, wenn sie dann den Lohn für ihre Mühe: Gold, Jugend und Unsterblichkeit erwarten ...«, wetterte der Arzt und Philosoph Agrippa von Nettesheim bereits im 15. Jahrhundert.

Die »Verjüngungsingredienzien« des Franziskanermönchs Roger Bacon hinterlassen im Vergleich zu den von Nettesheim beschriebenen einen geradezu »ätherischen Hauch«, aber dafür sind sie auch um so unverständlicher.

Bacon behauptete, daß mit Hilfe der Alchimie Gold gemacht und auch das menschliche Leben verlängert werden könne. Aber nur einige wenige unter den Alchimisten seien in der Lage, ein Mittel herzustellen, das das menschliche Leben wirklich verlängere. Denn nur *die* Gelehrten würden sich dazu eignen, denen die Bedeutung des Adlers, des Hirsches und des Phönix bekannt seien, die sich durch die Kräfte von Pflanze und Stein erneuern.

Nur Eingeweihte könnten eine bestimmte Flüssigkeit herstellen, in der trinkbares Gold aufgelöst werden müsse. Dieses künstliche Gold sei dem natürlichen vorzuziehen und zeige bei richtiger Auflösung die erstaunlichsten Eigenschaften. Doch bedürfe diese Lösung der Beimischung vieler Stoffe ... »das, was im Meer schwimmt, und das, was in der Luft wächst, eine Blüte des Seetaus«. Dazu komme Dianthee, eine Mischung aus Blättern und Holzstückchen, Blüten und Ambra, das die See auswirft. Die wichtigste Zutat sei jedoch die Schlange, von der schon Aristoteles sprach. Und endlich müsse ein im Herzen des Hirsches gewachsener Knochen der Lösung beigegeben werden.

Nun, an mangelnder Vorstellungskraft hat es dem Franziskanermönch jedenfalls nicht gefehlt! Wenn auch sein obskures »Verjüngungsrezept« kaum Aussicht auf Erfolg gehabt haben dürfte. Dagegen können wenigstens seine Voraussagen als erstaunlicher »Science fiction« betrachtet werden. So schreibt er über die Möglichkeit der Herstellung von Wasserfahrzeugen – von riesigen Schiffen für Flüsse und Meere, die sich ohne Ruder bewegen und die ein Mann besser lenken könne als eine ganze Mannschaft ... Von Maschinen, mit denen man unter Wasser fahren und bis auf den Grund tauchen kann, ohne Gefahr für den Menschen. Dabei bezieht er sich auf den Astronomen Ethicus, nach dessen Bericht Alexander der Große eine solche Maschine besessen habe ... Bacon behauptet, daß eine Flugmaschine gebaut werden könne, in deren Mitte

ein Mann etwas bedient, das die künstlichen Flügel flattern läßt wie bei einem Vogel ... Er spricht von Wagen, die sich ohne Zugpferde mit unglaublicher Geschwindigkeit fortbewegen können ... Und von einem kleinen Gerät zum Herablassen schwerer Lasten ...
Roger Bacon lebte von 1214 bis 1294.

Die Hochkonjunktur im Verjüngungsgewerbe begann Ende des 17. Jahrhunderts und zog sich weit in das 18. Jahrhundert hinein.
Heute ist es kaum mehr möglich, unter all den Magiern, Schwarzkünstlern, Rosenkreuzern, Freimaurern, Illuminaten, Swedenborgern und sonstigen Geheimbündlern jener Zeit, die Spreu vom Weizen zu trennen. Es wimmelte nur so von Quacksalbern, Scharlatanen, gerissenen Abenteurern und sonstigen Gauklern, die nur darauf aus waren, den leichtgläubigen, nach ewiger Jugend gierenden, geldhungrigen Hochadel ausgiebig zu schröpfen! So kursierten die unglaublichsten Gerüchte über das »Lebenselixier«, meistens sogar von den geschäftstüchtigen Verjüngungsschwindlern selbst raffiniert in Umlauf gebracht. Was gab es da nicht für tolle Geschichten!
Das Lebenselixier des Grafen von Saint Germain erhitzte die Gemüter zum Beispiel ganz erheblich. Und in diesem Zusammenhang berichtete der »Londoner Chronicle« um 1760 von den höchst sonderbaren Erlebnissen einer »bekannten Herzogin«. – Von Furcht geplagt, Ihr schönes Antlitz in nicht all zu ferner Zeit von Krähenfüßen, den ersten Spuren des Alters, gezeichnet zu sehen, bat sie den Grafen zu sich.
Nach den üblichen Höflichkeitsfloskeln leitete sie geschickt zum Grund ihrer Einladung über und sagte: »Wie ich hörte, Graf, kennen sie jenes unschätzbare Geheimnis, das die Jugend zurückgibt. Diese Medizin soll mehr wert sein als all ihr Gold. Vielleicht brauche ich dieses Mittel im Augenblick noch nicht. Aber die Zeit vergeht nur allzu schnell. Leider!

So dachte ich mir, daß eine Arznei, die heilen kann, sicher auch vorbeugen müßte. Da ich nun rechtzeitig vorbeugen will, darf ich Sie doch bitten, mir dieses Mittel zu überlassen und Ihre Bedingungen dafür zu nennen.«

Darauf antwortete der Graf, daß diejenigen, die ein Geheimnis kennen, keinen Wert darauf legen, andere davon profitieren zu lassen.

Schließlich gelang es der Dame dann doch, den Grafen von ihrer Vertrauenswürdigkeit zu überzeugen. Und am nächsten Tag brachte er ihr eine Phiole, die etwa 5 Löffel einer Flüssigkeit enthielt. Er erklärte ihr, daß jeweils 10 Tropfen, bei Voll- oder Neumond eingenommen, ausreichen würden. Das Mittel sei völlig harmlos, bei Verlust aber nicht mehr zu ersetzen.

Die Herzogin versteckte die Glasphiole sorgsam unter ihren Toilettenartikeln und verließ dann das Haus, um einen Besuch zu machen.

Während ihrer Abwesenheit erlitt ihre Zofe einen Kolikanfall und suchte das Haus nach einem Likör ab. Schließlich geriet ihr die gut verwahrte Phiole in die Hände. Nach dem Geruch urteilte sie, daß es sich um etwas Gutes handeln müsse. Kostete, probierte noch einmal genüßlich und trank schließlich den ganzen Inhalt aus.

Ihre Kolik verschwand, und bester Laune machte sie sich daran, ihrer Herrin Kleider in Ordnung zu bringen.

Am Abend kam die Herzogin ermüdet nach Hause und zog sich sofort in ihr Schlafzimmer zurück. Sie rief nach ihrer Zofe, und als diese erschien, musterte sie das Mädchen erstaunt und fragte: »Aber Kind, wer bist denn du? Ich kenne dich nicht. Wo kommst du her?«

Die Zofe fand das Benehmen ihrer Herrin höchst befremdlich und machte der Herzogin klar, daß sie, wie immer, diese für die Nacht entkleiden wolle. Schließlich sei sie die langjährige Zofe der Frau Herzogin.

»Das ist wohl kaum möglich«, lächelte darauf die Herzogin,

»meine Zofe ist 45 Jahre alt und du doch wohl kaum sechzehn!«
Nun, das Rätsel blieb ungelöst, denn der Graf war verschwunden. Aber in ganz Frankreich zerbrach man sich die Köpfe über dieses »Wunder«.
Wer war der Graf von Saint Germain? Ein preußischer Spion, wie die französische Polizei des Jahrhunderts der Aufklärung annahm? Ein russischer Agent, nach Meinung der Preußen? Oder ein Jakobiner, als den ihn die Engländer verdächtigten und gleich einsperrten? Ein Scharlatan oder Abenteurer, wie ihn manche Nachschlagewerke kurz und schmerzlos klassifizieren? Jedenfalls wurde er die »Sphinx des 18. Jahrhunderts« genannt.

Ob die nachfolgende, überaus amüsante Begebenheit ins Reich der Fabel gehört oder nicht, braucht wohl kaum näher erläutert zu werden. Auf jeden Fall sieht man daraus, wie sehr die Idee einer möglichen Lebensverlängerung die Menschen schon immer in ihren Bann gezogen hat. So sehr, daß der hier wiedergegebene Bericht in der angesehenen französischen Familie Saint-Clair Turgot, durch Generationen weitervererbt, aufgefunden wurde.
Zu Lebzeiten eines Vorfahren der Familie hatte sich ein seltsamer Vorfall ereignet. Es handelte sich dabei um einen Staatsrat, der im 16. Jahrhundert gelebt hatte und dessen Hausarzt die Geschichte aufzeichnete.
Der Staatsrat Saint-Clair Turgot unterhielt damals ein Verhältnis zu einer Dame, die ihn über zehn Jahre täglich in seiner Wohnung besuchte. Da sie um ihren guten Ruf fürchtete, ließ sie sich stets von ihrem ältlichen Stallmeister begleiten, denn sie war der treuen Ergebenheit des Monsieur Arnaud, wie er sich nannte, absolut sicher.
Während sich seine Herrin nun mit dem Staatsrat traf, vertrieb sich der Stallmeister in einer nahegelegenen Apotheke die

Zeit und freundete sich mit deren Besitzer im Laufe der Jahre an. Dieser ging seit 20 Jahren alchimistischen Experimenten nach. Als Arnaud eines Tages wieder einmal die Apotheke betrat, stürzte ihm sein Freund aufgeregt entgegen und stieß atemlos hervor: »Ich hab's, ich hab's«!
Was er denn habe, erkundigte sich Arnaud verständnislos. »Nun, den Stein«, antwortete der ungeduldig. Es sei ihm am frühen Morgen gelungen, 12 Blechlöffel in Gold umzuwandeln. Und mit den Worten: »Hier ist das Elixier«, hielt er dem Stallmeister triumphierend eine Glasphiole mit einer farblosen Flüssigkeit hin. »Komm, wir trinken davon, in unserem Alter kann man gar nicht genug davon nehmen«. Damit füllte er einen Löffel mit der Flüssigkeit, trank ihn aus und reichte Arnaud den Glasbehälter aufmunternd hin.
Doch dem war das Ganze nicht recht geheuer. Er nahm die Phiole zögernd und benetzte die Zunge vorsichtig mit einigen Tropfen. Er wurde weiteren Peinlichkeiten durch einen Diener enthoben, der ihn zu seiner Herrin rief. Heilfroh gab er seinem Freund den Behälter zurück und rannte aus dem Laden, als gelte es sein Leben.
Auf dem Heimweg wurde er plötzlich sterbenskrank. Hitzewellen und Schüttelfrost lösten sich ab. Seine Herrin war so beunruhigt, ihren getreuen Stallmeister zu verlieren, daß sie auf der Stelle einen Bediensteten zur Apotheke um Hilfe sandte. Doch der kam mit der lakonischen Antwort zurück, daß der Apotheker soeben verschieden sei.
Der Stallmeister wurde bald wieder gesund, allerdings hatte er durch die schwere Krankheit alle Zähne, Nägel und Haare gelassen.
Als dem Staatsrat die außerordentliche Geschichte zu Ohren kam, setzte er sich umgehend mit den Erben des Verstorbenen in Verbindung und kaufte ihnen die ganze Apotheke ab.
Doch trotz aufreibendster Bemühungen gelang es weder ihm noch Arnaud, unter den hunderten von gleichen Phiolen die

mit dem Lebenselixier herauszufinden. Keine war gekennzeichnet.

Nach vielen Jahren erzählte der Staatsrat die Geschichte seinem Hausarzt, und der zeichnete nach dem Tode von Saint-Clair Turgot alle Einzelheiten auf. Besonders schien er dabei durch die Tatsache beeindruckt gewesen zu sein, daß dem Stallmeister alle Zähne, Nägel und Haare wieder nachgewachsen waren. Und daß sich Arnaud – trotz seiner 123 Jahre – ausgezeichneter Gesundheit erfreute!
Ausgezeichneter Gesundheit – besonders in bezug auf seinen Geldbeutel – erfreute sich auch Guiseppe Balsamo, seines Zeichens sizilianischer Abenteurer, Erzzauberer, Geisterseher, Pseudo-Freimaurer, Heilkundiger und Meisterscharlatan aller Zeiten. Er ging unter dem selbsterwählten Namen Graf von Gagliostro – als Hansdampf in allen Gassen des Verjüngungsgewerbes – in die Geschichte des 18. Jahrhunderts ein.
Auch er verschrieb seine gewinnbringenden Verjüngungskuren mit Vorliebe der europäischen Aristokratie.
Selbst die abschreckendsten Rezepte konnte die Zeitgenossen des Jahrhunderts der Aufklärung nicht zur Vernunft bringen. Sie ließen sich Blut abzapfen, schluckten »flüssiges Gold«, stimulierten sich mit einer Mixtur aus getrockneten Wanzen, unterwarfen sich Ohnmachtsanfällen, schwitzten bis zum Umfallen, hungerten geduldig und – zahlten gläubig.

Es war eine verrückte Zeit mit ihren naiven Bemühungen um das sagenhafte »Lebenselixier«, und einer heute unbegreiflichen Gutgläubigkeit der Geprellten. Aber sind wir nicht manchmal zu leichtgläubig, wenn es um die Ergebnisse unserer Wissenschaft geht? Warum sollte nicht hinter den verschlossenen Türen unseres so fortschrittlichen Zeitalters der alten Scharlatanerie nur ein wissenschaftliches Mäntelchen umgehängt werden? Oder ist dieses Mißtrauen unbegründet, liegt der Beweis gar schon vor?

Vorerst jedoch trat in den Verjüngungsbestrebungen eine unerwartet interessante Wende ein.

III

Potenz um jeden Preis

Die nächste große Verjüngungswelle begann am 1. Juli 1889 in Paris.

Charles Brown-Séquard, Medizinprofessor am Collège de France, eröffnete einem erstaunten Auditorium, wie es ihm gelungen sei, seine erschlafften Manneskräfte durch Selbstinjektionen mit tierischem Hodenextrakt wieder aufzurichten.

Fasziniert folgte der aus Fachleuten und Laien bestehende, durchschnittlich 71jährige Zuhörerkreis den Ausführungen des 1,90 m großen Redners, und nahm seine neue Jugend verheißenden Methoden atemlos in sich auf.

»Bevor ich zum Kern meines Themas komme«, begann Brown-Séquard, »muß ich über meine letzten Experimente berichten. Ich bin 72 Jahre alt und meine Leistungsfähigkeit ließ schon vor 10 Jahren nach ... Ich injizierte mir den Hodenextrakt von Hunden und Meerschweinchen ... und heute bin ich wieder in der Lage, mit der jungen Madame Brown-Séquard zu verkehren ... Ich fühle mich wieder wie vor dreißig Jahren!«

Der Wissenschaftler erläuterte dann seinem gebannt lauschenden Publikum die über zwanzig Jahre lang durchgeführten Experimente.

Bereits 1869 hatte er den Studenten der Pariser Faculté de Médecine erklärt, daß sich die Kräfte eines alten Mannes wahrscheinlich wieder erholen würden, wenn man ihm den Hodenextrakt eines vitalen Tieres einspritzen könnte. Seitdem war Brown-Séquard nicht mehr von dem Gedanken abzubringen, ein Verjüngungsserum aus Keimdrüsen herzustellen, und beschreibt den Verlauf seiner Versuche folgendermaßen: »Am 15. Mai entfernte ich unter der Assistenz der Herren d'Arsonal und Henoque einen Hoden eines Hundes im Alter von zwei bis drei Jahren. Ich zerkleinerte den Hoden, gab ihn in einen Mörser und zerstampfte ihn unter Zugabe von etwas Wasser zu einem Brei, um möglichst viel Flüssigkeit zu erhalten. Unter weiterer Beifügung von Wasser goß ich das Ganze schließlich

durch ein gutes Papierfilter und erhielt nach einem langwierigen Prozeß endlich viereinhalb Kubikzentimeter einer durchsichtigen rosa Flüssigkeit.«
Diesen Hundehodenextrakt injizierte sich Brown-Séquard ins Bein. Dann wiederholte er den Prozeß mit dem Hoden eines Meerschweinchens. Diese, übrigens sehr schmerzhaften Injektionen führten zu Gewebeentzündung und Schlaflosigkeit.
Nach eigenen Aussagen fühlte sich Brown-Séquard vor der ersten Injektion so schwach, daß er nicht in der Lage war, eine halbe Stunde zu arbeiten, ohne eine Sitzpause einzulegen. Doch schon am nächsten Tag habe sich eine unvorstellbare Besserung gezeigt. Und von diesem Zeitpunkt an habe sich sein Gesundheitszustand dann laufend gefestigt.
»Ich gewann wenigstens die Kräfte zurück, über die ich vor Jahren verfügte«, sagte er.
Die Fachwelt lehnte Brown-Séquard natürlich strikt ab und bezichtigte ihn seniler Ausrutscher.
Dennoch sollte nicht vergessen werden, daß ihm die Förderung der Organtherapie und die Lehre von der inneren Sekretion zu verdanken sind.
Es bleibt äußerst umstritten, ob Brown-Séquard einen tatsächlichen Verjüngungseffekt mit seiner Methode erreichte. Wenn überhaupt eine Revitalisierung stattfand, dann nur ganz vorübergehend. Später wurde Brown-Séquard dann auch den Verdacht nicht mehr los, ob diese sogenannte »Verjüngung« nicht etwa nur auf einen Placebo-Effekt, also Autosuggestion, herauskomme.
Auf jeden Fall erhielt das Gebiet der »Verjüngung« einen unerwartet neuen Auftrieb, der vielen verzagten Männern wieder Hoffnung gab.
Allerdings bestehen zwischen Frau und Mann gänzlich unterschiedliche Ansichten über Jugendlichkeit. Während die Frau darunter vor allem eine faltenlose, glatte Haut und straffe Figur versteht, ist Jugend für den Mann gleichbedeutend mit Virilität

– Potenz. Ironischerweise ist Impotenz jedoch in den wenigsten Fällen auf physiologische Ursachen zurückzuführen, sondern meistens, wie wir heute wissen, im psychischen Bereich zu suchen – Streß, Angst vor dem Versagen, Komplexe und so weiter. Denn unter normalen Umständen sollte ein gesunder Mann bis ins Alter potent und zeugungsfähig bleiben.

Damals betrachtete man Potenzschwierigkeiten jedoch als *die,* auf körperliches Versagen zurückzuführenden Alterserscheinungen des Mannes, ja sogar teilweise als *Ursache* des Alterns überhaupt. Alterserscheinungen der Frau wurden von vornherein schamhaft übergangen.

Auch der Wiener Physiologe Eugen Steinach (1861–1944) befaßte sich vornehmlich mit den »männlichen Alterserscheinungen«. Er glaubte, daß durch eine Trennung der Samenleiter von den Hoden, die Hormonproduktion gesteigert – und auf diese Weise die Leistungsfähigkeit älterer Herren wieder neu belebt werden könne.

Ein Artikel über das Triebleben von Fröschen hatte ihn auf die Idee gebracht. Denn darin wurde berichtet, daß der Geschlechtstrieb von Fröschen auf deren mit Samen gefüllte Samenblasen zurückzuführen sei.

Steinach verwendete viele Jahre darauf, die Wechselwirkung zwischen den Keimdrüsen und der generellen Zeugungskraft in Experimenten an Ratten nachzuweisen.

Nach zwanzigjährigen Versuchen durchtrennte er eines Tages die Samenleiter einer vergreisten Ratte und wartete, was geschehen würde. Als sich das Rattenmännchen von dem Eingriff erholt hatte, stürzte es sich auf eine Geschlechtsgenossin und vollzog seine wiedergewonnene Potenz innerhalb von 15 Minuten 19mal an ihr.

Das Prinzip der Vasoligatur (Abtrennung der Samenstränge von den Hoden) liegt darin, durch eine Sperrung der äußeren Sekretion, die Gonaden (Geschlechtsdrüsen) dazu zu bringen, die innere Sekretion zu verstärken.

Ein weit über seine 45 Jahre hinaus gealterter, glatzköpfiger Kutscher erfuhr als erster die »Vorteile der Vasoligatur« am eigenen Leib. Da Steinach nie selbst operierte, nahm der Wiener Arzt Dr. Robert Lichtenstern den Eingriff vor.
Nach anderthalb Jahren berichtete Steinach, daß die Behandlung bei dem Kutscher erfolgreich angeschlagen sei. Er habe sich in einen glattgesichtigen, faltenlosen jungen Mann verwandelt, dessen gepflegtes Äußere und aufrechte Haltung einen Mann in der Blüte seiner Jahre vermuten ließe.
Wie nicht anders zu erwarten, rannten die auf Jugend versessenen Patienten Steinach bald das Haus ein, nicht zuletzt die Prominenz der akademischen Wiener Welt. Doch nur zu bald trat eine Wende ein und Steinach wurde das Opfer seiner eigenen »Verjüngungsmethoden«. Denn ohne eigene Schuld wurde er in marktschreierische Machenschaften verstrickt, denen er hilflos ausgeliefert war. Von seinen Kollegen geschnitten, verachtet und ausgelacht, wurde er zum verbitterten Einsiedler.
Die Geriatrie kam durch den Wirbel, der im Zusammenhang mit den Steinachschen Ergebnissen und deren Übertragung auf den Menschen gemacht wurde, in zweifelhaften Ruf, dessen Nachwirkungen zum Teil bis heute noch nicht überwunden sind. Das ist um so bedauerlicher, als Steinach in kritischer Zurückhaltung selbst darauf hinwies, daß der Alterungsprozeß durch seine Methode nur in bescheidenen Ausmaßen beeinflußt werden könne.
Ob die Steinachsche Vasoligatur, durch die die männliche Hormonproduktion angeregt werden sollte, tatsächlich einen Verjüngungseffekt erzielte, muß dahingestellt bleiben. Nebenbei gesagt können sich die psychologischen Auswirkungen der Vasoligatur auch negativ äußern, da der Mann nach diesem Eingriff steril bleibt. Heute gilt diese Operation als Mittel zur Geburtenkontrolle und wird hauptsächlich in den unterentwikkelten Ländern angewandt. Jedenfalls wurde der Eingriff

überflüssig, als es Adolf Butenandt (geb. 1903) Ende der dreißiger Jahre gelang, die Geschlechtshormone zu ermitteln und zu isolieren, wofür er mit dem Nobelpreis ausgezeichnet wurde. Aus seiner Entdeckung entwickelte sich die Herstellung von Hormonpräparaten durch die Arzneimittelindustrie.

Doch mit der Verjüngung kam man vorläufig erst mal auf den Hund, besser gesagt, den Dackelrüden Puck. 1937 war er zehneinhalb Jahre und litt – wie nicht anders zu erwarten – unter den typischen Hunde-Altersbeschwerden.
Damals entschloß sich J. W. Harms, Direktor des Zoologischen Instituts in Jena, das Tier durch Drüsentransplantationen zu verjüngen.
Am 14. Juni 1937 überpflanzte er zum erstenmal die Hypophyse (Hirnanhangdrüse), die linke Nebenniere und beide Hoden eines Puckschen Enkels in den rechten Hoden von Puck. Die Wunde verheilte schnell, und schon nach einigen Tagen war der Dackel viel lebhafter als vor der Operation. Nach 19 Tagen war der Altersgeruch des Tieres verschwunden, bis auf einen festigten sich die Zähne wieder, das Fell wurde glatt und hatte neuen Glanz. Am 25. August wiesen nur noch ein paar kahle Hautstellen auf die ehemaligen Altersgeschwülste hin. Bereits nach zwei Tagen nahm Harms den nächsten Eingriff vor. Diesmal übertrug er in den linken Hoden des Dackels die Gonaden eines zwei Tage alten Sohnes von Puck, und verpflanzte gleichzeitig dessen Nebennieren, Hypophyse und Schilddrüse in die Muskelbindegewebshaut des inneren linken Hinterschenkels von Puck.
Die Schenkelwunde entzündete sich eitrig und machte dem Tier schwer zu schaffen. Dagegen verlief die Hodenüberpflanzung ohne Komplikationen. Der Dackel erholte sich schnell.
Am 2. Oktober mußte der Hund schon wieder unters Messer. Operation Nummer zwei wiederholte sich, nur sollten ihn jetzt die Organe eines zehn Tage alten, fremdblütigen Hundes

verjüngen. Und tatsächlich – Puck wurde bemerkenswert revitalisiert. Denn schon nach vier Wochen verhalf er einer Dackelhündin zum Nachwuchs. Innerhalb der nächsten drei Jahre erhielt Puck regelmäßig Testoviron-Injektionen (Präparat aus dem männlichen Geschlechtshormon Testosteron) unter die Haut. Aber zwei Schneidezähne verlor er trotzdem. Die Hautgeschwülste kamen und gingen, doch das hinderte Puck keineswegs in seinem außerordentlich regen Sexualleben. Die regelmäßigen Testoviron-Einspritzungen vertrug Puck gut. Aber schließlich verschwanden die Hautgeschwülste nicht mehr, und auch die letzten Schneidezähne fielen aus. Dafür befand sich der Hund in ständiger sexueller Erregung. Bis zum 30. Juli 1940 bekam Puck 11 Einspritzungen und weitere 4 Gaben bis zum 21. April 1941. Er wurde zwar munter und sein Fell glänzte, wie nicht anders zu erwarten, es wurde auch sein Triebleben aufrecht erhalten, aber die Altersgeschwülste nahmen zu. Am 10. November injizierte Harms dann dem Tier den lebensfrischen Organbrei eines sechswöchigen fremden Dakkels unter die Haut der rechten Halsseite, bestehend aus dessen Kleinhirnteilen, Hypophyse, Nebennieren, Hoden und Schilddrüse. Danach kam es zu Ödemen (Gewebewassersucht), die Haut brach auf und sonderte sich ab. Puck war sehr krank, apathisch, teilweise gelähmt, aber immer noch leicht erregbar. Die Halswunde vergrößerte sich, doch die Hautgeschwülste trockneten ein. Nach 14 Tagen setzte der Heilungsprozeß ein und nach 4 Wochen war er abgeklungen.
Abgesehen von leichten Bewegungsstörungen war der Dackel wieder ganz normal, fraß gut und hatte ein glänzendes Fell. Doch schon im Februar tauchten die Hautgeschwülste wieder auf, gepaart mit einer eitrigen Augenentzündung. Ab Juli schritt dann die Senilität des Hundes rasch fort. Seine Bewegungen konnte er zwar nicht mehr kontrollieren, blieb aber trotzdem sexuell unverändert aktiv. Kurzum: ein geiler alter Hund, der abmagerte und typische Alterserhaltungen zeigte.

Aber Harms ließ immer noch nicht locker. Zwischen September und November verabreichte er dem Tier weitere 7 intramuskuläre Gaben, die jedoch ohne Einfluß auf den Altersgeruch und die Lähmungen des Dackels blieben. Das bedauernswerte Tier konnte wegen einer Hinterhandlähmung kaum mehr laufen, verlor den Orientierungssinn vollständig und auch die grauen Haare fielen aus.

Anfang Dezember 1942 erhielt Puck dann endlich die Spritze, die seinem leidenreichen Leben ein Ende setzte. Er war sechzehneinhalb Jahre alt, als er eingeschläfert wurde.

Ob das Ganze wirklich eine »erfolgreiche Lebensverlängerung« war, ist stark zu bezweifeln. Schließlich sind andere Dackel auch schon sechzehneinhalb Jahre alt geworden – ohne Behandlung und sicher weniger qualvoll.

Wenn Harms mit seinen Experimenten das Leben des Dackels also wohl kaum verlängert haben dürfte, so gelang ihm doch zweifellos eine zeitweilige Revitalisierung. Denn Autosuggestion darf bei Puck doch sicher ausgeschlossen werden.

Mit einem Mal wurden jedenfalls die alte und die neue Welt von einer Hodenverpflanzungswelle heimgesucht. So kamen mit Serge Voronoff (1866–1951), einem nach Frankreich ausgewanderten Chirurgen russischer Herkunft, die Affendrüsen zu Ehren.

Voronoff hatte vor dem Ersten Weltkrieg den nicht allzu häufigen Beruf eines ärztlichen Eunuchen-Betreuers im Harem des Khedive Abbas II in Ägypten ausgeübt. Daher eignete er sich wie kein anderer, das männliche Problem »Impotenz« weltmännisch zu diskutieren. »Der Mann büßt mehr als seine Zeugungsfähigkeit ein, wenn er seine ›Kostbarkeiten‹ verliert«, erklärte er. Denn aus Untersuchungen habe sich ergeben, daß beim Menschen, wie bei allen anderen Wirbeltieren, erst nach der Entfernung der Hoden klar wird, wie wichtig der Einfluß seiner inneren Drüsensekretion in Wirklichkeit ist. Gehirn, Knochen, Gewebe, Haut, Geschlechtsmerkmale, kurz, der

ganze Organismus hänge von der Hormonsekretion der Geschlechtsdrüsen ab. Der Alterungsprozeß stehe daher in enger Verbindung mit ebendiesen Gonaden.
Zu Beginn des Ersten Weltkrieges hatte Voronoff bei der französischen Akademie für Medizin eine Arbeit eingereicht, in der die Verpflanzung einer Affenschilddrüse in den Nacken eines Kretin abgehandelt wurde, die über alles Erwarten gut verlaufen sei. Damit fing der Rummel an.
Die schauerlichsten Zeichnungen des Kindes – vor und nach dem Eingriff – wurden von der Presse bis zum Überdruß strapaziert.
Während des Ersten Weltkrieges hatte sich Voronoff als leitender Lazarettarzt an der französischen Front durch erfolgreiche Knochentransplantationen an verkrüppelten Soldaten hohe Verdienste erworben. Als Auszeichnung wurde ihm dafür der Lehrstuhl für experimentelle Chirurgie am Collége de France zugesprochen.
Finanziell gesichert, blieb ihm genügend Zeit, die Idee seiner Verjüngungsmethoden in die Tat umzusetzen.
Zuerst analysierte er, aus welchen Gründen hervorragende Wissenschaftler auf diesem Gebiet in der Vergangenheit Schiffbruch erlitten hatten und als Geächtete für immer gezeichnet waren. Schließlich davon überzeugt, die Ursache könne nur darin zu suchen sein, daß sich die von den verschiedenen Tiergattungen stammenden Geschlechtsdrüsen nicht geeignet hätten, entschloß er sich, seinerseits nur auf anthropoide (menschenähnliche) Gonaden zurückzugreifen.
Überzeugt, daß jeder von seinen überwältigenden Ideen hingerissen sein würde, inserierte er nach freiwilligen Spendern. Doch die schmähliche Ausbeute dieses enormen Aufwandes realisierte sich in ganzen zwei spendenfreudigen Arbeitern. Aber obwohl diese gewillt waren, sich ihrer Hoden entledigen zu lassen, nahm Voronoff verbittert Abstand davon. Denn die zwei wollten sich mit ihrer gepfefferten Gegenforderung we-

nigstens bis an ihr Lebensende finanziell dafür entschädigen lassen.
Doch Voronoff war um einen Ausweg nicht verlegen. Zwar nicht ganz so ideal, aber dafür seiner Meinung nach durchführbar. Schließlich ist die Welt mit Affen gesegnet.
Es gab genügend Menschenaffen – Langarmaffen, Orang-Utans und Schimpansen. Skrupellos hetzte er europäische und afrikanische Jäger gegen gute Bezahlung auf sein »kostbares« Wild, und setzte damit die größte Affenjagd aller Zeiten in Gang. Von nun an wurde sein Traumpalast-Gelände an der Riviera von afrikanischen Affenhorden überschwemmt.
Trotzdem waren nur die sogenannten »oberen Zehntausend« finanzell stark genug, um sich die Affendrüsenstreifen auf die eigenen Gonaden (Hoden) »aufpflanzen« zu lassen. Denn die unterste Grenze für vier Affenhodenscheiben, inclusive Honorar für den großen Meister, bewegte sich um 5000 Dollar! Schätzungsweise hat Voronoff 2000 Transplantationen in harte Währung umgesetzt.
Unter mangelndem Selbstvertrauen litt Voronoff sicherlich nicht, versprach er doch seinen ältlichen Patienten »sechs bis zehn Jahre verlängerter Jugendfrische«. Er gab zwar vorsichtshalber zu, daß möglicherweise 15% seiner Verpflanzungen nicht anschlagen würden – aber dafür sei der Rest um so besser dran, denn die Kur würde ja sechs bis zehn Jahre wirksam bleiben. Der Groschen fiel bei einer Reihe seiner Patienten auch dann noch nicht, als sie in schöner Regelmäßigkeit etwa alle zwei Jahre wieder zur »Nachbehandlung« anrücken mußten, besser gesagt: zur Kasse gebeten wurden.
Während sich die Voronoff-Mode-Jünger auf internationalem Parkett gegenseitig beglückwünschten und der allgegenwärtigen Presse geschmeichelt Rede und Antwort standen, reiste Voronoff in der Welt herum und hielt Vorträge über seine Entdeckung des »Jungbrunnens«.
Die Fachwelt kümmerte sich zwar weiter nicht um die Voro-

noffschen Praktiken, ereiferte sich dafür aber um so mehr über die Art und Weise, mit der er seine »Verdienste um die Menschheit« ins rechte Licht zu rücken verstand.
»Man« war zutiefst angewidert!
Und nur zu bald wurde aus dem so Hochgeschätzten ein Geächteter. Denn nachdem er beim chirurgischen Kongreß der Pariser Faculté de Médecine durch deren Präsidenten verächtlich beiseite gewischt worden war, stieß er zorngerötet den Schmähruf »Feigling« aus und zog sich von nun an vergrämt zurück.
Kurz vor seinem Tode wurde er dann von einer vernichtenden Entdeckung seelisch zerbrochen. Es war ihm zu Ohren gekommen, daß viele seiner Patienten seit seinem Eingriff unter ernsthaften Beschwerden litten, für die sie ihn verantwortlich machten. Natürlich verteidigte sich Voronoff gegen diese Angriffe und ging auf den Charakter der Beschwerden ein. So erklärte er, daß erfolglose Transplantationen vielfach ihre Ursache in ungünstigen Voraussetzungen hätten. Es könne zum Beispiel geschehen, daß bei Männern mit verseuchtem Blut, wie Zuckerkrankheit oder auch Syphillis, die Überpflanzung abgestoßen würde. – Die Wahrheit ging Voronoff zu spät auf. Die Patienten hatten seine Klinik gesund betreten, aber mit der Hodenübertragung hatte Voronoff sie mit der ekelhaftesten Geißel der Menschheit behaftet. Denn mit den Affenhoden hatte er ihnen gleichzeitig Syphillis übertragen.
Nach dieser grauenhaften Entdeckung verschwand Voronoff und starb wenige Monaten später im Alter von 85 Jahren.
Affendrüsen waren jedenfalls für lange Zeit das Gesprächsthema Nummer I und versorgte Humoristen, Kabarettisten, Karikaturisten und Conférenciers für eine ganze Weile mit dem geeigneten Stoff.

Doch nicht nur in Europa, sondern auch im Land der unbegrenzten Möglichkeiten blühte der Handel mit der Potenz. So

konnte ein John Romulus Brinkley wirklich nur in Amerika »passieren«. Für uns ist es heute kaum faßbar, daß dieser, von seinen Patienten vergötterte Hodenverpflanzer es fertigbrachte, bei 16 000 strenggläubigen, impotenten Puritanern für jeweils stattliche 750 Dollar 6000 Ziegenbockhoden an den Mann zu bringen. Doch sie waren geradezu versessen darauf, die begehrten Bockshoden scheibchenweise zur »Absorbierung«, wie John Romulus versicherte, auf ihre eigenen Gonaden überpflanzen zu lassen. Kommentar eines Boshaften: »Damit sie hinterher um so kräftiger meckern konnten.«
Sonderbarerweise schienen die amerikanischen Gesundheitsbehörden gegenüber diesen Praktiken taub und blind zu sein. Kein Wunder, denn der geldgierige Opportunist war gerissen genug, sich mit beiden politischen Parteien gleichzeitig »gut« zu stellen. Brinkley konnte also seinem ertragreichen Gewerbe zunächst unbehelligt nachgehen, wenn er auch seine Klinik notgedrungen vom amerikanischen Staat Kansas über die Grenze nach Mexiko verlegte. Denn nach einer Demonstration seiner Verpflanzungen vor der Ärztekammer des Bundestaates Kansas, war ihm dort endgültig die Ausübung seiner Praxis verboten worden.
Nichts war verloren. Um einen Ausweg nicht verlegen, versprach sein ebenfalls über die mexikanische Grenze verlegter, eigener Rundfunksender »XENT« nun von dort in alle Himmelsrichtungen »unerhörte Sexualkraft, deren Einzelheiten nur angedeutet werden können«.
Und sie kamen, die Hoffnungsvollen. Aus allen Winkeln Amerikas strömten sie über die Grenze nach Mexiko, um sich, ausgestattet mit Ziegenbockhoden, frohgemut wieder auf den Heimweg zu machen. Das einzig Angeschwollene war allerdings auf die Dauer das Bankkonto des John Romulus Brinkley. Es wies nicht weniger als die stramme Summe von 12 000 000 Dollar! auf. Doch bei den meisten Patienten schrumpfte die Hoffnung schon nach kurzer Zeit wieder auf

den Nullpunkt. Sie litten erneut unter den gleichen Beschwerden des Alters. Brinkley war ganz und gar nicht aus der Fassung zu bringen. »Kommen Sie wieder«, meinte er aufmunternd, »wir probieren's halt noch einmal.« Patrick M. McGrady schreibt in seinem Buch »The Youth Doctors«, dazu: »Brinkley hatte seine Patienten, nach dem Vorbild europäischer Eisenbahnen, in Klassen aufgeteilt. Er inserierte die *Armeleutebehandlung,* die *Behandlung für den Durchschnittsbürger* und die *Behandlung für den Geschäftsmann.* Für die Prominenz hatte er einen zusätzlichen Schlager auf Lager. Er gab bekannt, daß er zum Preis von 5000 Dollar in der Lage sei, »durch einen langjährigen Freund in einer unserer Großstädte einen echten Männerhoden zu besorgen. Dieses Angebot schließe zweierlei Garantie ein: erstens würde die Hodenüberpflanzung unbedingt anschlagen, zweitens sei gewährleistet, daß dieser Hoden von einem höchstens 35 Jahre alten Manne stamme.«

Die Praktiken von Brinkley überdauerten 27 Jahre. Leider blieb es stets im dunkeln, wie viele der Patienten von Brinkley an den fahrlässig ungenügenden antiseptischen Vorkehrungen bei diesem Eingriff zugrunde gingen oder Dauerschäden davontrugen. Brinkley zog sich geschickt aus der Affäre, indem er das Ableben seiner Patienten auf eine mysteriöse Bauchfellentzündung schob, die in keiner Weise mit der Operation im Zusammenhang stehe. Auf jeden Fall sorgten schon die gewieften Anwälte von Brinkley dafür, daß kaum einer seiner ehemaligen Patienten mit einer Schadenersatzklage zum Ziel kam. Brinkley starb 1942.

Im Grunde hatten all diese sogenannten »Verjüngungsversuche« nicht das Geringste mit einer Verlängerung der Lebensspanne zu tun. Sie liefen auf nichts anderes hinaus, als eine zeitweilige Reaktivierung oder Revitalisierung der Potenz. Doch die gleiche Wirkung kann durch ein gutes Hormon- und

Vitaminpräparat in Tabletten- oder Kapselform ohne großen Aufwand genauso erzielt werden.
Die Mehrzahl der älteren Männer sieht in einer Potenzsteigerung wohl eine Verjüngung. Eine Reihe von »Verjüngungsexperten« hat sie ja auch kräftig in dieser Ansicht bestärkt und Kapital daraus geschlagen.
Und jetzt?
Läuft das Ganze in der Forschung auch wieder nur auf eine Auffrischung alter Kräfte hinaus? Oder geht es heute tatsächlich um die *Verlängerung* der menschlichen *Lebensspanne?*
Den Männern zum Spott mußte ausgerechnet eine Frau die Altersforschung und -behandlung in völlig neue Bahnen lenken.

IV

Vom Betäubungsmittel zum Verjüngungselixier

Sie ist mittelgroß, grazil, immer noch dunkelhaarig, trotz ihrer fast 79 Jahre, und heißt Ana Aslan.
Ihr geriatrisches Institut liegt am Rande von Bukarest in der Cadarusanistraße Nummer 9, in einem weitläufigen Park, der übersät ist von Rosen und Kastanienbäumen. Von hier aus hat sie als »Wunderdoktorin der Verjüngung« die internationale Presse zu Schlagzeilen veranlaßt. Grund: die farblose, durchsichtige Flüssigkeit Gerovital H3.
In den letzten 20 Jahren soll sie hier mit ebendieser Flüssigkeit die Lebenserwartung ihrer alten Patienten um mehr als 30 Prozent gesteigert haben.
Im Anfang war Gerovital H3 nichts anderes als ein einfaches Procainpräparat, das den meisten von uns unter dem Handelsnamen Novocain vertraut ist, mit dem wir als örtliches Betäubungsmittel beim Zahnarzt Bekanntschaft gemacht haben.
Procain wurde erstmalig 1905 durch Alfred Einhorn synthetisiert, und bereits damals konnten die ersten therapeutischen Erfolge damit verzeichnet werden. Und schon 1930 gab es mehr als hundert Arbeiten, deren Autoren darüber berichteten, daß Procain, in kleinen Dosen verabreicht, das Zentralnervensystem anzuregen scheine.
Professor Ana Aslan entdeckte den »Verjüngungseffekt« von Procain im April 1949 an einem durch Rheuma verkrüppelten, 20jährigen Medizinstudenten, der sich in letzter Hoffnung freiwillig für einen Versuch mit Procain gemeldet hatte. Der Erfolg war unerwartet. Denn fast augenblicklich nach der 10-ccm-Procaininjektion fühlte sich der Patient schmerzfrei und war in der Lage, sein bis dahin steifes rechtes Knie einige Male hintereinander zu biegen. Die Spritzen wurden wiederholt und nach einigen Tagen konnte der Student die Klinik auf eigenen Beinen geheilt verlassen.
Aber schon vor Ana Aslan hatte der amerikanische Arzt Dr. Good Rheumakranke zur Schmerzlinderung mit Procain behandelt. Er hatte dabei zu seinem großen Erstaunen festge-

stellt, daß diese nicht nur ihre Schmerzen verloren, sondern zusehends aufblühten, lebhafter und optimistischer wurden. Good berichtete darüber 1950 auf einem internationalen Ärztekongreß in Paris.
Inzwischen hatte Ana Aslan das Procain von 1949 bis 1956 an 20 000 Patienten wegen seiner betäubenden und schmerzlindernden Qualitäten angewandt. Dabei waren ihr und ihren Kollegen feine Veränderungen in der körperlichen und geistigen Verfassung der Kranken aufgefallen. Sie schienen vitaler, zufriedener geworden zu sein und zeigten sich auch selbst wieder an der Besserung ihres Zustandes interessiert.
Der bekannte Endokrinologe, Professor C. J. Parhon, Mäzen und Lehrer von Ana Aslan, betraute diese nun mit der Leitung seines Instituts für Geriatrie in Bukarest. – Übrigens geht die Bezeichnung »H3« für das Procain auch auf Professor Parhon zurück. Denn die Tatsache, daß Procain in seiner biologischen Wirkung anderen Vitaminen der H-Gruppe ähnlich ist, veranlaßte ihn zur Wahl dieses Namens. – In diesem geriatrischen Institut wurde nun seit 1951 immer wieder systematisch untersucht, auf welche Ursachen der unverkennbare »Verjüngungseffekt« durch das Procain zurückzuführen sein könnte. Experimente im großen Rahmen wurden durchgeführt.
Auch bei Mäusen, Ratten und Hunden zeigten sich durch die Procaininjektionen positive Auswirkungen. Die Tiere wurden vitaler und ihr Fell erhielt neuen Glanz. All das brachte Ana Aslan zur Überzeugung, daß ihre Entdeckung von entscheidender Bedeutung sei und daß damit die allgemein herrschende, medizinische Auffassung über das Altern in neue Bahnen gelenkt werden müsse.
Sie wußte zwar nicht, welcher Prozeß durch das Procain ausgelöst wurde, kam aber zur Schlußfolgerung, daß es die Zellen zur Erneuerung anzuregen schien.
Als Ana Aslan eines Tages in einer französischen Fachzeitschrift für Medizin auf einen Artikel stieß, in dem berichtet

wurde, daß eine alkalische Procainlösung Komplikationen – wenn auch sehr selten – auslöst, kam ihr ein Gedanke. Sie ließ sich umgehend in der Klinikapotheke eine säurehaltigere Procainlösung herstellen. Und das war der Anfang von Gerovital H3. Nach Ana Aslans Berichten wurden mit der neuen Lösung unvergleichlich bessere Resultate erzielt.

1957 nahmen Ana Aslan und Professor Parhon die Gelegenheit wahr, auf der Karlsruher-Therapie-Woche über ihre Behandlungsmethoden vor 5000 internationalen Ärzten zu sprechen. Frau Aslan versäumte dabei nicht, einem baß erstaunten Auditorium als leibhaftigen Erfolgsbeweis einen »flotten Sechziger« von 110 Jahren vorzuführen.
Drei Jahre vorher, 1954, war ein völlig entkräfteter, zittriger, verkrüppelter Greis – damals immerhin schon 107 Jahre alt – in die Bukarester Klinik eingeliefert worden. Zum Sterben, wie angenommen wurde.
Trotzdem begann Professor Aslan sofort mit einer regelmäßigen Gerovital H3-Behandlung. Sie spritzte dem alten Mann dreimal wöchentlich 5 ccm der zweiprozentigen Lösung und setzte nach jeweils 12 Injektionen für 14 Tage aus.
Im März 1955 zeigte sich die erste Besserung im Zustand des inzwischen 108jährigen. Er war weniger teilnahmslos und sein trippelnder Gang hatte sich etwas gefestigt. Im Oktober hörte das Zittern des Kopfes und der Hände auf und er ging täglich in die Stadt. Die schlohweißen Haare wuchsen zu 65 Prozent im ursprünglich dunklen Farbton wieder nach, und 1956 war von der einstigen Alterspigmentierung im Gesicht nichts mehr zu sehen. Der alte Mann schlief sieben Stunden, aß gut und konnte kleine Hilfeleistungen selbst verrichten. Im September des gleichen Jahres waren die verhärteten Arterien wieder geschmeidiger und weniger geschlängelt fühlbar. 1957 war die Verfassung des alten Patienten ausgezeichnet. Er lief aufrecht und die glatte Nackenhaut zeigte kaum Falten. – So schilderte Professor Aslan den Verlauf dieser Behandlung.

Wer heute das dem geriatrischen Institut angeschlossene Altersheim betritt, wird zweifellos auf einen weiteren Paradefall der rumänischen Ärztin stoßen. Denn hier betreut Ana Aslan schon seit 22 Jahren die schmächtige 81jährige Onorina Miller. Und wer die gymnastischen Verrenkungen der flinkäugigen, zarten Frau beobachtet, kann fast nicht glauben, daß diese Patientin früher durch Rheumatismus verkrüppelt gewesen sein soll. Ein weiteres Ana-Aslan-Gerovital »H3-Wunder« vollzog sich an einem pensionierten Mathematikprofessor des Jahrgangs 1859. Stark verengte Blutgefäße an den Beinen und eine seit 1942 währende Bettlägerigkeit verursachten ihm unerträgliche Schmerzen schon nach einigen hundert Schritten. 1953 wurde er, Hände und Füße von Altersflecken übersät, das Gesicht eine erstarrte Maske, in die Bukarester Klinik eingeliefert. Von geistiger Beschäftigung konnte keine Rede mehr sein. Ana Aslan begann ihre Behandlung im August 1953 und schon nach 12 Procain H3-Injektionen konnte der Kranke schmerzfrei 400 Meter gehen. Nach vier Monaten besserte sich seine psychische Verfassung. Professor Aslan berichtet dazu: »Der Alte war lebhaft, las Romane und Arbeiten über Nationalökonomie und befaßte sich mit mathematischen Fragen.« Im Juli 1954 besserte sich die Hautbeschaffenheit, die Altersflecken verschwanden. Und im November ging die Arterienverkalkung in den Beinen zurück. Gleichzeitig zeigte sich auf den kahlen Stellen der Kopfhaut leichter, pigmentierter Flaum. 1955 unternahm der Patient tägliche Spaziergänge, ohne von Beschwerden geplagt zu sein. Und 1957 war der starre Gesichtsausdruck lebhaftem Interesse gewichen. Der Mathematikprofessor schrieb Gedichte und nahm Anteil am Gesellschaftsleben. – Außer zeitweiligem Ärger im Zusammenhang mit einem Leistenbruch, hatte er keinen Anlaß mehr zur Beschwerde. Ana Aslan meint, daß der wiedererreichte Gesundheitszustand dieses 98jährigen dem eines sechzigjährigen Mannes glich. Grund genug, die Rotationspressen in aller Welt heißlaufen zu lassen. Doch die unter der Oberfläche schwelende Mißbilligung aus Fachkreisen ließ nicht lange auf sich warten. So hieß es zum Beispiel im »British Medical Journal« vom 27. 11. 1959: »Wenn auch der persönliche Charme und therapeutische Optimismus von Professor Aslan lobenswert sind, hat sie doch versäumt, die erforderlichen wissenschaftlichen Voraussetzungen zu erfüllen. Nach britisch-amerikanisch-medizinischem Brauch sind Doppelblindversuche für derartige Behauptungen Voraussetzung.«

Was ist ein Doppelblindversuch? – Der den Test ausführende Arzt erhält zwei Präparate, die sich rein äußerlich gleichen, »wie ein Ei dem anderen«. Das eine ist das wahre Versuchspräparat, während es sich bei dem anderen um ein wirkungsloses Placebo handelt. Der Arzt weiß ebensowenig wie der Patient, mit welchem Präparat gearbeitet wird. Erst nach Vorliegen der Versuchsergebnisse erfährt der Arzt, welchen Patienten er mit dem Testpräparat behandelt hat.

Bevor Ana Aslan wieder nach Bukarest zurückfuhr, äußerte sie sich enttäuscht über die britischen Ärzte. Sie hätten H3 verdammt, ohne es selbst überhaupt erprobt zu haben. Vor allem hätten sie keinen der kontrollierten Versuche unternommen, der ihre Behauptung nach den therapeutischen Wert des Präparats hätte nachweisen können.

Doch es kam noch viel schlimmer.

Als amerikanische, kanadische und englische Wissenschaftler dann ihrerseits die allgemeine und spezifische Wirkung von Procain auf den Alterungsprozeß testeten, kamen sie zu Ergebnissen, die Ana Aslans Resultate unglaubwürdig erscheinen ließen. Sie stellten fest, daß – im Gegensatz zu Professor Aslan – Procain bei Gedächtnisstörungen, Schwerhörigkeit, behindertem Sehvermögen, Impotenz, Haarschwund, Ergrauen, Arterienverkalkung, Arthritis, verschiedenen Hauterkrankungen und Parkinsonismus (mit Starre der gesamten Körpermuskulatur, Zittern, Schüttellähmungen verbundene Krankheit) *keinen* Besserungseffekt erzielt hätte.

Allerdings war bei diesen Versuchen nicht das rumänische Gerovital H3, sondern nur normales Procain angewendet worden. Die amerikanische und britische »Medical Association« gingen sogar so weit, zu behaupten, daß das Präparat von Professor Aslan »Unsinn« sei und ebenso »wirkungslos wie eine Zuckerpille«.

Auf dem internationalen Ärztekongreß in Italien erntete die rumänische Ärztin ebenfalls nur Skepsis für ihre Behauptungen. Sie erklärte, daß sich Gerovital H3 nicht nur positiv auf den allgemeinen Gesundheitszustand ihrer Patienten auswirke, sondern auch deren Herzfunktion, Blutgefäße, Verdauungsorgane, Knochen, Gelenke, das Drüsensystem und Gedächtnis auffällig stärke. Es regeneriere die Zellen, stabilisiere das Zentralnervensystem, zeige außergewöhnliche Besserungseffekte bei Rheuma, Arterienverkalkung, Thrombose, neurovegetativen Störungen und der Behandlung von Magengeschwüren; regeneriere die Haut, repigmentiere das Haar, rege den Haarwuchs an und habe sich auch bei Potenzschwierigkeiten bewährt.

Diese Behauptungen untermauerte Ana Aslan durch massives klinisches Beweismaterial. Doch da das wissenschaftliche »Fundament« fehlte, beziehungsweise keine Erklärung dafür gegeben werden konnte, wurde ihre »Verjüngungstherapie« kurzerhand abgelehnt.

Aber Ana Aslan, die sich bereits als junges Mädchen gegen ihre Familie durch einen Hungerstreik zur Wehr gesetzt hatte, um sich die Erlaubnis zum Medizinstudium zu ertrotzen, gab auch jetzt nicht auf. So, wie sie es als erste Frau in Rumänien überhaupt geschafft hatte, in den zwanziger Jahren den Doktorgrad zu erwerben, arbeitete sie auch jetzt unbeirrt weiter.

Sie behandelte ihre Patienten in der mustergültigen Bukarester Klinik nicht nur mit Gerovital H3, sondern auch zusätzlich durch eine abgestimmte Diät, Gymnastik und Beschäftigungstherapie und konnte mit sensationellen Erfolgen aufwarten.

Durch ihre Doppelblindteste versuchte sie dann auch nachzuweisen, daß ihr H3-Präparat den Abbauvorgang des Alterns verlangsamt.
Trotz kritischer Gegenstimmen ließ sich die Prominenz aus Ost und West von einer »Verjüngungskur« in ihrem Institut nicht abhalten. Es wird gemunkelt, daß unter anderen Tito, Sukarno, König Ibn Saud, Kirk Douglas, der Dichter Asturias, Marlene Dietrich, Charlie Chaplin, Vittorio de Sica, Salvador Dali und auch Nikita Chruschtschow einen Versuch wagten.
Nachdem dann endlich ein Ärzteteam des »Medical College« in Chicago nach der von Professor Aslan zur Verfügung gestellten Geheimformel ihres Gerovital H3 (das sich aus Procain-Hydrochlorid, Benzoesäure, Kaliummetabisulfit, Dinatriumphosphat zusammensetzt) kontrollierte Versuche an älteren und senilen Patienten in Altersheimen durchführte, soll es zu beeindruckenden Resultaten gekommen sein.
Von nun an wurde Professor Ana Aslan nicht nur immer wieder rehabilitiert, sondern auch bis heute immer wieder angegriffen.
Inzwischen hat Ana Aslan ihren Patientenkreis auch auf andere Altersgruppen ausgedehnt.
Aus Forschungen der letzten Jahre geht hervor, daß sich bei einer frühzeitigen, vorbeugenden Behandlung die Wirkung von H3 verstärkt. So wurde an 9000 Versuchspersonen im Alter von 40 bis 45 Jahren festgestellt, daß sich deren physiologische Funktionen um »100 Prozent gebessert« und die körperliche Widerstandskraft gefestigt habe.
Nun, heute kommen jedenfalls die Aslan-Pilger aus allen Erdteilen und bringen außer ihren Hoffnungen und Gebrechen auch bündelweise die vom rumänischen Staat so hoch geschätzten Devisen mit. Der Ana-Aslan-Gerovital-Tourismus läuft auf Hochtouren. Immer mehr neue Hotels »mit Therapieprogramm« schießen aus dem Boden und schmücken die rumänischen Reiseprospekte. – Man hört natürlich immer nur von den

erfolgreichen Behandlungen. Denn Fälle, bei denen auch das »Wundermittel Gerovital« versagt hat, werden sicherlich diskret verschwiegen.

Alles braucht seine Zeit, auch eine Ana-Aslan-Kur.

Der Patient muß sich vier Wochen lang jeden zweiten Tag einer 5ccm H3 Injektion unterziehen. Darauf folgt eine Pause von vier Wochen, die von einer erneuten vierwöchentlichen Injektionsserie abgelöst wird. – Eine Langzeittherapie über mindestens ein Jahr, die in Abständen wiederholt werden muß. Kostspielig, zeitraubend und unbequem.

Um so mehr Aufsehen erregte daher das in Köln nach intensiver Forschung entwickelte KH3 Geriatreikum Schwarzhaupt. Die erste H3 Schluckkapsel mit dem wichtigen Katalysator Haematoporphyrin, der die Wirkung des Procain intensiviert und die Reaktion beschleunigt.

Die Wissenschaft war natürlich vor allen Dingen an der Wirkung des Procains nach dem Einnehmen interessiert. Darum wurden Blut- und Organuntersuchungen an mit KH3 behandelten Tieren vorgenommen. Es stellte sich heraus, daß sowohl das Procainmolekül (chemisch: Paraaminobenzoesäurediaethylaminoaethanol) als auch dessen Spaltprodukte (Paraaminobenzoesäure und Diaethylaminoaethanol) im Blut und in den Organen nachweisbar waren.

Jeder einzelne dieser Stoffe soll eine andere, positive Wirkung haben. Außerdem wurde festgestellt, daß sie sich im Entstehungsstadium aus dem Procain am besten auswirken und den Organismus zum eigenen Enzymaufbau anregen.

Die PAB (für Paraaminobenzoesäure) soll vor allem Sklerose, Arterienverkalkung, Hautverhärtung, Haarwuchs und -farbe besonders günstig beeinflussen – und das gesunde Wachstum und die Ernährung von Zellen und Gewebe unterstützen. Das Diaethylaminoaethanol soll dagegen die allgemeine Organ- und Gehirndurchblutung durch Erweiterung der Kapillaren fördern und auch die Nervenfunktionen biologisch stimulieren.

Das alles mag für den Laien etwas kompliziert klingen.
Aber wie sieht es in der Praxis aus?
Der geeignete Ort, mich persönlich über KH3 Resultate zu informieren, schien mir das Regenerationssanatorium von Dr. med. Fritz Wiedemann in Ambach am Starnberger See.
Denn im Verlauf von zwanzig Jahren hat Dr. Wiedemann die Wirkung von H3 nicht nur an weit über 50 000 Patienten verfolgt, sondern auch noch alle erreichbaren Erfahrungsberichte darüber in seiner Dokumentationszentrale zusammengetragen.
»Ich bin zu der Überzeugung gekommen, daß KH3 den ›Sterbemechanismus‹ hemmt und auf diese Weise den Vorgang des Alterns weitgehend bremst«, sagt Dr. Wiedemann.
Das Sanatorium liegt inmitten eines hügeligen Naturparks, der sanft zum Seeufer abfällt.
Auf dem Weg zur Kurpraxis begegnete mir Dr. Wiedemann, elastisch, mittelgroß, im weißen Arztkittel.
Er führte mich in sein Privathaus, ein schlichtes, dunkles Holzgebäude gegenüber dem imposanten Sanatoriumskomplex auf dem Hügel.
Hier verbrachte ich einige Stunden mit dem Arzt, der sich als bewunderter und umstrittener »Verjüngungsdoktor« international einen Namen gemacht hat.
»Ich bin praktisch der Entdecker der H3-Schlucktherapie gewesen«, erzählte er mir im Laufe des Gesprächs. »Ich habe schon vier Jahre bevor die erste, KH3-Kapsel zum Einnehmen auf den Markt kam, in Zusammenarbeit mit einem Apotheker ein H3-Schluckmittel hergestellt und bei meinen Patienten angewendet. Leider habe ich kein Patent darauf«, sagte er lachend, »sonst wäre ich an sämtlichen H3-Präparaten beteiligt. Und heute gibt es ja schon zwanzig oder noch mehr davon.«
»Läßt sich der genaue Wirkungsvorgang von KH3 eigentlich definieren, Dr. Wiedemann?«

»Es wird vermutet, daß die gesamte Enzymtätigkeit und Produktion durch H3 angeregt wird. Und das Altern ist ja zum großen Teil ein Nachlassen der Enzymtätigkeit. – Experimente an Mäusen haben bewiesen, daß diese 40 Prozent länger lebten, wenn ihre Enzymtätigkeit angeregt und außerdem bestimmte Enzyme zugeführt wurden.«

Enzyme sind Fermente, das heißt: von lebenden Zellen erzeugte besondere Eiweißstoffe, die den chemischen Aufbau und den Abbau von Nährstoffen in den Zellen beschleunigen und lenken. Ich fragte Dr. Wiedemann weiter, ob man in diesem Zusammenhang von einer Verjüngung sprechen könne. Die meisten fürchten sich ja, das Wort Verjüngung überhaupt zu benutzen, aus lauter Angst, unseriös zu erscheinen.

»Sie haben nicht ganz unrecht«, bestätigte Dr. Wiedemann. Aber ich glaube schon daran. Wir nennen es hier allerdings Zellverjüngung. Schließlich kommt es darauf an, *was* man unter Verjüngung versteht. »Wenn da hin und wieder ein Professor sagt, ›das Kalenderalter kann man nicht verjüngen‹, hat er ja recht. Aber das bestreitet natürlich auch niemand. Denn wenn jemand 72 Jahre alt ist, kann er nicht wieder 25 Kalenderjahre alt werden. Schließlich ist er ja 72. Aber darum geht es ja auch nicht.

Wenn aber ein verkalktes Organ, das seiner Verkalkung wegen eben einem alten Organ entspricht, wieder entkalkt wird, dann ist dieses Organ verjüngt. – So sieht es ja auch die Aslan. – Oder jemand hat dicke Krampfadern – solche Pakete (dabei deuten seine Hände den Umfang eines wohl proportionierten Oberschenkels an) also auch gewisse Alterserscheinungen – die sich bessern, dann ist das auch ein Verjüngungsvorgang. – Wenn ganz einfach das Organ jünger wurde – so, wie es vor zehn Jahren war. Und das sagen die Patienten ja auch, ›ich fühle mich wie vor zehn Jahren! So leistungsfähig wie damals‹. Unter den Umständen ist der Zustand des Patienten dann auch wie vor zehn Jahren – eben in mancher Beziehung verjüngt.

Trifft das in vieler Beziehung zu – ist er es vielleicht insgesamt.«
Der Entschluß Dr. Wiedemanns, sich der Regenerationstherapie zu widmen, geht nicht zuletzt auf einen medizinisch beobachteten Fall zurück, den er vor Jahrzehnten einmal las und der ihn äußerst stark beeindruckt hatte.

Es ging um einen hinfälligen alten Mann von 93 Jahren, der eines Tages durch hohes Fieber (wahrscheinlich durch eine Infektion) bettlägerig wurde. Er war für lange Zeit so hoffnungslos krank, daß ihm niemand mehr eine Chance gab. Doch nachdem ihm das Fieber eines Nachts bereits den Geist verwirrt hatte, erwachte er verwunderlicherweise am nächsten Morgen neu gestärkt und erfrischt. Von nun an erholte er sich zusehends. Essen und Trinken schmeckten ihm, und bald konnte er sein Bett verlassen.

Doch dann geschah etwas Unbegreifliches.

Der alte Mann wurde von Tag zu Tag jünger. Seinen Kopf schmückte neuer Haarwuchs, die Haut glättete sich, er wurde lebhaft, sein Gang elastisch, seine Stimme war von neuer Kraft belebt und er war wieder an Unterhaltungen interessiert. Sogar neue Zähne wuchsen ihm nach. Er war so vital, daß er sich eine junge Frau suchte und Kinder zeugte. Seine Unternehmungslust machte nicht einmal vor strapaziösen Geschäften halt, und er verdiente mehr als je zuvor in seinem Leben. – In voller Lebenskraft starb er mit 110 Jahren an den Folgen eines Unfalls.

Durch das Fieber und die Krankheit war eine Umstimmung des Organismus und des Geistes ausgelöst worden, die den Greis verjüngte. Dieses Rätsel konnte von der Wissenschaft bis heute nicht gelöst werden.

»Dieser Fall blieb mir im Gedächtnis und regte mich stets von neuem an, nach einem Erfolg versprechendem Weg zu suchen, der zur Regeneration führte, bis ich meine Therapie schließlich gefunden hatte.

Inzwischen habe ich in meiner Praxis ähnliche Fälle der Ver-

jüngung beobachten können. Allerdings sind diese wissenschaftlich zu erklären.
Zum Beispiel behandelte ich eine vom Alter geschwächte, hinfällige, 72 Jahre alte Patientin. Sie nahm dreimal täglich eine KH3-Kapsel. Nach drei Monaten dunkelte ihr ergrautes Haar nach und nach vier Monaten wuchsen ihr neue Zähne. Nebenbei wurde sie auch frischer, lebhafter und ihre Arthritis ging zurück.
Zähne können im Alter allerdings nur dann nachwachsen, wenn von Natur eine dritte Zahnanlage gegeben ist. Das kommt nur ganz selten vor. Im Fall meiner Patientin war sie zweifellos vorhanden, denn sonst hätte die Regeneration das Wachstum nicht auslösen können.«
»Dann ist es also auch richtig, daß Haare ihren Naturton wieder annehmen. Ehrlich gesagt, habe ich das nie ganz glauben können.«
»Doch, es stimmt schon«, erwiderte Dr. Wiedemann. »Bei 50 Prozent der behandelten Patienten setzt wieder neuer Haarwuchs ein und bei etwa 10 bis 20 Prozent erfolgt eine teilweise Repigmentierung. – Dazu muß ich Ihnen übrigens einen Fall erzählen, weil er ebenso interessant wie instruktiv ist. Für die Betroffene dürfte es allerdings weniger erfreulich gewesen sein. Einer meiner Patienten aus der Schweiz wollte seiner Schwester etwas Gutes tun und brachte ihr KH3 mit. – Sie hatte übrigens schlohweißes Haar und war Oberin in einem Kloster. – Jedenfalls nahm sie die Kapseln auf Anraten ihres Bruders. Nun, die Leute zogen sich von ihr zurück und feindeten sie an. Sie konnten nicht fassen, daß sich ausgerechnet die Frau Oberin die Haare färbte! – Das stimmte natürlich nicht, die Haare waren durch die KH3-Behandlung wieder dunkel geworden.«
»Regeneration in diesem Stil spricht natürlich für sich selbst, Doktor Wiedemann. Aber glauben Sie auch, mit Ihren Mitteln die menschliche Lebensspanne verlängern zu können?«

»Mit Regenerationsmethoden lassen sich die Phasen des Siechtums, des Greisenalters fast bis zum Ende vermeiden. Je früher man damit beginnt, am besten mit etwa vierzig Jahren – in vielen Fällen vielleicht schon mit dreißig –, um so größer sind die Aussichten, in körperlicher und geistiger Frische alt zu werden.
Der Mensch wird etwas länger leben, weil viele Schäden, die das Leben vorzeitig beenden, durch Regenerationskuren behoben werden können – vielleicht gewinnt er auf diese Weise zehn Jahre. Aber statistisch können wir das noch nicht erfassen. Unter meinen vielen Patienten kam zum Beispiel einer mit 65 Jahren zu mir und ist jetzt 85. Heute fühlt er sich besser als damals mit 65. Aber andere sind inzwischen auch gestorben. Es ist einfach schwer zu sagen.«
Zweifellos sind Regenerationsmethoden zur Erhaltung unserer Vitalität, Aktivität – also Unabhängigkeit – von vorrangiger Bedeutung.
Aber KH3 ist inzwischen ja nicht mehr neu. Es wird schon seit vielen Jahren angewandt. Ist die Forschung vielleicht schon weiter? Kann sie über Regenerationstherapien hinaus vielleicht schon Einfluß auf eine tatsächliche Verlängerung der Lebensspanne nehmen?
Nun, vorläufig ist jedenfalls sicher – wie umstritten KH3 auch sein mag –, daß es sich eine nicht unbeachtliche Nachfrage in der Welt erobert hat. Werden doch schon allein in Deutschland nach Schätzungen etwa 120 Millionen Kapseln jährlich geschluckt. Dieses Mittel ist in 72 Ländern erhältlich.
Wie stellt sich nun der Hersteller von KH3 der Kritik? Ich fragte den medizinisch-wissenschaftlichen Leiter, von Schwarzhaupt, warum das Präparat so umstritten sei. Seine Antwort: »Viele Ärzte verhalten sich reserviert, einige sogar ablehnend. Bei Kongressen gehen sie zwar am Stand vorbei, kommen zurück – gucken zweimal und murmeln ›KH3 – nun ja, ich kann es ja nicht verordnen! Dann lächeln sie – ich

möchte aber drei Packungen – für mich selbst‹. Zunächst einmal wird angenommen – fälschlich – daß Laienwerbung für KH3 gemacht wird und alle Ärzte sind gegen Produkte, die durch Laienwerbung bekannt werden; z. B. sogenannte potenzsteigernde Mittel. Nebenbei gesagt kaufen die arabischen Staaten KH3 in großen Mengen – aber als Aphrodisiakum. Etwas, das wir überhaupt nicht in den Vordergrund stellen. Unsere Informationen gehen nur an Ärzte und Apotheken, Laienwerbung machen wir nicht.
Zum anderen wird behauptet, daß die Wirkung der Inhaltstoffe nicht erwiesen sei. Alle diese Gegenargumente wurden widerlegt und die Ärzte darüber unterrichtet. Aber das meiste wandert ja ohnehin ungelesen in den Papierkorb.«
Ich fragte ihn weiter, warum Ärzte kein Geriatrikum verordnen dürfen. »Ganz einfach deshalb, weil die vorbeugende Altersbehandlung, um es so auszudrücken, den Krankenkassen zu teuer kommen würde. Die Krankenkassen hätten jährlich 56 Millionen Mark mehr Kosten, wenn auch nur ein einziges Geriatrikum verordnet werden könnte.«
»Dieses Argument scheint mir nicht stichhaltig. Denn ist es nicht sehr kurzsichtig von den Kassen, vorbeugende Altersbehandlung sozusagen zu »sabotieren«, wenn sie später für die dann auftretenden Krankheiten um so tiefer in die Tasche greifen müssen.«
»Wenn sich die Medizin darüber im klaren wäre, ob es Alterskrankheiten gibt – spezifische Alterskrankheiten – und ob dafür eine spezifische Alterstherapie angewendet werden könnte, wäre es vielleicht möglich, daß die Kassen hier einspringen würden«, erklärte mir der Leiter der wissenschaftlichen Abteilung von Schwarzhaupt.
»Aber es gibt keine Alterskrankheiten, die *nur* im Alter auftreten. Sehen Sie, wenn alte Menschen krank werden, handelt es sich meistens um multimorbide Krankheiten, um chronische Erkrankungen, die lange vor ihrem Alter begonnen

haben. Ich denke da zum Beispiel an die im Alter gehäuft auftretende Diabetes. Die Morbidität dieser Krankheiten gibt es aber nur deshalb, weil chronische Krankheiten eben chronisch verlaufen und zu einem späteren Zeitpunkt – nämlich im Alter – schließlich kritisch werden; zum Beispiel Herz- und Kreislauferkrankungen, Lungenleiden, asthmatische Erkrankungen, Magen-Darm-Leber- und Galleleiden. Das sind alles Krankheiten, die natürlich akut verlaufen können, aber sie können genauso chronisch sein. – Aus diesem Grund treten die verschiedenen Symptome – oder auch organischen Erkrankungen im Alter auch gehäufter auf. Und daher neigt man leicht dazu, von Alterskrankheiten zu sprechen.
Die Ärzte draußen in der Praxis behandeln heute die Erwachsenen aller Altersgruppen gleich. – Also einen Herzkranken mit Digitalis . . . Kreislaufmittel werden angewendet . . . Noch vor kurzem, bis etwa vor zehn Jahren, wurden auch Säuglinge mit den gleichen Medikamenten behandelt, nur eben mit einer schwächeren Dosis. – Heute ist man inzwischen dazu übergegangen, eben eine spezielle Kinder- und Säuglingstherapie auch mit anderen Medikamenten zu betreiben.
Vielleicht werden eines Tages auch spezifische Alterstherapeutica zur Anwendung kommen, die zwar bei den gleichen Krankheiten eingesetzt werden wie bei Erwachsenen anderer Altersgruppen, aber doch in der Dosis herabgesetzt oder in anderer Zusammensetzung, der Multimorbidität der Erkrankungen entsprechend. Aber vorläufig ist es noch nicht soweit. Und das ist der Grund, warum Geriatrica nicht verordnet werden dürfen.«

Im Ambacher Sanatorium hatte ich erfahren, daß inzwischen ein »Super H3«, wie es Dr. Wiedemann nennt – das H7 – entwickelt wurde.
Dr. Wiedemann hatte mir erklärt, daß bei Umwandlung des Di*ae*thylaminoaethanol in das Procain-Spaltprodukt Di*me*thy-

laminoaethanol (DMAE) die Wirkung erheblich verstärkt wird. »Mit diesem Stoff«, sagte er, »haben wir sehr gute Erfolge bei einer ganzen Reihe von Krankheiten, wie z. B. physische Asthenie (Schwäche, Erschöpfung), zentrale Koordinationsschwäche, Gedächtnisschwäche, Depressionen, vegetative Fehlfunktionen, Migräne, Kopfschmerzen, Magendarm-Herz-Kreislaufstörungen ... erreicht. Die Hirnleistung besserte sich und sogar die Braunfärbung des Gehirns (die Alterspigmentation) wurde rückgängig gemacht.«
Erstaunlicherweise ist gerade dieses DMAE-Bestandteil einer »Wunderdroge«, die momentan in Amerika mit sensationellen Resultaten getestet wird.
Ein weiterer Bestandteil von Wiedemanns neuem Präparat H7 ist das Nicotinoylprocain, mit dem 5mal so starke Zellatmung erreicht wird wie mit normalem Procain. Die intensivierte Zellatmung bedeutet für alle Stoffwechselvorgänge eine Regeneration.
Auch Schwarzhaupt hat ein neues H3-Präparat für jüngere Jahrgänge zur Revitalisation und Altersvorbeugung entwikkelt. Dieses »Municaps« enthält außer Vitaminen der B-Gruppe auch das Nicotinoylprocain.

Es ist schlechthin unbegreiflich, daß sich die Fachwelt über das Procain immer noch nicht so recht einig werden kann. Logische, stichhaltige Argumente gegen H3 konnte mir trotz aller Bemühungen niemand nennen. Dafür fand ich um so mehr positive Stimmen. So schreibt z. B. Dr. Kunze, Facharzt für innere Krankheiten, Landesanstalten Gütersloh in der »Therapiewoche«: »Über mehr als ein Jahr haben wir 83 Patienten, die an erheblichen degenerativen Abbauerscheinungen litten und in den Westfälischen Krankenanstalten Gütersloh teils schon seit Jahren stationär eingewiesen waren, mit KH3-Geriatricum Schwarzhaupt therapiert. Es handelte sich hierbei um mittelschwere bis schwere Fälle von altersbedingten Verschlei-

ßerscheinungen psychischer und physischer Genese mit manifestierten Defektzuständen.
Wir stellten fest, daß KH3 – ein orales (zum Einnehmen) Procain-Hämatoporphyrin-Präparat – in der Langzeittherapie die degenerativ bedingten Verschleißerscheinungen physischer und psychischer Genese – auch schweren Grades – spürbar positiv beeinflußt.
Unerwünschte Nebenwirkungen traten während der mehr als einjährigen KH3-Therapie nicht auf.«
Und Professor Dr. L. Prokop, Institut für Sportmedizin in Wien sagt über den Versuch oraler Procain-Gaben an 60 Versuchspersonen, Durchschnittsalter 22,8 Jahre: ». . . die Tatsache, daß eine signifikante Verbesserung bei beiden Tests erst nach Monaten eintrat, bestätigt nicht nur die wiederholt getroffene Feststellung, daß KH3 ein Langzeittherapeutikum ist, sondern auch, daß dessen Eingriff in den Stoffwechsel ein schonender sein muß. Auf Grund der vorliegenden Untersuchungen scheint es daher wahrscheinlich, daß ein Teil der Wirkung des KH3 beim geriatrischen Symptomenkomplex auf eine echte Beeinflussung physiologischer Vorgänge zurückzuführen ist.«
Das sind nur einige unter vielen Stimmen. Aber diese sollen genügen, denn außer H3 gibt es auch noch andere Regenerationstherapien, die sich durchgesetzt haben. Können diese vielleicht das Leben verlängern?

V

Die Jet-Set-»Verjüngung«

Am 1. April 1931 unterläuft einem jungen, unerfahrenen Schweizer Chirurgen ein fataler Kunstfehler.
Bei der Schilddrüsenoperation an einer älteren Patientin rutscht ihm das Skalpell aus und dabei beschädigt er die kleinen, der Schilddrüse anhängenden Nebenschilddrüsen.
Ein tragisches Mißgeschick, das ihm während der Operation nicht einmal auffällt. Denn die Nebenschilddrüsen sind für die Kontrolle des Calciumspiegels im Blut verantwortlich; werden sie verletzt, kommt es zu krampfartigen Beschwerden. Ein um so schlimmeres Versehen, als es bisher noch keine Möglichkeit gibt, diese lebensgefährlichen Symptome zu behandeln.
Die Folgen lassen daher auch nicht lange auf sich warten. Der Körper der bewußtlosen Patientin wird nur zu bald von konvulsivischen Zuckungen geschüttelt.
Aufgeschreckt ruft der junge Chirurg den Direktor der Lausanner Klinik, Professor de Quervain, in den Operationssaal. Doch angesichts des Zustandes der Patientin erkennt der erfahrene Arzt sofort, daß sie – wenn überhaupt – nur noch durch eine Nebenschilddrüsen-Transplantation zu retten ist. Nur einer ist dazu in der Lage.
Dr. Paul Niehans. Wenn er auch in Kollegenkreisen wegen seiner Veröffentlichungen über Transplantation-Chirurgie wenig geschätzt ist. Er wohnt ganz in der Nähe, in Vevey. Als es nach zahllosen Telefonaten endlich gelingt, Dr. Niehans aufzutreiben, ist der Zustand der Operierten inzwischen bedenklich. Niehans erklärt sich bereit, umgehend zu kommen. Auf dem Weg zur Klinik besorgt er sich im Schlachthof rasch noch die Nebenschilddrüsen eines frischgeschlachteten Kalbes. In der Klinik steht das Leben der Patientin auf des Messers Schneide. Niehans ist sich im klaren darüber, daß eine mehrstündige Transplantation die Patientin nicht mehr retten kann. Einer Eingebung folgend, zerkleinert er die Nebenschilddrüsen des Kalbes zu einem Brei, setzt diesen eine Kochsalzlösung zu und injiziert den Zellbrei zum starren Entsetzen des Klinikdirektors der totkranken Frau in den Brustmuskel.

Fast augenblicklich tritt eine Besserung ein. Die Krämpfe lassen nach und sind nach zwei Stunden völlig verschwunden. Zur Überraschung aller Anwesenden wird die Injektion komplikationslos vertragen.
Niemand ist über den Erfolg erstaunter als Dr. Niehans selbst. Und später sagte er: »Das war der Tag, an dem die Zellulartherapie geboren wurde.«
Übrigens, die Patientin starb dreißig Jahre später – im Alter von 90 Jahren.
Ob sich Paul Niehans in diesem Augenblick träumen ließ, daß eine aus der Not geborene Zellinjektion einmal zu seiner »Verjüngungstherapie« führen und weltweit die hitzigsten Debatten – pro und contra – auslösen würde?
Genau betrachtet führte Niehans allerdings nichts anderes aus als sein Vorgänger, der revolutionärste Arzt seiner Zeit, Paracelsus, bereits Anfang des 16. Jahrhunderts gepredigt hatte: Gleiches heilt Gleiches.
Das Herz heilt das Herz, die Lunge heilt die Lunge, die Niere heilt die Niere ...
Doch auch schon Paracelsus scheint hier eine Anleihe bei seinen medizinischen Vorgängern gemacht zu haben. Finden sich doch überall in der Geschichte Hinweise darauf, daß Menschen der Überzeugung waren, tierische oder gar menschliche Organe könnten bestimmte Krankheiten – nicht zuletzt die Impotenz – heilen. Gleiches heilt Gleiches!
So wird im Papyrus Ebers, einer medizinischen Rezeptsammlung aus der Zeit um etwa 1500 v. Chr., genau beschrieben, wie Impotenz mit jungen Stierhoden behoben werden kann. Aber auch die alten Hindus müssen ihre Sorgen auf diesem Gebiet gehabt haben. Sonst hätte der berühmte indische Chirurg Susruta nicht einen »Trank« aus den Hoden junger Tiger empfohlen. Und Plinius der Ältere, kaiserlich römischer Befehlshaber und Schriftsteller (um 24. n. Chr.) sah in den Hoden junger wilder Eber das geeignete Mittel, diese Schwäche zu

überkommen. Im übrigen empfahl er Leberkranken den Genuß von Wolfsleber. Berühmte griechische und römische Philosophen, wie Plinius der Jüngere und Aristoteles, warteten ihrerseits gleich mit einer ganzen Liste von Heilmitteln aus tierischen und menschlichen Organen auf.

Wie nicht anders zu erwarten, war auch schon damals der eine dem anderen gram und geiferte über dessen Heilmethoden. So entrüstete sich der griechische Arzt und Philosoph Claudius Galenas darüber, daß sein Kollege Xenokrates »ekelhafte« Teile von Tieren und Menschen, unter anderem menschliche Leber und Menschenfleisch, als Heilmittel verarbeitete.

Das erste Werk über Arzneimittel, in dem auch die heilende Wirkung tierischer Organe behandelt wird, geht auf 77 n. Chr. zurück und stammt von dem griechischen Arzt Dioskorides. Diese »Materia medica« hat 15 Jahrhunderte lang die Medizin und ihre Heilmethoden beeinflußt und spielte besonders im Mittelalter eine beherrschende Rolle.

Das deutsche Mittelalter wartete mit einer eigenen »Dreckapotheke« auf. In diesem Werk wurden besonders Schaf-, Ziegen- und Widderhirne neben Kalbsleber, -lunge und -milz als erfolgversprechende Heilmittel erwähnt.

»Iß Hirn, damit du gescheit wirst«, heißt es im Volksmund, und Großmutters aufmunternder Zuspruch, dieses Gericht durch die Aussicht auf eine gescheitere Zukunft schmackhafter zu machen, kann ebenso auf die »Dreckapotheke« als auch auf »vererbten« Aberglauben zurückzuführen sein.

Denn schon in der Frühzivilisation der Menschheit waren Ritualmorde – Kannibalismus – oft mit der Hoffnung oder dem Wunsch gepaart, sich durch den Opfertod eines anderen dessen Qualitäten einzuverleiben. Wurden doch damals die Herzen starker Feinde verzehrt, um damit deren Mut auf sich selbst zu übertragen.

Allerdings erscheint dieser Aberglaube in einem anderen Licht, wenn wir die Ergebnisse aus den Plattwurmversuchen der Engländer R. Thompson und J. McConnell betrachten. Denn aus diesen Versuchen geht eindeutig hervor, daß die über bestimmte Dressuren gespeicherten Erfahrungen in den Zellen der Plattwürmer nicht nur durch Regeneration oder Zellteilung weitergegeben werden, sondern sich auch *dann* vererben, wenn ein Artgenosse den anderen verschmaust. Auch an Ratten ausgeführte Experimente, in denen diesen die Gehirnsubstanz anderer, dressierter Ratten gefüttert wurde, zeigten ähnliche Ergebnisse wie bei den Plattwürmern, denn die Erfahrungen der dressierten Ratten übertrugen sich auf die undressierten. Demnach scheint Erfahrung an gewisse chemische Substanzen in der Zelle gebunden zu sein.

Jedenfalls geht aus diesen Versuchen deutlich hervor, daß sich von Lebewesen gewonnene Erkenntnisse auf andere Lebewesen der gleichen Art mit der Substanz ihrer Speicherzellen übertragen lassen und damit vererblich sind.

Aber nicht nur menschliche oder tierische Organe spielten im Verlauf der Geschichte eine Rolle, besondere Bedeutung nahm schon immer der Lebenssaft Blut ein. So erzählt Ovid in seinen Metamorphosen, daß Medea, das Weib des Jason, dem alternden König Aison alles Blut abzapfte und es durch frisches Blut ersetzte, um ihn zu verjüngen. Auch ihrem Todfeind Pelias, Herrscher von Iolkos und Bruder des Aison, versprach die als Zauberin geltende Medea, wieder jung zu machen. Zwar auf recht sonderbare Art, aber da es sich um neue Jugend handelte, fanden die Töchter des Pelias die vorgeschlagene Methode nicht weiter abwegig. Sie töteten also auf Geheiß der Medea ihren Vater, zerstückelten ihn und warfen ihn in ein »Zauberbad« zum Garkochen. Dann warteten sie ungeduldig, daß er daraus »verjüngt wie ein Widder« entsteigen und von Medea zur Krönung in ein Lamm verwandelt würde. Aber Pelias konnte den Suppentopf aus eigener Kraft natürlich nicht mehr verlassen. Der Ausdruck »Medeakur« war noch im 18. und 19. Jahrhundert gebräuchlich – allerdings nur in der Bedeutung von Blutübertragung.

Schon Hippokrates (460–375 v. Chr.) führt das Blut als Heilmittel an. Und in der Schriftensammlung der Ärzteschule von Kos, die auf ihn zurückgeführt wird, sind bereits »gerontologische Beiträge« zur Deutung des Alterns aufgeführt.
Die erste, uns bekannte Bluttransfusion geht auf den Oxforder Physiologen R. Lower zurück, der 1666 das Blut eines jungen Hundes auf einen alten übertrug, um ihn zu verjüngen.
1667 kam der Pariser Mathematiker und Arzt J. B. Denis dann auf die Idee, seinen Patienten Lammblut in die Venen zu injizieren. Daß dieses Verfahren zu schwerwiegenden Komplikationen führte, braucht wohl kaum näher erläutert zu werden. Schießlich mußten sich auch die Pariser Medizinische Fakultät und die Gerichte einschalten, um diesem gefährlichen Treiben ein Ende zu machen. Die aufgebrachte Öffentlichkeit kommentierte entsprechend sarkastisch: für ein solches Unternehmen werden drei Schafe gebraucht. Eines, von dem das Blut stammt, ein zweites, das sich damit injizieren läßt und ein drittes, das dieses Experiment ausführt.
Damit geriet die Bluttransfusion in Verruf und kam erst mit der Zeit der Romantik und Naturphilosophie wieder zu Ehren. Denn in dieser Epoche glaubte man, daß die Übertragung von jungem Blut den Organismus des Empfängers erneuert und verjüngt. In unserem Jahrhundert berichtete dann der russische Wissenschaftler Bogdanoff 1926, daß Blutübertragungen von jungen auf alte Menschen in seinem Moskauer Institut günstige Resultate gezeigt hätten.

Auf der anderen Seite des Ozeans hatte der amerikanische Arzt Minot um die gleiche Zeit entdeckt, daß viele, hoffnungslos an permiziöser Anämie Leidende, durch den Genuß von Kalbsleber gerettet wurden. Anfangs hatte er seinen Patienten täglich ein halbes Pfund gekochter Kalbsleber verordnet, erhöhte das Quantum aber später auf ein volles Pfund. Als ihm die heilende Wirkung der Leber voll bewußt wurde, hielt er seine Kranken an, so viel wie möglich davon zu essen. Einer Patientin hing die gekochte Leber schließlich »zum Hals heraus«, und sie erkundigte sich bei Dr. Minot, ob sie diese denn unbedingt kochen müsse, warum sie nicht durch den Fleischwolf gedreht und mit Orangensaft vermischt roh gegessen werden könne?

Von diesem Zeitpunkt an behandelte der Arzt schwerste Fälle perniziöser Anämie, die auf Tragen bewußtlos ins Krankenhaus eingeliefert wurden, mit rohem Lebersaft, den er den Kranken durch ein Glasröhrchen direkt in den Magen einführte. Solange, bis sich deren Zustand gebessert hatte.

Durch den Überdruß einer Frau an gekochter Leber, wurde also gewissermaßen ein Vorläufer der Frischzelltherapie angewandt.

Beinah parallel hierzu veröffentlichte der Breslauer Chirurg H. Küttner 1912 und 1929 Arbeiten über Experimente, die in etwa der Niehans'schen Zellbrei-Injektion von 1931 glichen.

Doch für Paul Niehans wurde dieser 1. April 1931 nicht nur zum Geburtstag seiner Zellulartherapie, sondern auch der Beginn einer wahren »Niehans-Saga«.

Und wer hätte schon prädestinierter sein können als gerade er. Eine imposante, vertrauenerweckende Persönlichkeit mit enormem Selbstvertrauen, deren geheimnisumwitterte Abstammung den Mythos des Verjüngungsmagiers abrundete.

Seine Klinik »La Prairie« am Genfer See wurde zum Verjüngungstreffpunkt der Multimillionäre dieser Erde. Kaiser und Könige, Staatsoberhäupter aus Ost und West – einfach alles mit Rang, Namen und entsprechendem Scheckbuch gab sich dort ein Stelldichein. Selbst der Papst wurde von ihm behandelt.

Nicht nur in »La Prairie«, auch im »Haus Sonnenfels«, seinem weißen Märchenpalast, den er von Kaiser Haile Selassi erworben und mit Schätzen gefüllt hatte, die Museen füllen könnten. Ein in Blumen gebettetes Juwel, von den majestätischen Gipfeln der Schweizer Alpen überragt.

Paul Niehans wurde am 21. November 1882 in Bern geboren. Sein Vater war Paul Niehans sen., Chirurg und Sohn der hochangesehenen bürgerlichen Berner Niehans-Familie. Seine Mutter hieß Anna Franziska Kaufmann, außereheliche Tochter der ins Exil verbannten »Gräfin von Wiesbaden«, oder genauer gesagt, der ehemaligen Gräfin Fürstenberg. Die der Liaison zwischen Friedrich III. von Preußen (als 99-Tage-König in die Geschichte eingegangen) und der Gräfin Fürstenberg entstammende Tochter Anna Franziska Kaufmann schenkte also Paul Niehans das Leben.
Schon als Kind war der junge Paul ebenso begabt wie charmant. Er besuchte das Gymnasium in Bern, und seine Eltern hatten alle Hände voll zu tun, den abenteuerlichen Sinn ihres Sohnes in gemäßigtere Bahnen zu lenken. Für eine Weile spielte er mit dem Gedanken, dem Vorschlag seines Onkels, Kaiser Wilhelm II., nachzukommen, und eine militärische Laufbahn in Potsdam einzuschlagen. Er beugte sich dann aber dem Wunsch seiner Mutter und studierte Theologie; promovierte nach drei Jahren, wurde für kurze Zeit Geistlicher und sattelte dann kurz entschlossen auf Medizin um, damit dem geheimen Wunsch seines Vaters entsprechend.

Bis 1929 führte der Arzt Dr. Paul Niehans dann über 1000 Drüsen-Transplantationen durch; darunter Hypophysen-Vorderlappen von Kälbern auf menschliche Zwerge, deren Wachstum dadurch bis zu 32 Zentimetern zunahm.
Schließlich verschrieb sich Niehans der Zellulartherapie vollständig und veröffentlichte 1937 sein Buch »Das Alter und die Verjüngung« (La Sénéscence et le Rajeunissement).
Anfangs sprach Niehans im Zusammenhang mit seiner Zellulartherapie stets bedenkenlos von Verjüngung, ersetzte dieses Wort jedoch später durch die in medizinischen Kreisen weit akzeptablere »Revitalisation«. – Er injizierte frische Zellen gegen alte und verbrauchte; er tauschte jugendliche Kräfte

gegen das Alter und blieb seiner Behandlungsmethode der Injektion eines Breis aus Organen frischgeschlachteter Schafe bis zuletzt treu.

Wegen ihrer besonderen Widerstandsfähigkeit und Gesundheit bevorzugte er Bergschafe und verwies immer wieder auf die Untersuchung der Schafherde eines australischen Züchters, aus der sich ergeben hatte, das von diesen 40 000 Schafen im Verlauf von 30 Jahren nicht ein einziges an Krebs erkrankt war.

Nach Auffassung von Professor Niehans wandern die von ihm injizierten Frischzellen im Körper des Patienten bis zu den zu behandelnden (verjüngenden) Organen – Leberzellen zur Leber, Herzzellen zum Herzen . . . – um dort die abgenutzten, verbrauchten Zellen zu ersetzen.

Heute erklären sich die Zelltherapeuten den Vorgang folgendermaßen: Nach der intramuskulären Injektion werden die eingespritzten Zellen an Ort und Stelle von den Phagozyten (Freßzellen) in ihre Bestandteile zerlegt und dann durch die Blutbahn zu den betreffenden Organen und Drüsen transportiert. Hier regen unter den Zellbestandteilen insbesondere die Enzyme, die RNS (Ribonukleinsäure) und die DNS (Desoxyribonukleinsäure) zur Zellerneuerung an.

Die DNS ist der Schüssel des Lebens überhaupt, da sie für die Vererbung und den Stoffwechsel mit Hilfe von »Botenstoffen« sorgt. Denn diese sogenannten Botenstoffe tragen die Verantwortung für die Programmierung des Aufbaus der Enzyme (Eiweißstoffe) in der Zelle, während die Enzyme wiederum außer ihresgleichen auch alle anderen Eiweißmoleküle, aus denen der Körper besteht, aufbauen.

Mit jeder Frischzelleninjektion gelangen fremde Eiweißstoffe in den menschlichen Organismus, die – gegen alle Erwartungen – in den meisten Fällen weder Schockwirkungen noch Allergien auslösen.

Niehans konnte sich die Tatsache, daß sich diese »Fremdkörper« nicht negativ auf den menschlichen Organismus auswir-

ken, nie ganz erklären. Auch eine Reihe von Forschern, die diesem Phänomen nachgingen, fanden keine Antwort darauf. Sie mußten bei einer Untersuchung der mit Frischzellimplantationen behandelten Patienten immer wieder feststellen, daß diese den »Eingriff« komplikationslos überstanden hatten. – Keine Temperatur, keine Schwellungen, keine Schmerzen.
Professor Hans Schmidt von der Universität Marburg, auch Vater der Immunbiologie genannt, beschäftigte sich besonders mit dem Problem der Einführung fremder Eiweißstoffe in den menschlichen Körper. Er reiste in die Schweiz, um sich persönlich über die Auswirkungen der Frischzelltherapie an den Niehans'schen Patienten zu informieren.
Unter den Augen des Marburger Professors bereitete Professor Niehans seine Injektionsspritzen vor und ließ sich von ihm zu den Räumen seiner Patienten begleiten. Später erzählte Niehans bei besonderen Anlässen, was sich zugetragen hatte. Als er gerade die Tür eines Zimmers öffnen wollte, hielt ihn Schmidt erregt am Arm fest und hinderte ihn an seinem Vorhaben mit den Worten: »Niehans, mit einem Fuß sind sie bereits im Gefängnis, ziehen sie nicht auch noch den anderen nach.« Niehans machte sich lächelnd den Weg frei und verabreichte seine Injektionen, während Schmidt an seiner Seite von Minute zu Minute nervöser wurde. Nach acht Minuten war bei beiden Patienten immer noch keine Reaktion eingetreten; sie unterhielten sich genauso ruhig wie vorher. Am gleichen Abend besuchte Schmidt alle behandelten Patienten noch einmal und wiederholte die Visite am nächsten Morgen, um sich über deren Gesundheitszustand persönlich zu unterrichten. Er mußte zu seinem grenzenlosen Erstaunen feststellen, daß alle Injektionen ohne Zwischenfälle vertragen wurden und die Patienten in bester Verfassung waren.
»Sie haben meine zwanzigjährige Lebensarbeit mit einer einzigen Injektion ausgelöscht, Niehans«, sagte er.
»Nein, gewiß nicht«, antwortete dieser, »Sie haben recht, altes

Eiweiß tötet den fremden Organismus innerhalb von 8 Minuten, aber junges Protoplasma heilt ihn.«

Der prominenteste aller prominenten Patienten des Verjüngungspapstes dürfte wohl der heilige Vater, Papst Pius XII., gewesen sein.
Aller Wahrscheinlichkeit nach erfuhr er von Niehans durch Schwester Pasqualina, seiner deutschgebürtigen Krankenschwester.
Offiziell wurde Niehans durch Wilhelm Furtwängler, den berühmten Dirigenten der Berliner Philharmoniker, bei Pius XII. eingeführt. Genau wie der Papst hatte auch Furtwängler unter chronischer Schlaflosigkeit gelitten, bevor Niehans ihn durch seine Zelltherapie davon befreit hatte.
Der Gesundheitszustand des 77jährigen Heiligen Vaters war besorgniserregend. Am ersten Oktober 1953 empfing er Niehans zum ersten Mal. Doch das Oberhaupt der katholischen Kirche weigerte sich kategorisch, dem ärztlichen Rat, sich für eine Woche von den Amtsgeschäften fernzuhalten, nachzukommen. Dabei blieb es, bis Niehans im Februar 1954 einen dringenden Anruf aus dem Vatikan erhielt, der Zustand Pius' XII. habe sich kritisch verschlechtert.
Niehans flog sofort nach Rom und fand den Papst schwerkrank vor. Keinem seiner Ärzte war es gelungen, seine Leiden zu lindern. Er war erschreckend abgemagert, litt unter ständigem Erbrechen und starken Schmerzen.
Nach Niehans' eigenen Worten unterzog er den Papst einer Gefriertrockenzellen-Therapie, weil er seine eigenen Schafe nicht in den Vatikan mitnehmen konnte. Allein der Gedanke, ein Lamm im Vatikan schlachten zu wollen, entbehrt nicht einer gewissen Ironie, ganz abgesehen davon, daß im Vatikan nichts Lebendes getötet werden darf. – Einzelheiten über die genaue Zusammensetzung der Zellinjektionen, mit denen der Papst behandelt wurde, gab Niehans nicht preis.

Auf den Gedanken, Gefriertrockenzellen anzuwenden, hatten Niehans zu Eis erstarrte Körper von Bergsteigern gebracht, die durch Lawinen verschüttet wurden. Er schloß aus den gut erhaltenen Erfrorenen, daß Kälte vorzüglich konservieren müsse. Also versuchte er erst einmal, Frischzellen zum späteren Gebrauch tiefzukühlen und unternahm dann damit ein Selbstexperiment. Da sich die zu wenig tiefgekühlten Frischzellen zersetzt hatten, führte die Selbstinjektion zu schweren Komplikationen, die Niehans fast das Leben kosteten.
Von nun an suchte er nach einem anderen Verfahren, Gefriertrockenzellen zu erhalten. In Anlehnung an die Resultate des polnischen Ingenieurs Altmann, der eine sichere Methode zur Herstellung von Trockenzellen gefunden hatte, kühlte Niehans seine Frischzellen nun auf minus 70 Grad, entzog ihnen dann im Vakuum das Wasser und erwärmte sie wieder auf plus 27 Grad. Anschließend wurden sie pulverisiert und in Ampullen abgefüllt. Auf diese Weise konnten diese »lyophilisierten« Zellen länger aufbewahrt und je nach Bedarf verwendet werden.
Doch Niehans kam bald von der Behandlung mit Gefriertrokkenzellen ab und verwendete wieder Frischzellen, die seiner Ansicht nach eine bessere Wirkung und mehr Lebenskraft haben. »Frischzellen sind die besten«, betonte Niehans bis zum Ende immer wieder. Im Falle von Papst Pius XII. ist bis heute nicht ganz geklärt, ob tatsächlich Gefriertrockenzellen oder Frischzellen von Niehans verwendet wurden. Es gibt Gerüchte, daß ein schwarzes Auto mit einem frischgeschlachteten Lamm in den Vatikan gerast sein soll, um Niehans mit den für den Papst benötigten Frischzellen zu versorgen. Ob es stimmt? Jedenfalls besserte sich der Zustand des Papstes in der fünften Woche nach der Behandlung merklich. Er begann wieder normal zu essen, machte kleine Spaziergänge und arbeitete im Bett sitzend. Mitte April hatte er sein altes Gewicht wieder erreicht, fügte sich Niehans' Anordnungen und unterzog sich

einer weiteren Injektionsserie. Nicht lange danach nahm Pius XII. seine Amtsgeschäfte im Vatikan wieder auf. Niehans flog in die Schweiz zurück und wurde für den Rest des Jahres von der Presse belagert.

Papst Pius XII. empfahl später die Zellulartherapie und zeichnete Niehans mit dem Stuhl der Vatikanischen Akademie aus, den vor ihm der Entdecker des Penicillins, Sir Alexander Fleming, innegehabt hatte.

Über Paul Niehans und seine Zellulartherapie sind sich bis heute die Gelehrten noch nicht einig. Die einen sagen genial – die anderen sagen naiv – Wunderdoktor oder Quacksalber – Verjüngungszauber – reiner Opportunismus?

Nun, jedenfalls konnte Niehans sich leisten, seine Patienten zu wählen. Zum Kreis der Auserlesenen sollen unter anderen gehört haben: Charles de Gaulle, Konrad Adenauer, Winston Churchill, Dwight Eisenhower – der Herzog und die Herzogin von Windsor, die japanische Kaiserfamilie, Aga Khan – Somerset Maugham, Thomas Mann – Christian Dior, Gloria Swanson, George Braque – und auch Theodor Heuss, auf dessen Empfehlung Professor Paul Niehans den Ehrendoktor der Universität Tübingen erhielt.

Paul Niehans starb am 3. September 1971 kurz vor seinem neunzigsten Geburtstag. Auch die meisten seiner Patienten haben ein erstaunliches Alter erreicht. – Von Papst Pius XII. einmal befragt, ob er, Niehans, an ein Leben nach dem Tode glaube, antwortete er: »Ja, ich bin davon überzeugt, ich habe sogar Beweise.«

Heute geht der Streit um das Für und Wider der Zelltherapie unvermindert weiter. Doch nicht nur das. Die Zelltherapeuten können untereinander nicht einmal ihre Meinung darüber abmachen, was besser sein soll – Frischzellen oder Trockenzellen.

Sobald allerdings die Zelltherapie als solche in Frage gestellt wird, berufen sich alle auf »Kment«.

Professor Kment, Direktor des Instituts für Physiologie der Tierärztlichen Hochschule in Wien, ist Experte auf dem Gebiet des *biologischen Alterns* der Organe und Gewebe. Er gehörte nach eigenen Worten zu den »restlos überzeugten Skeptikern« gegenüber jeder Art von Zelltherapie.

In seinem Institut führte er nun zellbiologische Untersuchungen an weißen männlichen und weiblichen Laboratoriumsratten durch, da diese sich nach Kment für solche Versuche besonders gut eignen. Vor allem entfällt bei Tieren der Placebo-Effekt. Die Ratten wurden täglich untersucht, erhielten Placenta-(Mutterkuchen) und Testis (Hoden)-Injektionen aus Trockenzellen. Dadurch wurde ihre Lern- und Merkfähigkeit gesteigert; die mit zunehmendem Alter abnehmende Rißfestigkeit der Haut verbesserte sich signifikant und auch die Hauptschlagader der Tiere war elastischer als die gleichaltriger, unbehandelter Tiere. Sogar die Rattenschwänze der Tiere wurden elastischer und rißfester.

Nach den Resultaten der Hauptversuche hatte sich die Intensität der Zellatmung von Herz, Hauptschlagader, Leber und Niere der behandelten Tiere so weit aktiviert, daß sie der beträchtlich jüngerer Tiere entsprach und nicht dem wahren Alter der Versuchstiere.

Die Ärztezeitschrift »euromed« schrieb über diese Experimente: »Ein quietschlebendiger Beweis für die Wirkung einer verjüngenden Zellkur.«

Professor Friedrich Dittmar behandelte dagegen Mäuse mit Frischzellinjektionen und stellte fest, daß sie wesentlich schneller wuchsen.

Ein außerordentlich interessantes Experiment in bezug auf die Verjüngungskraft der Zelle, führte der bekannte Zellbiologe Paul Weiss und sein Assistent A. C. Taylor im Rockefeller-Institut in Amerika durch.

Die Forscher entnahmen 8 bis 14 Tage alten Hühnerembryonen Organe, die sie zu einem Zellbrei verarbeiteten, unter anderem die Niere. Nachdem der Nierenzellbrei gesiebt und zentrifugiert war, wurde er mit einer Pipette auf die Eihaut acht Tage alter Hühnerembryonen getröpfelt. Nach etwa 20 Tagen hatte sich dort eine regelrechte neue Niere gebildet. Die isolierten Nierenzellen hatten sich also auch außerhalb ihres eigenen Organismus die Fähigkeit erhalten, eine funktionierende, neue Niere zu entwickeln. Schon 1961 hatte Paul Weiss gesagt, er könne es sich nicht leisten, sich *nicht* um die Zelltherapie zu kümmern.

»Die Frischzellenbehandlung ist in der Medizin bis jetzt die einzige Methode, den Alterungsprozeß auf längere Zeit hinauszuschieben«, behauptet Dr. Siegfried Block, den ich in seinem Privatsanatorium in Lenggries aufsuchte.
Hochgewachsen und von eleganter Erscheinung, begrüßte er mich weltmännisch. Im dunkelblauen Blazer, makellos weißen Hosen und ebenso weißen Glanzlederschuhen vermittelte er einen Hauch ›Jet-Set‹: Seit über zwanzig Jahren injiziert der Niehans-Schüler Dr. Block schon Frischzellen.
Bei einem Rundgang durch das im bayerischen Landhausstil errichtete Sanatorium begegnete ich – auf Bildern festgehalten – längst bekannten, strahlenden Showbusinessgesichtern. Ihr Lächeln verriet: »Wir gehören auch dazu.«
Auf meine Frage nach seinem Patientenkreis, den ich unter den »oberen Zehntausend« vermutete, antwortete mir Dr. Block, daß seine Patienten allen Gesellschaftsschichten angehören.
Daraufhin erkundigte ich mich, was denn eine solche 6-Tage-Kur kostet. »Vier- bis sechstausend Mark«, war die prompte Antwort. Es interessierte mich natürlich besonders, was der Patient dafür zu erwarten hat. Ich ließ mir den Behandlungsplan erklären.
Jeweils der Sonntag ist Anreisetag, an dem sich der Patient bis 18 Uhr im Sanatorium einfinden muß. Am Montag wird er dann gründlich untersucht, u. a. Blutsenkung, Blutbild, Urin-

status, EKG. Nach dem Untersuchungsbefund richtet sich der Behandlungsplan. Es hat sich erwiesen, daß bei den meisten Patienten nicht nur ein Organ behandlungsbedürftig ist. Jeder Patient braucht also verschiedene Frischzellen. Grundsätzlich erhalten alle Patienten Zellen der Plazenta. Denn der Mutterkuchen ist eines der wertvollsten Gewebe des Tierkörpers; reich an Vitaminen, Hormonen und Spurenelementen, die der menschliche Körper zum Aufbau braucht. Zusätzliche Zellgaben hängen von den jeweiligen Leiden der Patienten ab.
Dr. Block sieht die besten Ergebnisse der Frischzellbehandlung bei vorzeitigem Altern und zivilisationsbedingten Verschleißerscheinungen. Vor allem aber bei Symptomen der Managerkrankheit, die sich durch Unlust, Übermüdung, Nervösität, Erschöpfung und Konzentrationsschwäche äußert, mit Kreislauf- und Durchblutungsstörungen im Gefolge, den ersten Anzeichen der Arterienverkalkung. Auch bei Erkrankungen der Verdauungsorgane, wie Magen, Leber und Darm, wird die Zelltherapie angewandt.
Für seinen Sanatoriumsbedarf unterhält Dr. Block eine Herde von 600 gefleckten Bergschafen, die auf den Almen über Mittenwald weiden. Genau wie Prof. Niehans hält auch Dr. Block Bergschafe für die gesündesten.
Aus dieser Herde werden in den frühen Morgenstunden des Dienstags wöchentlich durchschnittlich zwei hochträchtige Mutterschafe und ein Jungtier geschlachtet. Nachdem das Muttertier getötet und durch die Halsschlagader ausgeblutet ist (durch Blutrückstände in den für die Zelltherapie verwendeten Organen kann es zu Allergien kommen), entnimmt ein Arzt durch Kaiserschnitt den Fötus. Im Laboratorium, gleich neben dem Schlachtraum, werden dem ungeborenen Lamm aus Herz, Hirn, Lunge, Leber, Galle Milz, Darm, Bandscheiben . . . die Zellen entnommen. Das sind insgesamt über 60 verschiedene Frischzellarten.
Vom Mutter- und Jungtier werden die beim Fötus noch

unausgereiften Organe wie Eierstock bzw. Hoden, Hypophyse, Nebennieren, Schilddrüse, Plazenta und Schwellkörper benutzt.

Dabei spielt der Zeitfaktor eine große Rolle. Denn spätestens anderthalb Stunden nach der Schlachtung, die unter Operationssaalbedingungen vorgenommen wird, müssen die entnommenen und verarbeiteten Zellen den Patienten eingespritzt werden. Damit wird einer Zersetzung und somit Vergiftung der Patienten vorgebeugt. In der Blockschen Klinik dauert dieser ganze Vorgang 50 Minuten. Ein neunköpfiges Hilfsteam zerkleinert Organe und Gewebe mit Spezialscheren, Skalpellen und Schabemessern zu einem Brei, der anschließend durch ein steriles Sieb gepreßt wird. Die auf diese Weise gewonnenen Frischzellen werden mit einer Spezialnährlösung versetzt, das heißt »aufgeschwemmt«. Und sobald diese Aufschwemmung milchig trüb aussieht, stimmt die Lösung nach Dr. Block.

Die Patienten erhalten acht bis zehn Spritzen in den Gesäßmuskel. Darin sind 16 bis 18 verschiedene Arten von Frischzellen enthalten, denn Zellen von verwandten Organen werden mit einer Injektion verabreicht. Eine halbe Stunde nach der Injektion müssen die Patienten bäuchlings verbringen. Dann folgen 48 Stunden strenge Bettruhe. Darüber vergeht der Mittwoch und Donnerstag. Am Freitag ist ein kleiner Spaziergang erlaubt und mit dem Samstag der Abreisetag gekommen.

Mich interessierte natürlich ein besonders markanter Fall. Und so erfuhr ich von einer einundsiebzigjährigen Patientin, die acht Jahre unter abnorm niederem Blutdruck, mit Werten von 65/30, und Hirngefäßdurchblutungsstörungen litt. Die Krankheit äußerte sich in täglichen Ohnmachtsanfällen bzw. Kollapszuständen und schwerem Schwindelgefühl.

Die Hausärztin der Kranken hatte bei Dr. Block angefragt, ob eventuell eine Besserung durch Frischzellenbehandlung bewirkt werden könne, denn sie selbst hätte alle Therapiemöglichkeiten der gängigen Medizin erfolglos erschöpft. Die Patientin käme nur durch Spritzen mit Mühe und Not aus ihren Kollapszuständen zurück.

Dr. Block erweckte zwar keine Hoffnung, da die Frau schon viele Jahre erkrankt war, willigte aber in einen Versuch ein.
Die Patientin wurde von einer Nichte nach Lenggries gebracht, da sie nicht mehr allein gehen konnte. Fast hätte sie die Kur absagen müssen, da sie zwei Tage vor der Abreise infolge eines Ohnmachtsanfalls auf die Tischkante aufgeschlagen und sich dabei einen zwei Handteller großen Bluterguß an der rechten Seite des Brustkorbes zugezogen hatte.
»Meine Hausärztin hat gesagt, theoretisch müßte ich wegen meines niederen Blutdrucks schon tot sein«, erzählte sie Dr. Block.
Die Kranke erhielt Frischzellen von 14 Organen, vor allem weibliches Nebennierenmark (in dem blutdruckerhöhende Stoffe gebildet werden), Keimdrüsen, Kleinhirn, Plazenta, Zwischenhirn und Großhirnteile. Wie Dr. Block sagt, war ihm nicht ganz wohl bei der Sache, und er rechnete mit einem Kreislaufkollaps nach der Behandlung. Aber es trat kein Zwischenfall ein. Die Blutdruckwerte der Patientin stiegen noch am gleichen Abend auf 100/60 und hatten sich am Entlassungstag auf 105/62 fixiert. Seit sechs Jahren konnte sie zum ersten Mal wieder kurze Strecken ohne Begleitung zurücklegen.
Nach zwei Monaten schrieb die Einundsiebzigjährige an Dr. Block, daß sich ihr Allgemeinbefinden unter Berücksichtigung ihres Alters bemerkenswert gebessert habe. Ihre Kollapszustände hätten aufgehört und sie litte seit 6 Jahren zum ersten Mal morgens nach dem Aufstehen nicht mehr unter Schwindelgefühl. Sie könne sogar tägliche, ein- bis zweistündige Spaziergänge ohne Begleitung unternehmen und hoffe nur, daß dieser Zustand noch recht lange anhalte.

Ich fragte Dr. Block, ob er wirklich glaube, daß durch die Frischzellenbehandlung eine »Verjüngung« erreicht werden kann.

»Ein Revitalisierungseffekt wird in jedem Fall erreicht, und das ist für mich praktisch eine Verjüngung. Professor Kment hat schließlich in seinen Tierversuchen schon vor Jahren nachgewiesen, daß Alterungsvorgänge rückgängig gemacht werden können. Es wird zwar immer abgestritten, daß es eine Verjüngung gibt. Aber viele stoßen sich nur an dem ›Terminus‹ Verjüngung – und was heißt schon echte Verjüngung? Kment und seine Mitarbeiter haben jedenfalls festgestellt, daß z. B. die Aorta wieder dehnungsfähiger wurde, und das ist ja ein Rückdämmen der Alterungserscheinungen, also eine echte Verjüngung. Beim Menschen können wir das heute zwar noch nicht hundertprozentig nachweisen, und ich bin auch nicht so vermessen, zu behaupten, die Patienten leben soundsoviele Jahre länger. Aber aus unserer täglichen Praxis können wir doch rückschließen, und ich arbeite schon über zwanzig Jahre mit der Zellbehandlung. Wenn unsere Patienten nämlich nach z. B. zwei, drei, vier oder fünf Jahren wieder zu uns kommen, sind sie jünger als sie damals waren: nicht nur im Aussehen, sondern vor allem in der Vitalität. Und das sagen sie ja auch: Ich fühle mich jünger als damals. Wissenschaftlich ist das zwar noch nicht fundiert. Deswegen haben wir auch inzwischen eine Gesellschaft für Frischzellentherapie gegründet, um die Forschung weiterzutreiben und eventuell auch Forschungsaufträge zu vergeben. An Tierversuchen wollen wir u. a. selbst feststellen, daß Tiere durch Zelltherapie länger leben. Daß Alterungsvorgänge rückgängig gemacht werden können und die Lebensspanne von Tieren verlängert wurde, ist ja einwandfrei erwiesen.«

In einem ganz anderen Licht sieht der Mediziner, Professor Arthur Jores, die Außenseitermethoden in der Medizin, darunter auch die Frischzellentherapie.

Er sagt, es sei bezeichnend, daß ein neues Heilmittel beim Erfinder immer besser wirke als beim Nachprüfenden. Und die größte Praxis habe nicht der Arzt mit den besten physiologischen, chemischen und pharmakologischen Kenntnissen, sondern der von sich, seinem Können und dem Erfolg seiner Therapie überzeugte.

Das gälte für die Außenseitermethoden in der Medizin und sei kennzeichnend für den sektiererhaften Charakter vieler Außenseiter, besonders aber derjenigen Ärzte, auf die solche Außenseitermethoden zurückgehen. Genauer betrachtet sei unschwer zu erkennen, daß sich die Arzt-Patienten-Beziehung in nichts von der Situation zwischen dem Heilsuchenden und dem magischen Zauberer unterscheide. Diese Art der Arzt-Patienten-Beziehung dürfe daher berechtigterweise als magisch bezeichnet werden. Und wörtlich sagt Professor Jores:

».. . Akupunktur, Chiropraxis ... und Frischzellentherapie tragen folgende Gemeinsamkeit: Für keine ist irgendeine objektive Prüfung, geschweige denn nach der doppelten Blindmethode, durchgeführt worden. Alle Methoden zeigen in bezug auf die Indikationsliste ein äußerst breites Spektrum. Man darf ohne Übertreibung sagen, daß es keine Krankheit gibt, die nicht in diesen Indikationslisten auftaucht. Die Frage, ob eine bestimmte Krankheit geheilt werden kann oder nicht, bleibt zunächst immer im Ungewissen ... Die Ärzte, die solche Heilmethoden ausüben, sind vielfach unrealistisch, fanatisch und von der Wirkung dessen, was sie durchführen, im vollen Maße überzeugt ...«

In der Schlachtung und der damit verbundenen Gewinnung der Frischzellen, die dann durch Injektion an den Patienten weitergegeben werden, liegt nach Ansicht von Professor Jores ein weiteres, beeindruckendes Moment. Denn das notwendige Sichausliefern des Patienten an ihn unbekannte Heilkräfte und Mächte würde dadurch weitgehend bestimmt. Es sei also unschwer, in den sogenannten Außenseitermethoden der Medizin, alle Faktoren magischer Beziehungen zu erkennen. Durch diese Feststellung würden wir jeder Notwendigkeit der Theorienbildung über die Wirkung dieser Methoden mindestens solange enthoben, bis der Beweis einer doch vorhandenen pragmatischen Wirkung durch den Doppelblindversuch erbracht worden sei . . . Man könne sich nicht oft genug vor Augen halten, daß mindestens 40 Prozent aller Menschen positiv auf ein Arzneimittel reagieren, ganz gleichgültig, was es enthalte, gab Professor Jores zu bedenken.

Als potentieller Kritiker der Zelltherapie war mir von vielen Seiten Dr. Hanns Kaiser, Generalsekretär der deutschen Gesellschaft für Gerontologie und Chefarzt der ersten medizinischen Klinik des Krankenhauszweckverbandes Augsburg genannt worden. Deshalb setzte ich mich mit Dr. Kaiser in Verbindung, um seine Argumente zu erfahren. Ich sagte ihm, daß mir daran gelegen sei, so objektiv wie möglich über diese Therapie zu berichten.

»Wenn Sie objektiv darüber schreiben wollen, können Sie gar nicht darüber schreiben«, fiel Dr. Kaiser ein. »Denn was darüber schon alles geschrieben wurde gleicht ohnehin eher Werbeschriften als wissenschaftlich fundierten Darstellungen. Für einen biologisch denkenden Menschen ist es einfach unvorstellbar, daß Zellen von jungen Schafen einen alten Mann verjüngen können. Wenn natürlich durch wissenschaftliche Experimente der Beweis dafür erbracht wird, muß man sich eben über solche Vorstellungen hinwegsetzen. Doch was die Zelltherapeuten alles auf *viel* Papier darüber niedergeschrieben haben, bedeutet nach unseren heutigen Regeln wissenschaftlicher Medizin gar nichts«, machte mir Dr. Kaiser klar.

Ich fragte den Gerontologen, wie er sich die Wirkung der Zelltherapie erklärt.

»Die Zelltherapie ist eine Reiztherapie. Die unspezifischen Reize sind selbstverständlich«, antwortete Dr. Kaiser. »Wenn dem Menschen artfremdes Eiweiß eingespritzt wird, reagiert er

darauf. Und daß das unter Umständen Heileffekte hervorruft, weiß die Medizin schon seit Hippokrates Zeiten. Unvorstellbar ist nur, daß dazu schwierig zu gewinnende Zellen von Schafembryonen gebraucht werden; und daß zum Beispiel Zellen aus dem Herzen eine andere Wirkung haben sollen als Zellen aus der Leber oder anderen Organen.
Auch wir behandeln die verschiedenartigsten Krankheiten, aber jedes Leiden mit einer *ganz spezifischen* Therapie. Die Zelltherapeuten wenden dagegen auf *alles* die *gleiche* Therapie an. Eine eigentümliche Sache, die einem zu denken geben müßte.«
»Aber im Alltag erlebt man immer wieder, daß sich die Hoffnungen sehr vieler Menschen gerade an solche Methoden klammern«, fuhr Dr. Kaiser fort. »Und derartige Behandlungen – insbesondere wenn sie teuer sind – haben ja auch einen unerhörten psychologischen Effekt! Wenn da z. B. ein armer Schlucker für diese Frischzellenbehandlung in Lenggries sechs bis zehntausend Mark zahlen muß, die er mit Hilfe seiner ganzen Verwandtschaft mühsam zusammenkratzt, und fährt dann dorthin, um sich das machen zu lassen, ist er natürlich psychologisch so stark stimuliert, daß die Behandlung von vornherein etwas helfen muß. – Im Grunde ist das natürlich gar nicht schlimm, aber daß er dafür 10 000 Mark zahlen muß ... Ich finde es zum Teil einfach eine üble Geschäftemacherei, daß man alten Leuten vorgaukelt, mit sechs bis zehntausend Mark könnten sie verjüngt werden. Denn in Wirklichkeit ist nicht ein Funken Wahrheit daran. Und dagegen laufe ich Sturm«, schloß Dr. Kaiser empört.
Dr. Kaiser mag zwar in einigen Punkten recht haben, aber gegen seine Behauptung, die Zelltherapie sei eine völlig unspezifische Reiztherapie, sprechen eine Reihe von Untersuchungsergebnissen. Der vor zwei Jahren verstorbene Leiter des Instituts für experimentelle Krebsforschung in Heidelberg, Professor H. Lettré, hat zum Beispiel Gehirnzellen durch

radioaktives Phosphat markiert und Ratten injiziert. Sie konnten auf diese Weise bis ins Rattenhirn verfolgt werden. Dadurch wies Lettré nach, daß die Zelltherapie spezifisch ist. Das heißt, Bestandteile z. B. von Leberzellen wandern tatsächlich zur Leber.

Zu den gleichen, einwandfreien Ergebnissen gelangten auch die amerikanischen Wissenschaftler Murphy und Vera Danchakoff bei ihren Versuchen.

Professor H. Wrba, Leiter des Krebsforschungszentrums in Wien, früher Heidelberg, hat in seinen Experimenten sogar feststellen können, daß eingespritzte Zellen nicht artspezifisch (also Schaf für Schaf ... Mensch für Mensch ...), sondern organspezifisch (Leber für Leber ... Niere für Niere ...) sind. Bei einer Injektion von Leberzellen wurde durch Prof. Wrba und seinem Assistenten H. Kalb zusätzlich nachgewiesen, daß *diese* einen hundertprozentigen Einfluß auf die Zellteilung der Leber des Empfängers hatten.

Über die gegenwärtige Lage der Zelltherapie und ihre eventuellen Zukunftsaussichten sprach ich mit dem jugoslawischen Zelltherapeuten Dr. Milan Pesic:

»Man kann es nicht gerade als Schande, aber doch immerhin als rückständig bezeichnen, daß wir auf dem Gebiet der Zelltherapie auf Methoden beharren, die einfach überholt und nicht mehr zeitgemäß sind«, äußerte er sich im Verlauf des Gesprächs mit verblüffender Offenheit. »Es genügt nicht mehr, die Zellen einfach zu zerkleinern und zu sieben, wie einst Paracelsus. Wir haben heute auf dem Gebiet der Zellforschung ein Stadium erreicht, das dem Forschungsstand der Atomspaltung um 1945 gleicht. Denn wir kennen inzwischen die Funktionen bestimmter Zellbestandteile, wie z. B. die Mitochondrien (sie enthalten Enzyme des Energiestoffwechsels und heißen daher auch ›Kraftwerk der Zelle‹), der RNS und der Organzellen insgesamt. Darunter müssen diejenigen Zellbestandteile separiert werden, die für den Körper nur Ballast bedeuten.

Sobald das gelungen ist, sind wir einen großen Schritt weiter. Wenn wir erst in der Lage sind, mehr der wirksamen Substanzen ohne Ballast einzuspritzen, werden entsprechend bessere Resultate erzielt.
Es ist also dringend notwendig, daß wir uns von der ›Gottvater-Niehans-Vorstellung‹ lösen. Selbst wenn seine Idee übernommen wird, muß doch auf eine fortschrittlichere technologische Verarbeitung der Zellsuspension zugearbeitet, und die neuesten Entwicklungen in der Medizin einbezogen werden.«
Auf meine Frage, wie er sich eine solche Entwicklung vorstelle und was damit erreicht werden könne, antwortete Dr. Pesic: »Ich suche nach einem neuen technischen Weg für die Verarbeitung der Zellen, aber insbesondere nach einer neuen Methode, die aktiv wirksamen Bestandteile der Zelle zu isolieren, um bestmögliche Effekte zu erzielen und Nebenwirkungen auszuschalten.«
»Gibt es Nebenwirkungen?« unterbrach ich Dr. Pesic.
»Ja, natürlich. Untersuchungen haben ergeben, daß zweifellos allergische Reaktionen, wie Rötung, Schwellungen, Juckreiz und Quaddeln auftreten«, bestätigte Dr. Pesic. »Die immunologischen Probleme sind eben noch nicht gelöst«, fuhr er fort.
Diese Äußerung erinnerte mich an Professor G. Schettler von der Ludolf-Krehl-Klinik in Heidelberg. Er hatte mir gesagt: »Die ganze Frisch- und Trockenzelltherapie soll erst einmal von der Grundlage her mit modernen immunologischen Methoden untersucht werden. Denn daß da etwas passiert, haben wir wiederholt an den schweren Nebenwirkungen gesehen. Mir selbst ist der Fall eines Mannes bekannt, der anschließend eine schwere Gehirnentzündung bekam ...«
»Doch um auf die Nebenwirkungen zurückzukommen«, erklärte Dr. Pesic, »bei etwa 2–5 Prozent der Patienten werden sie durch die Zellen von Jungtieren verursacht. Bei Verwendung von embryonalen Zellen treten dagegen kaum Nebenwirkungen auf.«

Schließlich stellte ich dann auch Dr. Pesic meine stereotype Frage, ob er glaube, daß durch die Zelltherapie eine Verjüngung stattfinden kann, und wartete gespannt auf seine Reaktion. »Das ist eine hypothetische Frage, denn uns geht es nicht um eine Verjüngung«, antwortete er leicht ungehalten. »Was soll dieses Wort überhaupt? Wir wollen doch auf seriöser Basis bleiben. Schließlich ist doch das Wichtigste, daß man sich frisch fühlt, meine ich jedenfalls. Und davon abgesehen hat jedes Alter seine Reize! Verjüngung sollte nicht als Endziel betrachtet werden. Man kann auf jeden Fall gegen vorzeitiges Altern angehen. Ich sehe in der Frischzellentherapie einerseits eine Anti-Streß-Therapie und andererseits eine Behandlungsmethode gegen bestimmte Krankheiten. Übrigens habe ich persönlich mit Frischzellen die besten Erfahrungen gemacht.«

Frischzellen – Trockenzellen. Immer wieder »streiten« sich die Zelltherapeuten um die wirksamere Methode. Und ein Experiment steht gegen das andere. So führte der amerikanische Wissenschaftler und Arzt, Dr. Langer von Langendorff 1971 in der Academy of Sciences in New York vor den Teilnehmern des Kongresses für Zelltherapie ein interessantes Experiment durch.

Der Forscher entzog einem in einer Nährlösung lebendem Organgewebe die Nahrungszufuhr. Das Gewebe verkümmerte natürlich und große Teile starben ab. Dann ließ er nebeneinander vier verschiedene Kontrollversuche ablaufen.

Im ersten Versuch injizierte er dem Gewebe nichts als eine Kochsalzlösung. Die toten Zellen blieben unbeeinflußt und die verkümmerten starben weiter ab.

Im zweiten Experiment spritzte Dr. Langer von Langendorff eine Nährlösung in das Gewebe. Die noch intakten Zellen erholten sich daraufhin etwas.

Im Versuch Nummer drei enthielt die eingespritzte Nährlösung Frischzellen. Daraufhin erholte sich das Gewebe zusehends,

sogar ein Teil der verkümmerten Zellen wurde wieder groß und prall. Das abgestorbene Gewebe wurde bald bis zu Zweidritteln von neuen Zellen ausgefüllt.
Im letzten Versuch wurden dann lyophilisierte Trockenzellen verwendet. Das damit behandelte Gewebe regenerierte sich noch schneller und besser als bei den Frischzellen.
Diese Experimente waren im Zeitraffertempo mitgefilmt und die Zellen mikroskopisch stark vergrößert, deutlich sichtbar gemacht worden. Die Kongreßteilnehmer konnten daher den Wachstumsvorgang dieser Zellen, ihre Teilung und Verbreitung in das verkümmerte, abgestorbene Gewebe mit eigenen Augen verfolgen. Sogar die herumschwirrenden Freßzellen (Phagozyten) konnten bei der Nahrungsaufnahme von Zellteilen und deren Weitertransport beobachtet werden.
Aber wie Dr. Pesic sagte, muß nach neuen Wegen gesucht werden, um die aktiv wirksamsten Bestandteile der Zelle zu isolieren. Den Grundstein dazu legte bereits vor Jahren Professor H. Dyckerhoff. Schon 1954 erklärte er beim Karlsruher Therapie-Kongreß, er glaube, daß eiweißaufbauende, hochspezifische Gewebsfermente – von ihm Regeneresen genannt – das wirksamste Prinzip der Zellulartherapie darstellen. Forschungen der letzten Jahre scheinen Dyckerhoffs Behauptung zu untermauern.
Denn inzwischen wurde festgestellt, daß der Aufbau der zellspezifischen Eiweiße im Gewebe, durch in der Struktur unterschiedliche, hochspezifische RNS (Ribonukleinsäuren) gesteuert wird. Die Entstehung der RNS hängt wieder von der DNS (Desoxyribonukleinsäure) ab.
Die RNS wirken als Matrizen, deren Aussparungen sich mit Aminosäuren füllen und somit die richtige Position zueinander einnehmen. Das heißt, die RNS für Niereneiweiß z. B. bauen nur wieder Niereneiweiß auf.
Durch amerikanische Forscher wurde bewiesen, daß jedes Wachstum in Gewebekulturen aufhört, sobald die RNS zer-

stört werden. Aber in dem Augenblick, wo der Nährlösung organotrope (auf die Organe wirkende) RNS beigefügt werden, setzt das Wachstum sofort wieder ein.
Fötale und Jungtierzellen sind besonders reich an RNS. Daher eignet sich dieses Gewebe besonders zur Zelltherapie, sagt Dyckerhoff. Darum isolierte er nun organspezifische RNS aus diesen Geweben und nannte sie Regeneresen. Diese enthalten also keine Zellen, sondern RNS als Wirkstoffe von Zellen.
Aus klinischen Versuchen geht hervor, daß eine gewisse revitalisierende Wirkung dieser Regeneresen erwiesen zu sein scheint. »Es muß daran erinnert werden, daß die Zelltherapie kein Allheilmittel ist und nicht Wunder wirken kann«, schreibt Prof. Dr. med. Friedrich Dittmar. »Die kausale Behandlung mit Medikament, Operation oder Bestrahlung wird durch sie nicht überflüssig gemacht. Die Zelltherapie ist als biologische Methode ihre – oft notwendige – Ergänzung, ja sie darf als ihre Basistherapie gelten. Als präventive Behandlung ist sie in vielen Fällen unentbehrlich, insbesondere bei beginnendem Kräfteabbau. Sie führt zu neuer Leistung und Lebensfreude, zu Vitalität. Man soll nicht meinen, daß der Begriff Vitalität vage und unwissenschaftlich sei. Vielmehr ist er ein sogar meßbarer Ausdruck gesteigerter Gehirn-, Herz- und Kreislauffunktionen eines gesunden Stoffwechsels aller Gewebe und Organe. Vitaliät ist also eine exakte naturwissenschaftliche Größe, und es ist schlicht dumm, die Zelltherapie als Magie und ihre Resultate als subjektive Irrtümer zu verleumden. Wollen wir uns unseren Blick nicht durch die heute moderne Besserwisser-attitüde, durch die heutige Emanzipation der groben und verletzenden Dummheit trüben lassen! Das Urteil über die Validität der Zelltherapie basiert auf wissenschaftlicher Erkenntnis, von der man Kenntnis nehmen sollte, bevor man sie verurteilt . . .
Freilich ist die Zelltherapie – wie sollte es bei einer modernen Idee anders sein! – auch der Tummelplatz opportunistischer

Schreiberlinge, die unseriöse Werbeschriftchen zu durchsichtigen monetären Zwecken verfassen. Und dieser Opportunismus diskreditiert die hervorragende Heilmethode ebenso wie ihre oft dilettantische Anwendung ohne Kritik. Unkenntnis und Halbwissen sind gleich schlimm: beide werden in der Praxis bösartig.«

Fazit der divergierenden Meinungen: Solange für die Nutzlosigkeit oder schädliche Wirkung der Zelltherapie keine wissenschaftlichen Beweise vorliegen, hat sie zumindest die gleiche Daseinsberechtigung wie jede andere Therapie.
Und wenn sie auch nur die Hälfte der von den Zelltherapeuten in sie gesetzten Erwartungen erfüllt, gebührt ihr ein bedeutender Platz in der Medizin.
Immerhin kristallisiert sich schon hier heraus, wo das Rätsel Altern und Tod zu suchen und zu lösen sind: in der Zelle. Und gerade dort sind die Forscher vor kurzem auf Zusammenhänge gestoßen, die unsere bisherige Auffassung über Leben, Altern und Tod völlig widerlegt.

VI

Befehl auf Widerruf

Alles hat seine Zeit.
Wir wissen, daß ein Hund unser Leben fünfzehn Jahre teilen kann. Eine Stubenfliege kann uns vier Wochen belästigen, wenn sie nicht vorher durch ein Insektenmittel umkommt. Eine Maus kann ohne Falle zweieinhalb Jahre im Haus verbringen. Selbst das arme Schwein könnte 20 bis 30 Jahre lang grunzen, wenn es nicht geschlachtet würde. Und wir?
Unter normalen Umständen müßten wir über hundert Jahre alt werden. Denn alle Säugetiere leben durchschnittlich fünfmal solange, wie ihr Wachstum dauert. Da der Mensch seine Reife zwischen achtzehn und fünfundzwanzig Jahren erreicht, müßte er nach diesem Prinzip neunzig bis hundertfünfundzwanzig Jahre alt werden. Damit hätte er seine natürliche Lebensspanne erreicht.
Diese biologische Gesetzmäßigkeit hatte der französische Physiologe Flourens (1794–1867) aufgrund von Vergleichsstudien an Säugetieren festgestellt. Er glaubte daher, in der Beendigung des Wachstums die Beziehung zur optimalen Lebensdauer gefunden zu haben.
Aber diese Gesetzmäßigkeit geht schon in die Brüche, wenn wir dem alten Testament bedenkenlos glauben. Lebte doch Methusalem danach 969 Jahre. Sein Vater Enoch war dagegen mit seinen 365 fast eine »Eintagsfliege«. Auch Lamech, Stammvater der Nomaden, Musikanten und Schmiede, konnte mit stattlichen 777 Lebensjahren aufwarten, während es Noah, sein Sohn, »nur« auf runde fünfhundert brachte.
Und erst bei den Sumerern, deren Kultur als die älteste Hochkultur der Menschheit bezeichnet wird. Ihre Könige, die Uruk (Ur) in Chaldäa begründeten und die bis auf die Schöpfung zurückgehen sollen, erreichten nach Überlieferungen ein geradezu astronomisches Alter. Regierten doch zehn ihrer Urkönige zusammen sage und schreibe, über 465 000 Jahre! – Jeder einzelne hätte also durchschnittlich 46 500 Jahre gelebt.

Aber ernsthaft, wer hat erwiesenermaßen alle Altersrekorde gebrochen? Diese Frage muß leider unbeantwortet bleiben, da die meisten Anwärter ihren Anspruch darauf nicht durch Dokumente wie eine Geburtsurkunde oder ähnliches belegen können.

In Ungarn untersuchten 1960 die Autoren Heranghy und Beregi bei einer Bevölkerungszahl von knapp 10 Millionen die erfaßbaren Hundertjährigen. Dabei stellte sich heraus, daß zwar 113 alte Leute behaupteten, 99 Jahre und älter zu sein, doch nur 34 davon konnten das durch Dokumente beweisen.

Der 1814 verstorbene Franzose Pierre Joubert wurde dagegen nachweislich 113 Jahre alt.

Die von der Presse weidlich ausgeschlachtete Attraktion unserer Tage ist der 1973 verstorbene Kaukasier Sirali Mislimow. Nach Schätzungen verschiedener Wissenschaftler soll er 168 bis 171 Jahre gelebt haben. Aber auf Anfrage bei Professor Chebotarev von der gerontologischen Abteilung der Akademie der medizinischen Wissenschaften der Sowjetunion, konnte diese Behauptung nicht amtlich bestätigt werden.

Selbst wenn Mislimow nicht 168 oder gar 171 Jahre alt wurde, muß er doch wenigstens 120 Lebensjahre erreicht haben.

Wenn Sirali Mislimow aber wirklich 168 Jahre lebte, wäre er im Jahr der Schlacht bei Austerlitz geboren worden!

Ein schwer vorstellbarer Gedanke für uns, die wir im günstigsten Falle etwa halb so alt werden.

Die Mislimows lebten seit Menschengedenken in der kaukasischen Bergwelt und sollen alle sehr alt geworden sein. Von den fünf Brüdern des Sirali wurden alle über hundert, einer soll es sogar auf hundertfünfundzwanzig Jahre gebracht haben. Und eine von den Schwestern, inzwischen 115, wie beteuert wird, lebt immer noch.

Mit 86 Jahren fand Mislimow, es sei an der Zeit, sich nach einer jungen Frau umzusehen, denn seine eigene war krank. Hoch zu Roß machte er sich zum Brautraub auf beim Nachbarstamm. –

Der Landessitte entsprechend, zahlte er später den geforderten Preis für seine Beute.

Schon als stattlicher junger Hirte war Sirali wegen seiner Reiterkunststücke in aller Munde, so wird erzählt.

Jedenfalls war die heute hundertachtjährige Frau des Sirali damals etwa Mitte der zwanzig. Sie gebar ihrem vitalen »Alten« elf Kinder, von denen er eines noch mit 120 Jahren gezeugt haben soll!

Mislimow bearbeitete seine Felder noch bis fünf Jahre vor seinem Tod. Ein ruhiger, ausgeglichener Mann, der einfach lebte. Er aß mäßig, liebte besonders Walnüsse in Honig, viel Sauermilch und noch viel mehr Tee.

Er soll weder geraucht noch getrunken haben.

Wegen eines Darmverschlusses wurde er 1973 gegen seinen Willen in ein Krankenhaus eingeliefert. Sein Zustand war besorgniserregend, obwohl Blutdruck und Puls normal und auch sonst keine offensichtlichen Krankheitsanzeichen festzustellen waren. Die Ärzte schlossen dann allerdings aufgrund verschiedener Symptome auf Magenkrebs. Nach fünftägiger Behandlung besserte sich der Zustand des Kranken dann plötzlich erstaunlich. Aber das hielt nicht lange an, der Patient bekam hohes Fieber. Mislimow bestand darauf, nach Hause gebracht zu werden. Und er versuchte den Ärzten klarzumachen, daß er nicht krank, sondern seine Zeit ganz einfach abgelaufen sei. – Er müsse sterben. – Das sei alles.

Kein Zureden der Ärzte half mehr. Schließlich verweigerte Sirali Mislimow Medikamente und Nahrungsaufnahme, um seine Heimkehr zu erzwingen. Die Ärzte gaben nach und ließen ihn nach Hause transportieren.

Dort versammelten sich etwa 240 seiner Familienangehörigen, mit denen er sich heiter unterhielt, bis er das Ende kommen fühlte. Er sandte die Frauen aus dem Raum, ließ sich mit dem Gesicht zur Wand drehen und starb ganz friedlich.

Eine Obduktion ihres Familienoberhauptes lehnten die traditionsbewußten Mislimows in aller Entschiedenheit ab.

So ist die Wissenschaft um den Beweis gebracht worden, ob der uralte Mann an Magenkrebs oder einfach nur deswegen starb, weil seine Zeit abgelaufen war.

Immer wieder lesen wir die rührendsten Geschichten darüber, warum die Uralten so alt geworden sind. Sie werden über ihre Lebens-, Eß-, und sonstigen Gewohnheiten befragt und dann um Ratschläge gebeten, wie wir auch so alt werden können. Meistens heißt es dann: viel Honig, viel Joghurt, viel Knoblauch, viel . . . jedenfalls eine ganz bestimmte Diät einhalten. Unter allen Umständen nicht rauchen, keinen Alkohol, Kaffee meiden, Aufregungen umgehen – vorzugsweise in Höhenlagen leben und viel Bewegung.
Um den Wert dieser Richtlinien zu überprüfen, wurden in aller Welt Untersuchungen durchgeführt.
Die ungarischen Forscher kamen zum Resultat, daß die Mehrzahl der Hundertjährigen und darüber zwar mäßig aßen, sich aber von ganz normaler, gemischter Kost ernährten.
In Deutschland zeigten sich die gleichen Resultate. Es wurde keine gezielte Diät festgestellt.
Von den Uralten sind 88 Prozent Raucher und viele stellten das Rauchen erst im hohen Alter ein. Die meisten trinken auch mit Vorliebe Kaffee – manche der alten Frauen bis zu sieben Tassen am Tag – und verachten auch ein gutes Tröpfchen nicht.
Von den russischen Uralten leben relativ viele in Höhenlagen zwischen 600 und 800 Metern. Daraus leiteten sowjetische Wissenschaftler einen Zusammenhang mit der Langlebigkeit ab. Aber durch Nachforschungen in anderen Ländern wurde diese Vermutung nicht bestätigt. Im Gegenteil.
So leben zum Beispiel die meisten deutschen Hundertjährigen ausgerechnet im Flachland. Doch auch in mittleren Höhenlagen gibt es uralte Menschen.
Gegen geruhsames, streßfreies Leben sprechen wieder die Untersuchungsergebnisse der Amerikanerin Dr. Flanders

Dunbar von der Columbia-Universität. Sie stellte fest, daß von den etwa tausend amerikanischen Hundertjährigen der größte Prozentsatz in den dichtbesiedelten, hektischen Gebieten von Washington bis Boston und am Mississippi leben. Nicht – wie eigentlich zu erwarten – in den Millionärssiedlungen von Florida und Californien. Und die Mehrzahl der Uralten hatte ein hartes, vom Schicksal wenig begünstigtes Leben hinter sich. Was die Lebensweise anbelangt, gibt es also kein Rezept, das uns hundert oder mehr Lebensjahre garantieren könnte.

Ein versoffener Ire, der mit hundertzwanzig gestorben sein soll, hinterließ der Nachwelt auf seinem Grabstein sein Rezept zum Uraltwerden: Der Whisky hat mein Aussehen so grauenhaft verändert, daß sich selbst der Tod vor mir gefürchtet hat, heißt es dort.

Eines jedoch kristallisierte sich bei den meisten der Uralten heraus: Sie stammen von langlebigen Vorfahren ab. Danach scheinen die Erbanlagen das beste »Rezept« für Langlebigkeit zu sein.

Ganz abgesehen von der Erweiterung der menschlichen Lebensspanne, bemühen sich Wissenschaftler auf den Gebieten der Altersheilkunde und Altersforschung intensiv darum, die Lebenserwartung zu erhöhen, damit der Mensch die natürliche Grenze seiner Lebensspanne in körperlicher und geistiger Frische erreichen kann.

Der erfolgreiche Kampf gegen verhängnisvolle Leiden, wie zum Beispiel Krebs, Herzinfarkt, Kreislauferkrankungen oder Arteriosklerose, um nur einige zu nennen, ist einer der eingeschlagenen Wege.

Mit den enormen wissenschaftlichen und technologischen Errungenschaften hat sich natürlich auch unsere Lebenserwartung verbessert. Auch wenn sich auf der Kehrseite gerade dieser Fortschritt durch erhöhten Streß und andere Nachteile – wie Schadstoffe in der Nahrung unter vielem anderen – wieder

negativ auswirkt. Trotzdem zeigt sich hier ein rapider Anstieg. Fachleute sind nämlich der Überzeugung, daß schon um 1990 die Lebensdauer wenigstens um 20 Prozent höher sein wird als heute. Die dramatische Zunahme im letzten Jahrhundert ist vor allem der Bezwingung von Epidemien, wie Pocken, Cholera, Pest, Typhus, Diphtherie und Tuberkulose zu verdanken.
Je weiter die Vergangenheit zurückliegt, um so schwieriger werden die Nachforschungen über die Lebensdauer unserer Vorfahren. Denn die Ermittlungen können sich nur auf noch vorhandene Informationsfragmente stützen. Und daraus ergibt sich, daß zum Beispiel der Vorzeitmensch recht kurzlebig war. Er erreichte durchschnittlich kaum das fünfundzwanzigste Lebensjahr und starb meistens eines gewaltsamen Todes. Dafür zeugen die Funde verhältnismäßig vieler eingeschlagener Schädel.
Aus Untersuchungen griechischer Totenschädel zwischen 3500 v. Chr. und 1300 n. Chr. zum Zeitpunkt des Todes, ergab sich ein geringer, langsamer Anstieg in der Lebensdauer mit dem Beginn der Zivilisation. In ihrem Verlauf nahm dann die Körpergröße in Griechenland zu, die Arthritis ging leicht zurück und die Zähne wurden besser. Diese Veränderungen liefen parallel zu fortschrittlicheren Lebensbedingungen und ausreichenderer Ernährung, wie aus archäologischen Funden hervorging.
Auch die zunehmenden medizinischen Fertigkeiten in der griechischen Vorgeschichte wirkten sich im Vergleich zu prähistorischen Zeiten zweifellos vorteilhaft auf die menschliche Lebenserwartung aus.
Aus einer Lebenstabelle, die für das antike Griechenland aus Grabinschriften erstellt wurde, geht hervor, daß um 400 v. Chr. die durchschnittliche Lebensdauer unter dreißig Jahren lag.
Und im römisch regierten Nordafrika war die Situation vor 2000 Jahren ganz ähnlich.
Nach Sarkophaginschriften errechnete der englische Mathe-

matiker K. Pearsin, daß die Überlebenschance in jener Periode zwischen zehn und achtundsechzig 9 : 100 stand.
Auch die alten Römer zu Zeiten des Julius Cäsar hatten kaum Hoffnung, viel älter als zwanzig Jahre zu werden.
Dieser Zustand blieb für 1800 Jahre fast unverändert. Erst mit dem 19. Jahrhundert wechselte die Situation aufgrund wissenschaftlicher Fortschritte und den damit zusammenhängenden Erkenntnissen in bezug auf Hygiene drastisch.
Unsere Lebenserwartung wird nun irrtümlicherweise oft mit unserer natürlichen Lebensspanne verwechselt. Tatsächlich ist unsere Lebenserwartung heute höher, als sie früher war. Aber die Lebensspanne, die absolute Grenze, die nur ganz wenige erreichen, hat sich nicht geändert. Es ist daher auch ein Irrtum, zu glauben, daß sich die Zahl der Hundertjährigen und noch älteren erhöht habe, seit sich unsere Lebenserwartung verbessert hat. Der Prozentsatz dieser Hochbetagten hat sich im Verlauf der verschiedenen Epochen nur ganz geringfügig verschoben.
Mit der Lebenserwartung ist es dagegen ganz anders. Hier geht es um die vollendeten Lebensjahre aller in einer Epoche geborenen Menschen. Die daraus im Durchschnitt errechnete Lebensdauer ist die mittlere Lebenserwartung. Das heißt: eine höhere Lebenserwartung bleibt ohne Einfluß auf die optimale Lebensspanne.
Statistiken über einen Zuwachs der menschlichen Lebenserwartung im Verlauf von Dekaden oder Jahrhunderten beziehen sich also immer nur auf die Lebenserwartung und nicht auf die natürliche Lebensspanne.

Die Entwicklung der durchschnittlichen Lebenserwartung des Menschen von der Steinzeit bis heute

Zeitraum	Lebenserwartung
Steinzeit	19 Jahre
Bronzezeit	21,5 Jahre
vor rund 2000 Jahren	22 Jahre
Mittelalter	25 Jahre
16. Jahrhundert	27,5 Jahre
17. Jahrhundert	28 Jahre
18. Jahrhundert	28,8 Jahre
1850	34 Jahre
1900	44,5 Jahre
1920	52,3 Jahre
1935	57 Jahre
1945	62 Jahre
1955	66 Jahre
1965	68,5 Jahre
1975	71 Jahre

Die Frauen sind dabei immer etwas älter geworden als die Männer.

Die Chancen sehr alt zu werden, waren schon immer sehr gering. Denn nach den Berechnungen von R. Pearl, die bereits vor dem Zweiten Weltkrieg durchgeführt wurden:

14 von 100	80 Jahre alt
6 von 100	85 Jahre alt
2 von 100	90 Jahre alt
4 von 1000	95 Jahre alt

Aber der Prozentsatz derjenigen, die die äußerste Grenze der natürlichen Lebensspanne erreichen, ist geradezu verschwindend.

Der Prozeß des Alterns setzt bereits mit der Befruchtung ein, hören wir immer wieder von der Wissenschaft. Danach ist Leben ein lebenslanges Sterben.
Wir alle werden mit den traurigen Effekten des Alterns konfrontiert – »dem Stumpfsinn der Natur« – wie sich George Bernhard Shaw resigniert ausdrückt.
Mit dreizehn Jahren ist der Mensch auf dem Höhepunkt seiner Lebenskraft. – Eine Krankheit, die ihn in diesem Alter für 48 Stunden ins Bett wirft, zwingt ihn mit 80 Jahren in den Sarg. Bliebe er immer so kraftvoll und widerstandsfähig wie mit dreizehn, würde er achthundert Jahre alt.
Aber mit dem 13. Lebensjahr nimmt seine Vitalität und Widerstandsfähigkeit stetig ab. Zuerst zwar unmerklich, aber schließlich beschleunigt sich dieser Prozeß und endet im Tod.
Verfolgen wir den Ablauf eines Menschenlebens vom Baby- bis zum Greisenalter in einem zeitgerafften Film, muß sich der Eindruck eines fatal verlaufenden Programms aufzwingen.
Und tatsächlich deutet ja auch alles darauf hin, daß Altern und Tod, wie alle anderen Erbanlagen, in der »Genschrift« vorprogrammiert sind. Aber das ist nur eine Theorie, eine äußerst *umstrittene* sogar.
Die Erforschung der Erbsubstanz begann 1869 auf Schloß Tübingen. Der Schweizer Forscher Friedrich Miescher untersuchte im dortigen Laboratorium menschliche Zellkerne und stieß dabei auf eine bis dahin unbekannte Substanz, die er Nuklein nannte.
All unsere Erbanlagen sind in diesen Nukleinsäuren gespeichert. Jede Zelle setzt sich aus 46 Chromosomen zusammen, nur die Keimzellen bestehen aus 23 Chromosomen. Das sind winzige, stäbchenförmige Gebilde unter dem Mikroskop. Bei

jedem Befruchtungsprozeß ergänzen sie sich zu neuen, vollständigen Chromosomensätzen.

Die Gene liegen nun als kleinste Vererbungseinheit in den Chromosomenstäbchen eingebettet. Und in diesen Genen sind die verschiedenen Erbanlagen jeweils in bestimmten Abschnitten der Chromosomen lokalisiert.

Ihren chemischen Hauptbestandteil – Desoxyribonukleinsäure (DNS) – identifizierte 1924 der Gießener Physiologe Robert Feulgen.

Aber erst 1944 entdeckte der Amerikaner Oswald Avery, daß die DNS Hauptträger der genetischen Information ist.

»Jeder Mensch ist durch einen hauchdünnen Faden DNS an die Ewigkeit gebunden. Mit dem zehntrillionsten Teil einer Unze DNS als Erbschaft tritt er ins Leben; in ihr sind die gehäuften Flüche und Segnungen, von denen seine Vorfahren heimgesucht wurden, seit dem Beginn des Lebens enthalten; seine Hinterlassenschaft für künftige Generationen. DNS ist die Substanz seiner Unsterblichkeit. Er lebte in ihr, bevor er empfangen wurde; seine DNS überlebt in seinen Nachkommen und in ihr lebt er über den Tod hinaus. DNS ist der Stoff, aus dem Gespenster gemacht werden; denn in ihr verfolgen die Geister einstiger Generationen ein Wesen, das nach ihrem Entwurf entstand.

Die DNS im befruchteten Ei ist der Webstuhl, an dem Gestalt und Struktur sowie das Feuer des Geistes gewoben werden. Durch sie werden Gesundheit und Krankheit gewissermaßen vorbestimmt; früher Tod oder ein langes Leben. Sie ist die Schablone für die Persönlichkeit und setzt die Grenzen unseres Potentials,« schreibt Pat McGrady in »The Savage Cell«; einem Buch über Krebs.

Die räumliche Struktur der DNS, die Doppelhelix, wurde 1953 durch den Amerikaner J. Watson und seine zwei englischen Kollegen F. Crick und M. Wilkins festgelegt. 1962 erhielten sie für diese zukunftsweisende Forschungsarbeit den Nobelpreis.

Watson kam der entscheidende Gedanke, daß die DNS eine »Wendeltreppe« ist, nach einem Abendessen im Londoner Vergnügungsviertel Soho.
»Später skizzierte ich den ersten Aufriß während der Rückfahrt nach Cambridge im kalten Eisenbahnabteil auf den weißen Rand meiner Zeitung«, sagt er.
Am nächsten Morgen überzeugte er seine Kollegen Crick und Wilkins von seiner Idee. Die beiden Wissenschaftler machten sich sofort an die Arbeit. Und schon nach wenigen Wochen konnten sie durch röntgenkristallographische Aufnahmen nachweisen, daß Watson recht hatte. In mühsamer Bastelarbeit hatten sie ein Modell nachgebaut, das erstmalig die Struktur der DNS zeigt. Ihre Grundform gleicht einer verdrehten Strickleiter. Und ihre wechselweise aus Phosphat und Zuckermolekülen bestehenden Holme winden sich spiralförmig umeinander. Jeweils zwei der sich gegenüberliegenden Zuckermoleküle verbinden die Leitersprossen dieser genetischen Strickleiter. Sie bestehen aus den vier Nukleotid-Basen Adenin, Cytosin, Guanin und Thymin. Durch diese, in bestimmten Reihenfolgen am DNS-Strang angeordneten Nukleotiden, sind alle Erbinformationen eines Organismus in einem Bauplan festgelegt.
Die erste Dechiffrierung eines genetischen Codes gelang 1965 durch den Amerikaner Robert W. Holley. 1967 konnte dann der amerikanische Biochemiker A. Kornberg den kompletten DNS-Strang des Virus »Phi X 174« synthetisieren. 1970 folgte der Inder Har Gabind Khorana. Er baute im Reagenzglas aus mehreren Einzelteilen ein Hefezellen-Gen nach. Doch der entscheidende Durchbruch glückte erst vor kurzem. In gemeinsamer Arbeit stießen zwei Amerikaner und ein Japaner, H. Temsin, T. Baltimore und S. Mizutani, auf ein Enzym des menschlichen Körpers, das für die Genetik von unschätzbarem Wert ist. Dieses Enzym ermöglicht die Rekonstruktion der DNS-Erbsubstanz direkt aus den zelleigenen Botenstoffen. Damit wird die Entschlüsselung des genetischen Codes ganz erheblich vereinfacht.

Von den zirka 100 Millionen Genen der menschlichen Zelle konnten bisher nur etwa 1000 lokalisiert werden – ein verschwindend geringer Teil.
Dieses neu entdeckte Enzym wird sicher dazu beitragen, den genetischen Code schneller entschlüsseln zu helfen.
Aber bis dahin ist noch ein weiter Weg, und enormer Aufwand wird nötig sein, um dieses Endziel zu erreichen. Denn nach Schätzungen enthält die DNS in den 46 Chromosomen des befruchteten menschlichen Eies genügend Informationen, um 60 zwanzigbändige Enzyklopädien zu füllen. Wenn es erst einmal soweit ist, wird es auch nicht mehr allzu schwierig sein, durch einen Eingriff in den genetischen Code unsere Lebensspanne zu erweitern. Der Tod könnte dann für heutige Begriffe unfaßbar lange hinausgeschoben werden. Gleichzeitig würde auch der Alterungsprozeß durch eine Umprogrammierung des genetischen Codes aufzuhalten sein.
Dann haben wir der Natur wohl zum ersten Mal ein Schnippchen geschlagen.
Aber die Frage ist, warum sie unser Leben überhaupt so begrenzt hat; warum sie uns eine Erbschaft in die Wiege legte, die uns nach einer vorgezeichneten Zeit zum Sterben verurteilt – uns nach zu kurzem Verharren ungerührt zum Gehen zwingt?
Die aufbauende Natur zerstört, um Neues zu schöpfen. Darum muß das Alte dem Jungen weichen – wird von vielen *vermutet.* – So wurde der Tod zum Schmied des Lebens.
Ohne den Tod wären unsere Vorfahren nie Mensch geworden. Doch während neue Arten entstanden, begrenzte der Tod gleichzeitig ihre natürliche Lebensspanne. Er existierte nicht immer, sondern trat erst in einem bestimmten Stadium der Lebensevolution auf und wurde zur Triebkraft des Lebens. Aber als dann die menschliche Gesellschaft dem Prozeß natürlicher Auswahl nicht mehr unterlag, wurde Altern und Tod als evolutionäre Antriebskraft überflüssig – wurde zum Anachronismus.

Allein die Entstehung des Lebens ist Wunder genug.
So formten sich die ersten organischen Moleküle aus ein paar einfachen chemischen Verbindungen, durch die Reaktion mit den Sonnenstrahlen, Gewitterblitzen und der Atmosphäre. Das geschah vor etwa vier Milliarden Jahren.
Aus dieser organischen Mischung – der Ursuppe – entstanden schließlich die ersten Nukleotide (Verbindungen von Phosphor, Nukleinbasen und Kohlehydrat, das vor allem in Zellkernen enthalten ist) und Aminosäuren, den Bausteinen der Eiweiße. All diese Stoffe vereinten sich relativ einfach zu Makromolekülen (1 Makromolekül = 1000 oder mehr Atome), aus denen sich schließlich die ersten Zellen bildeten. Da sie sich in der Ursuppe befanden, einer Lösung hunderter, verschiedenartigster organischer Verbindungen und anorganischer Salze, absorbierten sie einige dieser Stoffe und »verdauten« sie.
Und so enstand der erste primitive Schritt zum Stoffwechsel. Von diesem anfänglichen Rühren bis zum Menschen mit seinen etwa 60 Billionen Zellen war ein gewaltiger Weg.

Der Begriff Zelle ist erst seit 1665 bekannt und geht auf den englischen Physiker Robert Hooke zurück. Als er sich eines Tages Korkscheiben durch ein selbstgebasteltes Mikroskop ansah, entdeckte er, daß die winzigen, polygonalen Fächer des Korkes wie Honigwaben aussehen. Hooke nannte diese Hohlräume Zellen.
Die Wissenschaft verstand unter dem Begriff der lebenden Zelle für lange Zeit durch Membranen getrennte Hohlräume, in denen sich die Substanz des Leben befindet.
Heute wissen wir inzwischen, daß die Zelle einem hochorganisierten, komplexen Staatswesen gleicht.
Der Regierungssitz mit der DNS liegt im Zentrum – im Zellkern. Von hier aus werden die Befehle an die RNS-Moleküle, die »Kuriere«, erteilt. Diese eilen mit den Befehlen in die

Provinz – das Zellplasma – zu den Eiweißfabriken. Und hier produzieren spezielle RNS-Moleküle nach diesen Anweisungen spezifische Eiweißstoffe – die Grundelemente des Lebens. In diesem Staat ist im übertragenen Sinn alles vorhanden: Energieversorgung, Nachrichtenzentrale, Polizei, Import, Export, Kommunikationswesen und Müllabfuhr, mit Transportwegen, auf denen sich der rege Verkehr durch »Ein- und Ausgangstore« abwickelt. Besonders lebhaft wird es, wenn sich der Zellstaat in zwei selbständige Staaten teilt.

Der Gedanke, dem Alterungsprozeß durch das Studium der Zelle auf die Spur zu kommen, ist nicht neu.

Allerdings herrschte lange die Ansicht, daß Gewebezellen in einer geeigneten Nährlösung bei 37 °C die Zellteilung »bis in alle Ewigkeit« fortsetzen würden. Aus einer werden zwei, aus zwei vier – sechzehn . . .

Ohne Leiche kein Tod.

Dieser Rückschluß auf die Unsterblichkeit der Gewebezellen geht auf ein Experiment des bekannten französischen Physiologen und Nobelpreisträgers Alexis Carrel zurück.

Um die Jahrhundertwende begann er sein Experiment mit Kükenzellen in einer Nährlösung, und legte nach rund dreißig Jahren seine Ergebnisse vor.

Danach waren Gewebezellen unsterblich.

Allerdings wußte Carrel nicht, daß er durch mangelhafte technische Einrichtungen fehlgeleitet worden war. Denn seine Nährlösung, die er aus zermahlenen Hühnerembryonen bereitete, mußte abzentrifugiert werden. Aber durch Fehlfunktion der Zentrifuge gerieten immer wieder Embryonenzellen in die Nährflüssigkeit und revitalisierten dadurch die Zellkulturen.

1960 vollzog der amerikanische Mikrobiologe Leonard Hayflick von der Universität Stanford, USA, die Carrelschen Experimente nach.

Er benutzte dazu Zellkulturen menschlicher Embryonen. Hayflick verfolgte die glänzende Entwicklung dieser Kulturen,

mußte aber dann feststellen, daß sie nach einer bestimmten Anzahl von Zellteilungen plötzlich eingingen.
Warum?
Sie waren weder an schädigenden Infektionen erkrankt, noch litten sie unter Nahrungs- oder Sauerstoffmangel. Wie sich herausstellte, wurde ihre Lebensdauer durch eine »innere Uhr« streng begrenzt.
Genau wie unsere.
Die Zellkulturen wuchsen, daß heißt, sie vermehrten sich durch Zellteilung. Aus einer Zelle entstanden zwei Tochterzellen ... und so fort. So oft sich eine Zelle teilt, bedient sie sich der in den Genen und Chromosomen gespeicherten Erbinformation, um so genaue Kopien ihres Urbildes herstellen zu können. – Doch nach 50 Zellteilungen stoppte dieser Prozeß ganz plötzlich.
Es war, als gehorche die Zelle nach den etwa 50 Teilungen einem inneren Befehl, der sie zwingt, zu sterben.
Menschliche Embryonenzellen teilen sich *nie* mehr als rund fünfzigmal.
Dieser Vorgang wurde als Hayflick-Effekt bekannt.
Es ist offensichtlich, daß hier ein genau festgelegter, erblicher Befehl über Generationen hinweg deutlich wird. Denn sonst wäre es unmöglich, daß Zellkulturen nach einem ganz bestimmten Zeitablauf plötzlich absterben, obwohl sich in den Zuchtbedingungen nichts geändert hat.
»Wir kommen zum Schluß, daß der Verlust der Teilungsfähigkeit von Zellen oder anderen Funktionen ein programmierter Vorgang ist, der für verschiedene Arten und deren Gewebe eine bestimmte Zeit bis zum Ausfall hat. Wir altern, weil – um es in der Computersprache auszudrücken – das akkurate Programm unserer normalen Zellen schließlich ausgelaufen ist«, sagt Hayflick.
Nun gibt es verschiedene Erklärungen für den Hayflick-Effekt. Dr. Robin Holliday vom »National Institute for Medical Research« in London, mit dem ich sprach, ist zum Beispiel der

Ansicht, daß der Zellentod auf Fehler zurückzuführen ist. Er meint, daß Proteine in jungen Zellen normal und gesund sind, doch mit zunehmendem Alter eine Veränderung durchmachen. Sie sind dann nicht mehr funktionstüchtig.

Genau wie die morschen Balken eines Gebäudes. Je älter die Zellen dann werden, um so fehlerhafter sind die Proteine. Die Zellen sterben ab – das Gebäude stürzt ein. Warum entstehen solche Fehler? Sind sie genetisch befohlen? Alles spricht dafür.

Dr. Holliday interessierte sich für dieses Problem und führte deswegen eine Reihe von Experimenten an Fungi (Pilzen) aus. Dabei stellte er fest, daß diese praktisch ewig lebenden Pilzgewächse anfingen, sehr schnell zu altern, sobald Fehler eingeschmuggelt wurden. Pilze, bei denen dagegen keine Irrtümer eingeschleust waren, lebten immer weiter. Aus vielen Versuchsreihen zogen Dr. Holliday und seine Kollegen daher den Schluß, daß der Alterungsprozeß aufgrund dieser Fehler einsetzte.

Auch Dr. Leslie J. Orgel vom Salk Institute in San Diego verbindet den Alterungsprozeß mit fehlerhaften Proteinen. Als führender Molekularbiologe interessiert er sich für die Fehler, die sich innerhalb der Zellen während der Synthese wichtiger Moleküle einschleichen. »Die Proteinsynthese ist an sich schon ein kompliziertes Verfahren, da sie auch durch Proteine ausgeführt wird«, erklärt er.

»Theoretisch bedeutet das, sobald sich Fehler in den Herstellungsprozeß der Proteine eingeschlichen haben, würde sich die Anzahl der falschen Proteine stark vermehren. Aus diesen falschen Proteinen entstehen im weiteren Verlauf immer mehr fehlerhafte Proteine. Mathematisch gesehen vermehren sich diese schlechten Proteine in einem solchen Ausmaß, daß die Zelle sehr bald funktionsuntüchtig ist.«

Aber Dr. Orgel sieht die Ursache der Zellalterung nicht allein im gestörten genetischen Bauplan der DNS-Zellkerne. Er glaubt, daß durch die fehlerhaften Proteine spezifische Antikörper erzeugt werden, die eine Art Altersaggression auslösen. Der Molekularbiologe sieht also in zellularen Autoimmunvorgängen die Gründe für die Beschleunigung des Alterungsprozesses.

Wenn also der genetische Befehl widerrufen werden könnte, würden perfekte Proteine produziert, und der Mensch mit seinen Milliarden Zellen wäre sozusagen »unsterblich«. Vorausgesetzt, das Problem liegt tatsächlich im »programmierten Tod«.

Es gibt natürlich eine Anzahl von Wissenschaftlern, die bezweifeln, daß Altern und Tod in absehbarer Zeit bezwungen werden können, wenn diese in der DNS vorprogrammiert sind. Doch dagegen ließe sich einwenden, daß dann doch wenigstens die Auswirkungen des genetischen Befehls bekämpft werden könnten, solange keine Möglichkeit besteht, ihn aufzuheben.

Mit einer besonders einleuchtenden Erklärung für den Hayflick-Effekt wartet der russische Biologe A. Olownikow vom Gamaleja-Institut für Epidemiologie und Mikrobiologie der Sowjetischen Akademie der Medizinischen Wissenschaften auf:

Er nimmt an, daß sich von Zellteilung zu Zellteilung der DNS-Strang mehr und mehr verkürzt, bis zur Schädigung der Erbinformation. Das heißt, mit jeder Zellteilung vererben sich mehr und mehr gekürzte DNS-Moleküle auf die Tochterzellen. Dieser Vorgang wird Marginotomie genannt.

Olownikow sieht darin die Ursache des Alterns und des Alterstodes.

Hierbei bilden die Geschlechts- und Eizellen eine Ausnahme. Sie müssen von einer Verkürzung des DNS-Stranges – der Marginotomie – ausgeschlossen sein, weil sie die komplette Erbinformation brauchen, um die Nachfolge zu garantieren. Keimzellen sind daher unsterblich.

Da alle Zellen von Geschlechtszellen abstammen, müßte es möglich sein, *die* Prozesse in Gang zu bringen, die den Geschlechtszellen die ungekürzte Erbanlage sichern.

Es ist bekannt, daß sich Geschlechtszellen mit Hilfe eines besonderen Tandem-Ferments – Tandem-Polymerase – (Enzym mit Doppelfunktion) bilden, teilen und ihre DNS-Kopien produzieren. In den normalen Zellen muß ein inaktives Gen die Tandem-Polymerase verhindern. Sobald dieses ruhende Gen aktiviert werden kann, ist eine Lebensverlängerung grundsätzlich möglich. Denn dann bliebe die gesamte Erbinformation erhalten, der Hayflick-Effekt wäre ausgeschaltet und der Todesbefehl widerrufen.

Von Dr. John H. Heller, dem Direktor des »New England Institute for Medical Research« stammt der geniale Gedanke einer Umkehrung des Alterungsprozesses. Er geht von der Vorstellung aus, daß die alternde DNS fortlaufend schadhaft wird.

So sollten seiner Meinung nach z. B.: dem jungen X einige Zellen entnommen werden, solange deren DNS und RNS noch vollkommen intakt sind. Diese DNS/RNS müßte dann bei ca. minus 270° solange gespeichert werden – 20, 30 oder mehr Jahre – bis bei dem inzwischen älteren X degenerative Veränderungen eintreten. Dann wird ihm seine eigene, jugendliche DNS/RNS wieder injiziert, und damit das inzwischen fehlerhafte DNS-Programm durch die junge, gespeicherte DNS/RNS wieder ersetzt.

Diese Idee hat etwas so faszinierendes, daß ich unbedingt mit Dr. Heller sprechen wollte.

Sein Institut liegt in Ridgefield, Connecticut. Einem bezaubernden kleinen Städtchen mit gepflegten Wohngegenden und einer Reihe schöner alter Häuser, die teilweise bis auf die amerikanische Revolution zurückgehen, mit dem Blick über weite, offene Grünflächen.

Dort arbeitet Dr. Heller mit seinen Mitarbeitern in außerordentlich modernen Laboratorien, um die Ursachen des Alterungsprozesses zu erforschen.

»Dr. Heller, glauben Sie, daß Altern und Tod programmiert sind?« – »Yes! Absolut! Ja!« Die knappen Worte ließen keinen Zweifel offen.
»Und kann Ihrer Meinung nach die menschliche Lebensspanne erweitert werden?«
»Ja!« kam es kurz angebunden.
Aber ich ließ mich nicht entmutigen und bohrte weiter. »Sind Sie tatsächlich der Ansicht, daß durch Einführung junger DNS in alte Zellen die Lebensspanne ausgedehnt werden kann?«
»Ich sehe keine Schwierigkeiten, es kann jederzeit ausgeführt werden. Die meisten für einen solchen Prozeß notwendigen Techniken sind bereits in mehreren Laboratorien etabliert.«
Langsam überwand Dr. Heller seine offensichtlichen Vorbehalte und taute auf. »Wegen einiger dieser Techniken hat es Aufrufe gegeben, die Arbeit einzustellen. Es gab große Unruhe über . . .« Heller unterbrach sich mitten im Satz und schwenkte auf ein anderes Thema über.
»Eines der Probleme ist«, fuhr er fort, »dem alternden Menschen die DNS wieder zu injizieren und in den Zellkern zu leiten. Wahrscheinlich sehen wir da mehr Probleme als wirklich vorhanden sind. Das heißt: wahrscheinlich gibt es ein »Schlüsselloch« in der Zelle, das so groß ist wie das DNS-Molekül und durch das dieses paßt.
Wie dem auch sei. Aber nehmen wir einmal an, daß keines da ist. Dann gibt es große Probleme, wie man sehr große Molekühle in den Zellkern einschleusen kann.
Wir wissen, daß Viren in der Lage sind, in die Zelle einzudringen, denn so starten sie ja eine Krankheit. Es ist uns auch grundsätzlich bekannt, wie ein Virus geöffnet werden muß, um seine DNS zu entfernen, und diese durch neue DNS oder RNS zu ersetzen. Danach können wir es auch wieder schließen. Das ist bereits gemacht worden.«
Dr. Heller verhielt einen Augenblick, doch dann ließ er ein Bild vor meinem geistigen Auge abrollen, das mir den Atem verschlug.

»Darum sage ich, die meisten Techniken sind vorhanden«, fuhr er fort. »Wissenschaftler sind außerordentlich beunruhigt darüber, daß diese Techniken in eine entsetzliche »Superform« biologischer Kriegsführung ausarten könnten. Und unlängst hat eine Gruppe von Forschern zu einem weltweiten Moratorium aufgerufen, damit Forschung dieser Art eingestellt wird. – Es gibt also eine Reihe ethischer und moralischer Faktoren, die das Bild abrunden.

Nun ja – auf jeden Fall kennen wir eine anwendbare Methode, um die DNS dahin zu dirigieren, wo wir sie haben wollen. Wenn nun die alternde DNS mit jugendlicher DNS desselben Individuums verbunden wird, ist darin natürlich immer noch derselbe genetische Code und mutmaßlich auch dasselbe Todesprogramm enthalten. Trotzdem wissen wir, daß Zellen mit solchen Zusätzen praktisch für immer leben.

Daraus ergibt sich folgendes: Wenn möglicherweise die alte DNS verstümmelte DNS darstellt, die junge DNS dagegen unverstümmelte, in keiner Weise verkürzte, bedeutet die Verschmelzung von beiden, daß die Lebensspanne tatsächlich verlängert wird.

Kürzlich ist es gelungen, differenzierende Zellen in *nicht* differenzierende Zellen zu verwandeln. Da wir grundsätzlich wissen, wie das vor sich geht, können wir wahrscheinlich *jede* Körperzelle veranlassen, *nicht* zu differenzieren; das bedeutet, eine neue Hand, ein neues Herz – was immer wir wollen – wachsen zu lassen.

Wir verfügen also über alle möglichen Techniken.

Aber ich sehe keinen Grund dafür, mit dem heutigen Stand der genetischen Technik die genetische Struktur zu verändern. Denn das bedeutet, die Natur des Menschen zu verändern und ihn damit »zum länger lebenden Tier« zu machen. Wir wissen schließlich, daß die Lebensspanne jeder Art vorprogrammiert ist. Die Eintagsfliege lebt 12 Stunden, einige Schildkröten warten mehrere hundert Jahre, und bestimmte Bäume können einige tausend Jahre alt werden.

Mit der Veränderung des genetischen Programms ändern wir die Arten, das würde ungeheuere Auswirkungen nach sich ziehen. Und damit kommen wir zu einem zwar abweichenden, aber noch weit schwierigerem Problem:
Wäre der Homo sapiens überhaupt gewillt, den »homo superior« zu entwerfen?
Würde der Neandertaler den Cro-Magnon-Mann schöpfen, wenn er wüßte, daß dieser Cro-Magnon-Mann den Neandertaler auslöscht? – Ich weiß darauf keine Antwort.
Aber ich glaube, die Menschen würden sich zu Tode fürchten! Ich fürchte mich nicht. Aber vielleicht bin ich nicht normal, denn eigentlich müßte ich mich fürchten!
Wie dem auch sei. Wenn wir die Evolution in aller Ruhe verfolgen – auf jedem Planeten in unserer Milchstraße oder auf jedem Planeten im ganzen Universum, ganz egal wo – ist die logische Schlußfolgerung jeder Evolution, daß eine hochentwickelte Art ihre eigene Weiterentwicklung in die Hand nimmt. An diesem Punkt sind wir jetzt angelangt.
Aber niemand nimmt davon Notiz.
Die Jungen sagen, laß doch die reichen Alten sterben, damit für die Jungen Platz wird. Es ist unnötig, daß die Alten bei der Überbevölkerung auch noch länger leben. Soweit es um Ethik und Moral geht »liegt da der Hund begraben«. Aber sobald ethische und moralische Probleme angesprochen werden, müßte zuerst die Frage gestellt werden: wessen Ethik und Moral, und wer setzt die Richtlinien dafür? Doch das ist ein weiteres kompliziertes Thema.
Punkt eins: Ich glaube, daß wir ohne Veränderung der menschlichen Genetik in der Lage sind, die Lebensspanne zu erweitern, soweit es die genetische Uhr erlaubt.
Punkt zwei: Aber wenn schon mit den Genen der Arten herumgespielt werden soll, ist es besser, eine Reihe notwendiger fundamentaler Veränderungen vorzunehmen, bevor die Lebensspanne als solche erweitert wird. Mit anderen Worten,

in einem solchen Fall sollten gleichzeitig auch andere Veränderungen gemacht werden. Denn in vieler Hinsicht sind wir als Art dem »Höhlenfeuer« noch zu nah.
Und das kann ich jedermann beweisen!
Uns beherrschen noch zu sehr die Gene des Jägers, des »Raffers«, des Rivalen. Darum sind wir bisher noch nicht in der Lage, unsere Welt erfolgreich zu bewohnen.
Denn das, was wir heute machen, würde ich nicht als erfolgreich bezeichnen.
Wenn wir also genetische Veränderungen vornehmen wollen, sollten erst die Veränderungen durchgeführt werden, die den Arten helfen, erfolgreicher mit *den* Änderungen fertig zu werden, die durch den Homo sapiens erzeugt wurden.
Auf Grund der bereits vorhandenen Techniken können derartige Experimente schnell, sehr schnell durchgeführt werden.«
»Da muß ich Ihnen uneingeschränkt zustimmen, Dr. Heller. Aber wie würde sich eine Lebensverlängerung auf die drohende Überbevölkerung auswirken?«
»Darüber brauchen wir uns keine Gedanken mehr machen. Sie ist bereits da.
Angenommen, wir würden zur Lebensdauer jedes Menschen im Westen nur zehn Jahre addieren. Daraus würde der fantastischste, überhaupt nur vorstellbare ökonomische Zusammenbruch in bezug auf soziale Sicherheit, Ruhestand, Pension und vieles andere mehr entstehen.
Für einen wohlhabenden Mann mit entsprechender Sicherheit mag Lebensverlängerung eine recht attraktive Aussicht darstellen. Aber en masse! – die ökonomischen, sozialen und globalen Effekte!«
Soweit Dr. Heller

Jüngst wurde in den Laboratorien der Stanford Universität, USA, von Paul Berg, Stanley Cohen und deren Kollegen eine Methode entwickelt, mit der Abschnitte der DNS von einem

beliebigen Spender in bakterielle Zellen eingeschleust und dort vermehrt werden können.
Läßt sich die Genforschung mit all ihren positiven und negativen Aspekten, die sie eröffnet, jetzt noch aufhalten?

VII

Droge gegen Zeit

Die »California Route 1« führt von Los Angeles nach San Diego. Hin und wieder schweift der Blick zum tiefblauen Pazifik hinunter.

Mein Ziel ist das kleine Küstenstädchen Corona del Mar, vierzig Meilen südlich von Los Angeles. Dort liegt am Stadtrand die Forschungsstätte des Gerontologen Richard Hochschild.

Ich hatte erfahren, daß hier zum ersten Mal eine lebensverlängernde Droge in einem breitangelegten Versuch am Menschen getestet werden soll. Darüber wollte ich mit Richard Hochschild sprechen.

»Ich bin erstaunt, daß Sie in Deutschland schon von unserem Versuch erfahren haben«, begrüßte mich der schlanke, etwa 1,80 m große Gerontologe. »Denn bei uns weiß die Öffentlichkeit kaum etwas darüber«, lächelte er.

»Ihre Arbeit interessiert mich besonders, Mr. Hochschild, weil es sich ja um eine echte Erweiterung der Lebensspanne handeln soll, oder irre ich mich? Läuft das Ganze auf eine sogenannte Revitalisierung hinaus?«

»Der Terminus ›revitalisieren‹ liegt mir nicht, wegen seiner Unwissenschaftlichkeit und Unklarheit«, antwortete Richard Hochschild sachlich. »Wenigstens weiß ich nicht, wie Revitalisierung zuverlässig meßbar ist«, fuhr er fort. »Die Lebensspanne von Tieren läßt sich dagegen im Labor bequem nachweisen, und daran arbeiten wir seit einigen Jahren. Wir haben unsere Untersuchungen auf Verbindungen beschränkt, die die Zellmembranen vor physischen und biochemischen Schäden schützen. Die besten Resultate erzielten wir dabei bisher mit der Substanz DMAE (Dimethylaminoaethanol). Die Lebensspanne von Mäusen wurde damit um 7 bis 49 Prozent der Versuchsperiode verlängert.«

»Haben Sie die Wirkung von DMAE auf eine Erweiterung der menschlichen Lebensspanne schon getestet, Mr. Hochschild?«

»Wir haben ein Protokoll ausgearbeitet, das diese Frage in

ungefähr einem Versuchsjahr bis zu einer statistischen Sicherheit von etwa 95 Prozent beantworten könnte. Die amerikanischen Arzneimittel-Überwachungsbehörden (U. S. Food and Drug Administration) erteilten die Genehmigung, dem Protokoll entsprechende Versuche über die Wirkung von DMAE auf die Lebensspanne von 4800 Personen durchzuführen. Diese Versuche – die ersten dieser Art an Menschen überhaupt – sollen nach dem sogenannten Doppelblind-Verfahren sorgfältig kontrolliert werden. Abgesehen von einem einleitenden Kurztest an 300 Menschen, sind die Versuche noch nicht angelaufen.«

»Welche Resultate erwarten Sie aus den geplanten Versuchen, Mr. Hochschild?«

»Ich glaube nicht, daß man in diesem Fall ohne weiteres von der Maus auf den Menschen extrapolieren kann, und Spekulationen sind nicht mein Fall. Außerdem bedarf es noch vieler, spezifischer Resultate, bis mit Sicherheit feststeht, ob DMAE für jedermann geeignet ist«, machte mir Hochschild seinen Standpunkt klar.

»Das muß ich natürlich respektieren – trotzdem, als Außenseiter sehe ich keinen so großen Unterschied zwischen den menschlichen Organen und denen von Mäusen.«

»Ja, da haben Sie schon recht«, stimmte mir Mr. Hochschild zu.

»Aber dann beantworten Sie mir eine Frage: warum lebt die Maus nur zwei Jahre?« brachte mich Richard Hochschild aus dem Konzept.

»Ja – weil es genetisch programmiert ist?«

»Ich nehme viel eher an, daß ein Programm fehlt, anstatt vorhanden zu sein, um Altern und Tod zu kontrollieren. Das heißt, ich glaube nicht, daß ein bestimmtes Programm für den Alterungsprozeß verantwortlich gemacht werden kann. Denn: Die Beobachtung, daß jede Art eine spezifische maximale Lebensspanne hat, leitet zwar zur Vermutung, das Altern sei genetisch programmiert – entweder absichtlich oder aufgrund von Fehlern.

Wenn jedoch Altern und Tod ein vorteilhaftes Auswahlverfahren wären, um vielleicht die Älteren vom Konkurrenzkampf mit den Jüngeren abzuhalten, dann hätten sich nach dem Zeugungsalter zerstörende Gene entwickelt, damit der degenerative Ablauf beschleunigt wird.
Doch ganz im Gegenteil sind nach neuesten Erkenntnissen Langlebigkeit und eine längere Zeugungsperiode wahrscheinlich ein selektiver Vorteil.
Es gibt in lebenden Organismen hinreichende Instandsetzungsprozesse, die degenerativen Schäden entgegenwirken. Die wenigen, vorhandenen zerstörenden Gene scheinen Zellen zu entfernen, die in früheren Wachstums- und Entwicklungsstadien gebraucht wurden, aber später nicht mehr benötigt werden. Alles deutet darauf hin, daß Altern eher die Wechselwirkung einer Reihe degenerativer Prozesse ist, die alle durch natürliche Auswahl aufeinander abgestimmt sind.
Es sieht so aus, als sei Altern das unbeabsichtigte Nebenprodukt der Evolution, deren Anpassung sonst recht vorteilhaft ist; und daß ihre Einwirkung auf das Altern gegenüber anderen evolutionären Einflüssen viel zu schwach war. Tatsächlich hat die Evolution das Altern übersehen. Schließlich werden die nachteiligen Folgen des Alterns erst nach der Fortpflanzungsperiode spürbar. Und infolgedessen sind sie außerhalb der Reichweite des Auswahlprinzips und somit für dieses unbedeutend.
Wir altern, weil der natürliche Ausleseprozeß keinen Schutzmechanismus entwerfen kann, der degenerativen Vorgängen entgegenwirkt, deren Haupteffekt nach der Fortpflanzungsperiode auftritt. Denn jedes Gen, das die Zeugungsperiode durch die Verzögerung des Todes verlängert, hat einen selektiven Vorteil. Folglich müßte ein Antrieb vorhanden sein, um innerhalb jeder Art einen Anti-Alterungs-Mechanismus zu inkorporieren.
Damit die spezifische Lebensspanne der Arten erklärt werden

kann, muß ein Mechanismus gefunden werden, der der natürlichen Tendenz, die Fruchtbarkeitsperiode zu verlängern, entgegenwirkt.

Warum sich kein Anti-Alterungs-Mechanismus entwickelt hat, damit die meisten von uns über 80 Jahre alt werden, ist wahrscheinlich durch natürliche Feinde, Unfälle und Infektionen begründet, die den prähistorischen Menschen daran hinderten, viel älter als 30 Jahre zu werden. Und das nur in Ausnahmefällen. Daraus ergibt sich, daß ein notwendiger Schutzmechanismus im Menschen, über dreißig Jahre hinaus, nie eine Entwicklungschance bekam.

Aus einer Anzahl von Studien, die an Skelettresten historischer und prähistorischer Menschen vorgenommen wurden, geht hervor, daß sie Glück hatten, wenn sie überhaupt 25 oder 30 Lebensjahre erreichten. Und demographische Berechnungen zeigen, daß ein Viertel *aller* Menschen, die jemals 65 Jahre wurden, in unserer Zeit leben.

Die evolutionären Einflüsse, durch die der heutige Mensch gestaltet wurde, haben offensichtlich *kein* Auswahlprinzip für das Überleben nach 30 Lebensjahren berücksichtigt.

Wir altern, weil unsere Gene nicht mit Informationen ausgestattet sind, die uns befähigen würden, über ein Alter hinaus zu leben, das unsere Vorfahren nie erreicht haben. Wir altern also nicht, weil Altern programmiert ist, sondern weil es in diesem Zusammenhang gar kein Programm gibt. Aus den gleichen Gründen ist wahrscheinlich auch die Lebensspanne anderer Arten begrenzt.

Das typische Beispiel für das Versagen der Evolution, über ein bestimmtes Alter hinaus keinen Schutzmechanismus bereitzustellen, ist der fortschreitende Zahnverlust beim Menschen und bestimmten Tieren, deren Zähne sich nicht ständig erneuern. Denn das Kauvermögen ist zum Überleben, wenigstens in der Wildnis, unerläßlich. Die Tatsache, daß hier beim Menschen keine Vorsorge getroffen wurde, läßt darauf schließen, daß wenige unserer Vorfahren lange genug lebten, um durch den Zahnverlust überhaupt ernsthaft in Schwierigkeiten zu geraten«.

»Wenn ich Sie richtig verstanden habe, Mr. Hochschild, glauben Sie demnach, daß diese degenerativen Prozesse – also das Versagen der Evolution, wie Sie es nennen – durch die künstliche Entwicklung eines Schutzmechanismus behoben werden könnte?«

»Vielleicht durch die Ergänzung eines Schutzmechanismus, denn unsere Tierversuche mit der Substanz DMAE lassen diese Vermutung zu.«

»Was ist DMAE eigentlich?«

»DMAE ist eine natürliche Substanz, ein einfaches Molekül, das in winzigen Spuren in Tieren, also auch im Menschen vorkommt. Einerseits benötigt es die Tierzelle zur Herstellung von Cholin und Acetylcholin, andererseits für die Biosynthese und Reparatur von Membranen, aus denen die Zelle und ihre Teile aufgebaut sind.« »Und wie wirkt sich DMAE auf die Verlängerung der Lebensspanne aus, Mr. Hochschild?«

»Das wissen wir auch noch nicht genau. Aber wir vermuten, daß es mit der Zellmembransynthese und Reparatur zu tun hat. Wie ja bekannt ist, tritt als ständige Begleiterscheinung des Stoffwechsels eine Schädigung der kritischen Zellmembranen in den Milliarden von Körperzellen und deren inneren Struktur auf. Die verschiedenartigsten Stoffe reagieren mit den Zellmembranen und verursachen Schäden«, erklärte mir Hochschild. »Daher verbinden Wissenschaftler Zellmembranschäden seit einiger Zeit mit dem Alterungsprozeß.

Möglicherweise reduziert DMAE Schäden der Zellmembranen durch Reparatur, und verlangsamt damit den Zellverfall.«

Ich fragte Richard Hochschild, wie er auf DMAE kam, und erfuhr, daß Erkenntnisse über bestimmte Vorgänge in der Zelle dazu geführt haben.

Ein wesentlicher Teil praktisch aller tierischen Zellen sind

Lysosomen. Eine ihrer Funktionen besteht darin, von der Zelle aufgenommene Nährstoffe abzubauen. Doch genauso regelmäßig bauen sie Teile der Zellstruktur ab, die dann später durch Proteinsynthese erneuert werden.
Lysosomen sind also gewissermaßen das »Abreißkommando« der Zelle. Sie sind eine Art mikroskopisch kleiner Säckchen aus einer hauchdünnen Membrane und enthalten eine Reihe wirksamer Verdauungsenzyme.
Jedes der vielen, verschiedenen Enzyme in den Lysosomen ist für einen bestimmten Verdauungsvorgang verantwortlich. Das heißt, es hat einen bestimmten Abbaubereich.
Ein lysosomales Enzym baut DNS ab – das zentrale Computerprogramm der Zelle. Ein anderes greift die RNS an, die Zellmaterialien und -strukturen erneuert. Weitere Enzyme attackieren neben Proteinen auch andere Moleküle und zerstört sie. Lysosomale Enzyme sind in der Lage, alle wesentlichen Bestandteile des Lebens abzubauen.
Wie alle zellularen Membranen ist auch die lysosomale Membrane unbeschreiblich dünn. Und das größte Problem dabei ist, daß diese Membranen durch verschiedene Einflüsse beschädigt werden, und die Enzyme dann in den Rest der Zelle einsickern.
Was geschieht nun, wenn die zarten lysosomalen Zellmembranen durchlässig werden und die zerstörenden Enzyme entweichen? Wie zu erwarten, machen sie sich sofort an die Arbeit, um die Zellstruktur »abzureißen«. Auf diese Weise geschädigte Zellen sind weniger leistungsfähig oder arbeiten überhaupt nicht mehr.
Forscher kamen zu der Überzeugung, daß im Laufe des Lebens viele, wahrscheinlich sogar die meisten der Milliarden Körperzellen ihre Funktionstätigkeit teilweise oder ganz auf diese Art einbüßen. Mit der Degeneration der Zelle gehen natürlich gleichzeitig auch die Organe und das Gewebe zugrunde, also der ganze Organismus. Denn die Enzyme verlassen die Zelle, überschütten die Extrazellularräume und führen zum Abbau

von Bindegewebe, zur Kollagenbildung (Kollagen = Bindegewebsleim) und zu Gefäßveränderungen.
All diese Vorgänge werden schon seit einiger Zeit mit dem Alterungsprozeß in Verbindung gebracht.
Schädigung von Membranen und deren Zusammenbruch sind ein immer wiederkehrendes Phänomen in allen Lebensformen. Zum Beispiel beschädigen die männlichen und weiblichen Sexualhormone – Testosteron und Progesteron – die Zellmembranen, und dabei auch lysosomale Membranen. Dasselbe geschieht unter anderem durch bakterielle Gifte im Verlauf einer Infektionskrankheit, durch ultraviolette Strahlen der Sonne, Röntgenstrahlen und radioaktive Ausstrahlung.
Eine der Hauptursachen für die Zellmembranschäden ist jedoch ein chemischer Prozeß, Lipidperoxidation genannt. Sie gehört zu jedem normalen Stoffwechsel der Zelle. Doch ironischerweise ist die Lipidperoxidation die Reaktion von Lipiden (fettähnliche Substanz), aus der die Zellmembranen bestehen, mit Sauerstoff von dem alles Leben abhängt.
Dieser Prozeß erzeugt nun besonders reaktionsfähige Moleküle – sogenannte freie Radikale – die beispielsweise eine lysosomale Membrane durchlöchern, dadurch eine Ausschüttung lysosomaler Enzyme verursachen, die in extremen Fällen die ganze Zelle zerstören kann.
Richard Hochschild und seine Kollegen fragten sich nun, wenn zellmembranschädigende Einflüsse den Alterungsprozeß beschleunigen, ob dieser Alterungsprozeß nicht durch membranstärkende Substanzen aufgehalten werden kann.
Derartige Substanzen werden Membranstabilisatoren genannt und verhindern Zellmembranschäden.
Die Forschungsarbeit wurde mit der Untersuchung von Zellmembranstabilisatoren und deren Auswirkung auf die Lebensdauer von Zellkulturen begonnen. Der erste Hinweis, daß die Wissenschaftler auf der richtigen Spur waren, zeigte sich, als einige der angewandten Stabilisatoren die Degenerationsphase

in den Zellkulturen verzögerte. Diese Zellkultur-Resultate ermutigten die Forscher, daraufhin die Lebensspanne von Fruchtfliegen zu verlängern. Denn Fruchtfliegen eignen sich besonders als Labor-Versuchstiere, weil sie durchschnittlich nur drei Monate leben und in großer Anzahl in Flaschen gehalten werden können. Im Gegensatz zur Zelle sind Fruchtfliegen vollständige Organismen. Wenn es möglich ist, deren Lebensspanne zu erweitern, war damit ein großer Schritt vorwärts getan, zum besseren Verständnis des Alterungsprozesses.

1968 wurde DMAE von Hochschild und seinem Team erstmalig an Mäusen angewendet. Während nun der Fliegenorganismus völlig unterschiedlich zum menschlichen ist, ähneln sich Mensch und Maus schon ein wenig mehr. Denn beide gehören der Gattung der Säugetiere an. Die bei Mäusen erzielten Resultate eignen sich daher besser zur Anwendung auf den Menschen.

Die Versuchsreihen dauerten vier Jahre. Verschiedene Mäusegruppen erhielten einen Zusatz von DMAE ins Trinkwasser. Vergleichsgruppen erhielten dagegen klares Wasser. In genauen Protokollen wurde das Ableben jeder Maus und ihr jeweiliges Alter festgehalten. Graphische Sterblichkeitskurven wurden angelegt, und Daten über die mittlere und maximale Lebensdauer jeder Mäusegruppe analysiert.

Im Frühjahr 1972 lagen die Resultate von drei verschiedenen Mäuse-Experimenten vor. DMAE hatte die Lebensspanne der Versuchstiere um 6 bis 49 Prozent der Versuchsperiode verlängert. Außerdem konnte statistisch nachgewiesen werden, daß diese Lebensverlängerung mit 98prozentiger Sicherheit auf DMAE zurückzuführen ist. Durch radioaktive Spurenmessungen gelang zusätzlich der Beweis, daß DMAE die Zellmembranen aufbaut und repariert.

Unabhängig vom Hochschild-Team erzielten Wissenschaftler der Emory Universität in Atlanta, Georgia 1974 in einem ähnlichen Experiment die gleichen Resultate über die Wirkung von DMAE auf die Lebensspanne von Mäusen.

Und damit erhebt sich die Schlüsselfrage dieses Forschungsprojekts: Wird DMAE den menschlichen Alterungsprozeß beeinflussen und den Tod ins Wartezimmer verweisen? Der geplante Versuch an 4800 Menschen soll über die Wirkung von DMAE auf die menschliche Lebensspanne Aufschluß geben. Derartige Experimente sind natürlich schwierig durchzuführen, da die Lebensspanne von Menschen viel länger ist als die von Mäusen. Es hätte zum Beispiel keinen Sinn, einer Versuchsgruppe von Menschen diese Droge ein Leben lang zu verabreichen.

Zum Glück lassen sich derartig zeitraubende Studien durch die statistische Wissenschaft umgehen. Aus solchen Berechnungen geht nämlich hervor, daß die Frage, ob die menschliche Lebensspanne durch DMAE verlängert wird, in etwas mehr als einem Jahr beantwortet werden kann. Voraussetzung dafür ist, daß die Versuchsgruppe aus einer großen Anzahl alter Menschen besteht, bei denen die Sterblichkeitsziffer hoch ist.

»Wenn das Menschenleben, besonders aber die aktiven, vitalen Lebensjahre durch diese oder irgendeine Droge verlängert werden, wird der Mensch zum ersten Mal die Zeit beherrschen. Zeit – so unbedeutend – und doch das Wertvollste, Unersetzlichste im Leben«, meint Richard Hochschild.

»Für mich ist dieses ganze Projekt atemberaubend, Mr. Hochschild. Und wahrscheinlich bin ich nicht weniger gespannt auf Ihre Resultate, wie Sie selbst.

Doch eine Frage drängt sich auf: Wird sich jeder in Zukunft dieses DMAE besorgen können, oder soll die Verteilung nach bestimmten Richtlinien erfolgen?«

»Ich nehme an, daß es von jedermann nach Wunsch erworben werden kann. Schätzungsweise wird dieses Präparat ca. 9 Dollar im Monat kosten, und ist damit wohl für jeden erschwinglich«, antwortete Richard Hochschild.

VIII

Altern im Rückwärtsgang

Den folgenden Dialog (Dialogue on Death) zwischen Vater und Sohn schrieb der amerikanische Biochemiker Dr. Johan Bjorksten:

Muß jeder alt werden und sterben, Vater?

Ja, früher oder später wird jeder von uns alt und stirbt.

Sag mal, Vater, wie lange kann denn ein Mensch leben?

Dr. Henry Simms von der Columbia Universität hat errechnet, daß wir durchschnittlich 800 Jahre alt werden könnten, wenn wir immer so gesund blieben, wie wir zwischen 15 und 20 Jahren sind. Aber Dr. Simms sagt gleichzeitig, daß es ein ziemlich großes WENN ist. Doch meiner Meinung nach sieht man daraus, wozu der menschliche Körper in der Lage sein könnte, wenn er entsprechend behandelt würde.

Wie lange leben denn die Menschen jetzt?

Die Männer werden durchschnittlich 71 Jahre alt und die Frauen 73.

Warum sterben denn die Menschen so früh, wo du doch sagst, sie könnten 800 Jahre alt werden?

Weil der menschliche Körper mit zunehmendem Alter immer geschwächter und weniger widerstandsfähig ist. Und diese Schwäche schreitet schneller und schneller fort, bis der menschliche Körper im Alter von etwa hundert Jahren so schwach ist, daß ihn die kleinste Erkältung tötet.

Warum wird der Körper schwächer, wenn er älter wird?

Weißt du, was ein Molekül ist?

Ja, ist das nicht der kleinste Teil einer chemischen Verbindung, ohne sie in ihre Atome zu zerlegen?

Richtig. Im Körper gibt es eine Art Moleküle, die wir Proteine nennen. Diese Proteine sind die wichtigsten chemischen Teile des menschlichen Körpers. Siehst du, diese Proteine sind wie lange Atomspiralen; und darin – an der ganzen Kette entlang – gibt es Stellen, die sich sehr leicht mit anderen Molekülen oder Atomen verankern können. Wegen dieser vielen empfindlichen Stellen im Molekül können die Proteine so viele Dinge ausführen. Und daher sind sie so notwendig, um das Leben zu ermöglichen.
Außerdem gibt es im Organismus noch eine Menge chemischer Verbindungen, die wir »Querverbinder« oder »Vernetzer« nennen. Du mußt sie dir als schmale Stäbchen vorstellen, die an jedem Ende ein Häkchen haben. Damit können sie sich in vorbereitete Stellen an den Protein-Molekülen und Nukleinsäuren einhaken. Immer wenn sie sich auf diese Weise in ein Makromolekül einhaken, verbinden sie diese Makromoleküle untereinander. Sobald nun zwei von ihnen miteinander verkettet sind, können sie sich nicht mehr ungehindert bewegen. Wenn das nun an vielen Stellen passiert, oder viele Makromoleküle vernetzt sind, ist ihre Querverbindung am Ende so stark, daß sie ihre Arbeit im Körper nicht mehr verrichten können.

Das verstehe ich nicht ganz.

Ich will versuchen, es dir ganz einfach zu erklären. Stell' dir einmal vor, du bist in einer riesigen Werkshalle, in der Tausende von Menschen arbeiten. Dann kommt jeden Tag irgendein übles Subjekt daher und fesselt einfach zwei Arbeiter mit Handschellen aneinander. Das behindert sie doch in der Arbeit, oder nicht?

Na klar!

Wenn das nun Tag für Tag so weitergeht, daß an jedem Abend laufend zwei neue Arbeiter mit ein Paar Handschellen verbunden werden, da kannst du dir ja vorstellen, was für ein Durcheinander mit der Zeit in der Werkshalle entsteht.

Das kann ich mir gut vorstellen. Wenn man die Leute kreuzweise fesselt, noch dazu so viele . . .

Ja, das stimmt. Alles gerät schließlich so durcheinander, daß nicht mehr gearbeitet werden kann, und die Produktion in der Halle eingestellt wird.

Aber was hat das eigentlich damit zu tun, daß wir mit den Jahren schwächer werden und sterben?

Das hat eine ganze Menge mit Altern und Sterben zu tun. In dem Beispiel mit der Werkshalle sind die Handschellen die Vernetzungen, und die Arbeiter die wichtigen Makromoleküle. Ein junger Mensch in der Blüte seiner Jahre hat nur ganz wenige, untereinander verkettete Makromoleküle, die den Produktionsprozeß seines Körpers verlangsamen. Aber mit zunehmendem Alter tauchen immer mehr Handschellen-Vernetzungen auf und . . .

Und der Arbeitsprozeß in seinem Körper verlangsamt sich, er wird alt und schwach. Ist es so?

Ja, genauso ist es. Dazu kommt, daß der Mensch stirbt, weil er immer schwächer wird.

Gibt es viele dieser Vernetzungen im Körper?

Ja, eine ganze Menge. Es wurde durch eine Reihe sehr angesehener Wissenschaftler errechnet und auch veröffentlicht, wie

viele der Vernetzungen es im menschlichen Körper gibt und wie sie sich auswirken.
Kosmische und andere starke Strahlung können Moleküle zerstören, darunter auch einige Vernetzer.

Wenn das so ist, warum werden denn dann die Menschen nicht *noch* viel schneller alt?

Eine ausgezeichnete Frage. Wäre sie von Wissenschaftlern, die sich damit beschäftigen, früher gestellt worden, gäbe es heute wahrscheinlich schon eine Antwort darauf, und vielleicht wäre etwas dagegen unternommen worden.
Der Körper wehrt sich teilweise schon gegen die Vernetzung, wenn es auch keine perfekte Abwehr ist. Aus diesem Grunde altert der Körper nicht *noch* schneller.

Was für eine Abwehr ist das denn?

Weißt du noch, was ich dir über den ständigen Zusammenbruch und Wiederaufbau der Protein-Moleküle gesagt habe?
Während also im Verlauf dieses Prozesses die Moleküle ständig abgebaut werden, lösen sich die Vernetzer. Wenn sich dann ein neues Molekül gebildet hat, werden diese »Handschellen« nicht wieder angelegt. Daher kann das neue Molekül nun ungehindert arbeiten.

Einmal fesseln die Vernetzer die Makromoleküle – wie Leute in Handschellen. Dann gibt es wiederum eine Verteidigung, die diese Handschellen öffnet. Das verstehe ich nicht.

Du hast nur ein Wort vergessen, Junge. Eine *teilweise* Abwehr, denn mehr ist es nicht. Wenn die Vernetzung überhandnimmt, oder zufällig dort auftaucht, wo kein Abwehrmechanismus einsetzen kann, beginnen die Schwierigkeiten. Denn dann hilft auch keine Verteidigung mehr.

Was passiert dann?

Die Moleküle bleiben aneinandergekettet. Sie blockieren die Zellen, für die sie arbeiten sollten. Dadurch wird der Organismus geschwächt ... Er wehrt sich natürlich dagegen, verliert aber fortgesetzt an Boden. Es ist ungefähr so, wie wenn du einen Schritt vorwärts gehst und dann zwei zurück. Du kommst nicht dagegen an.

Weißt du das ganz genau?

Was ich über die im Körper vernetzten Makromoleküle erzählt habe, ist Tatsache. Ebenso wie diese Makromoleküle sind auch Vernetzungen im Organismus nachgewiesen; und daß die Makromoleküle durch die Vernetzung miteinander verkettet werden, ist ebenso sicher wie zwei mal zwei vier ist.
Dann habe ich noch gesagt, daß die zunehmende Altersschwäche auf die Querverbindung der Makromoleküle zurückzuführen ist. Dieser Punkt konnte bisher noch nicht völlig nachgewiesen werden. Meiner Meinung nach ist dies die beste und tatsächlich auch die einzige Erklärung, die den Vorgang einleuchtend und einfach erklärt.

Denken andere genauso darüber wie du?

Viele ja – Forscher, die sich besonders damit beschäftigen, wie zum Beispiel Dr. Zinsser von der Columbia Universität. Er hat Hinweise auf Querverbindungen in Proteinen menschlicher Arterien gefunden.
Dr. Rudzinska vom Rockefeller Institut verfolgte seinerseits an sehr kleinen, kurzlebigen Organismen, daß mit fortschreitendem Alter die Proteinbestandteile unlöslich werden; daß außerdem Überfütterung zu einem früherem Tod dieser Organismen führte.

Der berühmte Altersforscher Dr. Verzàr aus Basel sagt sogar ganz offen, daß es so aussieht, als sei die Vernetzung die »Wurzel allen Übels«.
Und Dr. Sinex von der Bostoner Universität führte Experimente durch, die eine mögliche Vernetzung als Alterungsursache zur Grundlage hatten. Die erzielten Resultate stimmen damit überein.
Schließlich hat Dr. Szilard von der Universität in Chicago anhand von Berechnungen gezeigt, daß Altern ein Zufallsprozeß ist. Und das würde genau mit dem übereinstimmen, was ich sagte. Es gibt noch eine Menge Beweismaterial von anderen Wissenschaftlern, das auch in diese Richtung deutet.
So viel ich weiß, ist gegen diese Theorie bisher noch nichts vorgebracht worden, daß sie widerlegen würde – obwohl es natürlich im Laufe der Jahre auch andere Theorien gab.

Aber wenn du die Gründe, warum die Menschen im Alter schwächer werden, zu kennen glaubst, kann denn dann nichts dagegen unternommen werden? Gibt es denn nicht irgendeinen Weg, den die Wissenschaftler einschlagen könnten, um diese Vernetzung aufzulösen, damit die Makromoleküle wieder frei würden, und die Menschen wieder jung und gesund werden, wie sie waren?

Es gibt schon einen Hoffnungsschimmer. Sobald wir nämlich wissen, wie etwas vor sich geht, findet sich auch meistens ein Weg, um es unter Kontrolle zu bringen.

Wie würdest du denn vorgehen, um die zunehmende Altersschwäche der Menschen in den Griff zu bekommen?

Wir müssen erst einmal genau herausfinden, wie diese Vernetzung entsteht und wie ihre exakte chemische Zusammensetzung ist. Dann müßte eine Menge Protein hergestellt werden –

mehrere Pfund – die ganz genauso vernetzt ist. Und danach – doch bevor ich fortfahre muß ich dich fragen, ob du überhaupt weißt, was ein Enzym ist?

Ist das nicht der Saft, den wir im Magen haben, damit das Essen verdaut werden kann?

Nun ja, ein Teil davon ist das schon und du weißt also im Grunde, worum es geht. – Wir würden also diese Enzyme nehmen – die Dinger, von denen du sagst, sie verdauen die Nahrung im Magen – und würden sie dazu benutzen, die Makromoleküle herauszulösen, also zu befreien. Wenn wir danach vernetzte Makromoleküle erhalten, aus denen die Enzyme nichts mehr herauslösen könnten, würden sie in einem Glasbehälter untergebracht und alle möglichen Schimmelpilze und Bakterien zugesetzt, um sie darauf wachsen zu lassen. Dr. Dubos vom Rockefeller Institut hat eine Möglichkeit, das zu bewerkstelligen. Wenn die Schimmelpilze und Bakterien nun keine Nahrung finden, gehen sie ein. Aber solche Schimmelpilze, die sich von diesen vernetzten Proteinen ernähren können, müssen mit einem Enzym ausgestattet sein, daß diese Vernetzung abbauen kann. Ist das verständlich?

Ja, ich glaub' schon. Du meinst, daß diese vernetzten Makromoleküle durch die Bakterien und Schimmelpilze »zerhackt« würden. Denn es wäre die einzige Nahrung, die sie bekommen können. Diejenigen, die dazu nicht in der Lage sind, müssen sterben. Aber die anderen, die es können, würden weiterleben und wachsen.

Das stimmt. Diese Bakterien oder Schimmelpilze, die auf den vernetzten Makromolekülen wachsen und gedeihen könnten, müßten mit einem Enzym ausgestattet sein, daß diese, wie du sagst, zerhacken. Wenn das der Fall ist, könnten wir eine

Menge davon züchten und ein Enzym daraus gewinnen, das die vernetzten Makromoleküle spalten kann. Daraus könnte dann eine Medizin hergestellt werden.

Ich verstehe. Wird Penicillin nicht auch aus Schimmelpilzen hergestellt?

Ja. Aber die Gewinnung von Penicillin und anderen Antibiotika aus Schimmelpilzen oder anderen Bakterien ist eine ganz klare Sache, von der wir wissen, wie sie gemacht werden muß. Natürlich ist der Prozeß mit harter Arbeit verbunden, und die Forscher, die solche Arbeiten durchführen, haben niemals gleich auf Anhieb Erfolg. Eine Medizin darf ja unter keinen Umständen schädliche Nebenwirkungen haben. Sie soll nur in der Richtung wirken, für die sie vorgesehen ist – in keiner anderen.

Das ist ja klar. Aber glaubst du, wenn du es oft genug versuchst, daß am Ende ein Enzym gefunden wird, das die Vernetzung abbauen könnte?

Ich glaube, das irgend jemand etwas finden würde, wenn er es auf diese Art versucht. Aber niemand kann im voraus sagen, wie lange es dauert und wieviel es kostet.
Die Chancen dahin zu kommen, sind ebenso groß, wie vor 150 Jahren die Chancen für die Entdeckung von Penicillin waren.

Keine sehr großen Chancen, was?

Aber Penicillin ist trotzdem entdeckt worden, obwohl es einen Haufen Geld und einen Krieg gekostet hat, um die Menschen dahin zu bringen, die Forschung rasch durchzuführen.

Wenn nun die Medizin gefunden würde, um die Vernetzung

abzubauen und die Makromoleküle damit wieder frei würden, könnten alte Menschen dann wieder jung werden?

Es hat keinen Sinn zu sagen, was geschehen würde, wenn ... Aber ich bin ziemlich sicher, daß es ein außerordentlich durchschlagendes Mittel zur Unterstützung der Gesundheit wäre, mit dem älteren Menschen im großen Umfang geholfen werden könnte. Wahrscheinlich würde es ermöglichen, die Menschen viel länger jung und am Leben zu erhalten.

Hat denn noch niemand versucht, dieses Mittel zu finden, das vor zu schnellem Altern schützen könnte?

Nach dem Bekanntwerden der Theorie hat ein Laboratorium mit grundlegenden Arbeiten begonnen. Aber es kostet viel Zeit und Geld. Die Wissenschaftler, von denen ich dir erzählte, haben uns während dieser Jahre durch ihre Teste ermutigt. Denn aus diesen Testen geht hervor, daß das Laboratorium wahrscheinlich auf der richtigen Spur ist. Dort werden natürlich Fortschritte gemacht, wenn auch langsam. Aber sie können überhaupt nicht mit denen bei der Entwicklung von Penicillin verglichen werden. Denn durch die Bedürfnisse, die der Krieg mit sich brachte, standen natürlich ungezählte Dollar und viele Hilfskräfte zur Verfügung.

Warum wird nicht die ganze andere medizinische Forschung gestoppt und nur an dieser Sache gearbeitet?

Einmal, weil andere Forschung notwendig ist. Die Menschen sterben an vielen Leiden, für die wir Heilmittel finden müssen. Zum anderen muß eine bestimmte geistige Sperre überwunden werden. Die Menschen betrachten Altern nämlich als etwas Unvermeidliches – etwas das geschieht und nicht geändert und verzögert werden kann.

Ist denn dieser Alterungsprozeß, von dem du sprichst, nicht eine Krankheit genau wie andere?

Es kommt ganz darauf an, wie du das Wort Krankheit definierst. Wenn du darunter Veränderungen im Körper verstehst, die deine Gesundheit untergraben, wie z. B. Arterienverkalkung, dann kannst du es als Krankheit bezeichnen. Das Wichtigste ist, wie mir scheint, daß wir den Alterungsprozeß verzögern, möglicherweise sogar zu einem gewissen Grade *umkehren* können.

Meinst du damit, daß jeder 800 Jahre alt werden könnte?

Wir machen zwar langsam Fortschritte, aber trotzdem könnten wir dem Ziel näher sein, als viele Menschen es jetzt für möglich halten.

Weil sie vergessen, daß die Menschen heute viel länger leben als z. B. in den Tagen der Wallfahrer?

Nein, alte Leute nicht. Das Kindersterben und die infektiösen Krankheiten der mittleren Lebensjahre wurden zwar eingedämmt. Aber ein Mensch von 60 Jahren hat heute keine wesentlich höhere Lebenserwartung als vor 150 Jahren.

Doch wenn ein Mensch 800 Jahre alt werden könnte, heute aber nur 71 Jahre lebt, würde es da nicht die denkbar wichtigste Forschung sein, zu versuchen, das Leben auf diese Weise zu verlängern und die Gesundheit während der ganzen Zeit zu erhalten?

Ich denke, das Leben sollte mehr Aufmerksamkeit verdienen, als es erhält.

Hat denn der Kongreß nicht Millionen und Abermillionen für medizinische Forschung ausgegeben, und zahlen wir nicht alle für das Rote Kreuz und ... Kann das Geld denn nicht für die Altersforschung ausgegeben werden?

Nein. Alle Mittel werden für die bekannten Krankheiten verwendet, an denen die Menschen ständig sterben. Wenn zum Beispiel ein Hundertjähriger an Lungenentzündung stirbt, kommen die Leute nicht auf die Idee, daß er sterben könnte, weil er 100 Jahre alt ist. Sie denken eben, er stirbt an Lungenentzündung.

Gerade darum! Wäre er jünger und weniger durch das Alter geschwächt, hätte sich sein Körper leicht gegen die Lungenentzündung wehren können.

Darüber denken die Menschen nicht nach, sie sehen nur die direkte Todesursache.

Für mich klingt das alles, als sei es die wichtigste medizinische Arbeit, die es gibt. Warum genehmigt der Kongreß nicht speziell dafür Geld? Oder auch die großen Versicherungsgesellschaften oder die pharmazeutischen Fabriken, vielleicht auch ein paar reiche Leute, warum setzen sich die Verantwortlichen nicht dafür ein?

Eines Tages wird das sicher geschehen. Aber bis dahin muß es eben so weitergehen wie bisher. Wir werden alt und sterben früher, als wir wollen und müßten.

Diesen Dialog über den Tod schrieb Dr. Johan Bjorksten bereits vor acht Jahren.
Es ist ein geradezu genial einfaches Konzept, in der Vernetzung von Makromolekülen, z. B. dem Kollagenprotein (Bindege-

webseiweiß) und den Nukleinsäuren, die Ursache des Alterungsprozesses zu erkennen.

Doch daß ausgerechnet ein Außenseiter wie der Biochemiker Bjorksten mit einer solchen Theorie aufwarten mußte, erschütterte die heiligen Hallen der Gerontologie erst einmal bis in die Grundfesten. Denn Dr. Bjorksten weist die in der Medizin festgefahrene Meinung, daß Menschen nicht an »Altersschwäche« sterben, in aller Entschiedenheit zurück. Ganz im Gegenteil. Nach der Ansicht von Bjorksten sterben die meisten Menschen an den Folgen des Alterns.

Inzwischen hat eine biochemische Entdeckung nach der anderen seine Theorie untermauert.

»Es ist geradezu hervorstehend in der Geschichte der Wissenschaft, daß fast immer ein halbes Jahrhundert vergehen mußte, bevor ein neues Konzept allgemein anerkannt und in die Tat umgesetzt wurde. Heute dauert es auf Grund besserer Kommunikationsmethoden nur noch etwa 25 Jahre.

Die Vernetzungs- bzw. Querverbindungstheorie (crosslinkage) wurde als grundlegender Prozeß des Alterns erstmalig 1941 bekannt gemacht und 1942 recht gut repräsentiert. Demzufolge dürften noch zwei oder drei Jahre vergehen, bis diese Theorie voll anerkannt wird und die damit verbundene Unterstützung erhält. Diese Erwägung dürfte sich angesichts der stark wachsenden Aufmerksamkeit und Mittel während der letzten Jahre als realistisch erweisen«, sagte Bjorksten vor einiger Zeit.

Das Laboratorium der »Bjorksten Research Foundation« liegt am Stadtrand von Madison in Wisconsin und dient ausschließlich der Grundlagenforschung über das Altern, mit dem Ziel, die aktive Lebenszeit des Menschen zu verlängern.

Dr. Johan Bjorksten wurde in Finnland geboren und gehörte dort der schwedischen Minderheit an. 1931 wanderte er nach Amerika aus. Heute ist der energiegeladene Biochemiker 67 Jahre alt, und mit seinen 65 Kilo bei 1,82 m zwar körperlich

»untergewichtig«, aber ansonsten der Schrecken all der Behörden, die er um Zuschüsse für sein Forschungsprojekt ersucht. Denn lehnen die Behörden sein Gesuch um Forschungsbeihilfe ab, publiziert Bjorksten den entsprechenden Schriftwechsel. Er erreicht damit wenigstens, daß die dafür Verantwortlichen in der Öffentlichkeit nicht gerade als »Leuchten« erscheinen.
Bjorksten hat sich durch seine vielen, provozierend scharfsinnigen Publikationen einen Namen und viele »Fans« gemacht. Auch im geschlossenen Zirkel der Gerontologen wird er seit langem mehr und mehr akzeptiert. Und da die neuesten biochemischen Erkenntnisse seine Theorie laufend bestätigen, wird sein Name auch dort mit Respekt genannt, wo er früher nur Beleidigungen erntete.
Wenn wir die Theorie von Bjorksten genau »unter die Lupe« nehmen, muß seine Idee absolut einleuchten.
Schon allein im Gewebe werden die Veränderungen durch die Vernetzung deutlich. Mangel an Feuchtigkeit, Verlust an Elastizität ... Vor allem aber läßt die Funktionstüchtigkeit des Organismus mehr und mehr nach.
Was Vernetzung bedeutet, sollte uns klar werden, wenn hin und wieder der Rinderbraten am Sonntag zäh ist wie Leder. Ein junges, butterweiches Kalbsschnitzel zeigt dagegen kaum Vernetzung.
Das Revolutionäre an Bjorkstens Konzept ist die Möglichkeit, diesen Vernetzungsprozeß durch bestimmte Enzyme rückläufig zu machen. Wäre es möglich, ihn ganz auszuschalten, könnte der Mensch nach Berechnungen von Dr. Simms achthundert Jahre alt werden – und so jung wie »damals«.
Ich fragte Dr. Bjorksten nun, ob er im Abbau der vernetzten Strukturen im Organismus immer noch eine Möglichkeit sehe, den Prozeß des Alterns umzukehren?
»Oder haben Sie Ihre Meinung geändert, seit Sie vor acht Jahren den ›Dialog über den Tod‹ geschrieben haben?« »Ganz und gar nicht«, erwiderte der Biochemiker. »Wir haben im Gegenteil sehr große Fortschritte gemacht.

Zur Zeit werden bestimmte, von uns entwickelte Enzyme von der ›Worthington Biochemical Freehold New Jersey‹ hergestellt«, fuhr er in fließendem Deutsch fort.
Auf meine erstaunte Frage erzählte mir Dr. Bjorksten, daß er in Finnland 8 Jahre Deutschunterricht gehabt habe und seine Lehrbücher in deutscher Sprache abgefaßt gewesen seien.
»Dann produzieren Sie also bereits ein Enzym, das in die Altersvorgänge eingreifen kann?«
»Ja, wesentlich dabei ist, daß das betreffende Enzym ein außerordentlich kleines Molekulargewicht hat, und so in die vernetzten Strukturen eindringen kann. Dort spaltet es notwendigerweise nicht nur die Vernetzungen – sondern überhaupt ... z. B. die Kohlenstoff- und Stickstoffverbindungen. Die Aggregate werden auf diese Weise wieder gelöst.
Da es so viele verschiedene Vernetzungen gibt, würde es sich nicht lohnen, sie spezifisch anzugreifen.
Das von uns entwickelte, unspezifische Enzym heißt M. P. B. (Micro Protein Bjorksten).«
»Haben Sie mit diesem Enzym schon Versuche durchgeführt? Und gibt es vielleicht bereits schon Resultate, aus denen hervorgehen würde, daß durch dieses Enzym der Alterungsprozeß rückgängig gemacht – und die Lebensspanne drastisch erhöht werden könnte, Dr. Bjorksten?«
»... werden könnte, jawohl! Aber das hängt eben von den zur Verfügung stehenden Mitteln und der Arbeit, die damit verbunden ist, ab. Stünde uns der gleiche Etat zu, der für Kreislauferkrankungen und Krebs verfügbar ist, ließe es sich verwirklichen.
Selbst wenn alle schweren Leiden auf einmal, von einem Tag auf den anderen kuriert werden könnten, würden damit im Höchstfall ungefähr 15 Jahre zusätzlicher, gefährdeter Existenz gewonnen. – Auf der anderen Seite könnte der Sieg über das Altern und die Erweiterung der Lebensspanne phänomenal sein. – Doch wir müssen uns auf die Enzyme konzentrieren und haben das auch getan.

Tierversuche wurden nur nebenbei, sozusagen ›mit der linken Hand‹ ausgeführt. – Da sind die ersten Resultate allerdings eher günstig als ungünstig«, formulierte Bjorksten zurückhaltend vorsichtig.

»Aber angenommen, Ihre Enzyme wären in der Lage, die Vernetzung im menschlichen Organismus vollständig abzubauen. Wie lange könnte der Mensch unter solchen Umständen schätzungsweise leben?«

»Darüber hat Dr. Simms eine Arbeit veröffentlicht. Er sagt: ›Nehmen wir an, daß die Altersveränderungen völlig rückgängig gemacht werden können oder so beeinflußt, daß der Mensch im Laufe seines Lebens ständig die Widerstandsfähigkeit eines Jugendlichen zwischen 15 und 20 Jahren beibehält. Dann könnte die durchschnittliche Lebensdauer 800 Jahre sein.

Und die Wahrscheinlichkeit *jetzt 105 Jahre* zu werden, entspräche *dann* der Wahrscheinlichkeit über *22 000 Jahre* zu leben. Voraussetzung dafür wäre ein hundertprozentiger Erfolg in der Beherrschung des Alterungsprozesses‹.«

»Nun, bei konservativer Einstellung läßt sich dazu sagen«, fuhr Bjorksten fort, »daß von diesen 800 Jahren, die Simms in Aussicht stellt, jetzt 10 Prozent möglich sein sollten. Das bedeutet, daß wir in wenigen Jahren 80 Jahre an unsere jetzige Lebensspanne anhängen können, und das heißt gleichzeitig, eine Verlängerung der *vitalen* Lebensjahre, ohne senile Jahre. Das ist das Potential«, schloß Dr. Bjorksten.

Die Schwierigkeit für Bjorksten wird wahrscheinlich sein, ein Enzym zu finden, daß *nur* die schädlichen Vernetzungen abbaut und nichts anderes. Denn die nicht zu übersehende Gefahr dabei ist, daß ein unspezifisches Enzym unter Umständen *alles* unspezifisch »zerhackt«. Damit wäre dann eine »geniale Lebensverkürzung« erreicht.

Aber bei Bjorksten ist wohl kaum mit einer solchen Gefahr zu

rechnen. Und vielleicht ist sein M. P. B. bereits das richtige Lebensverlängerungsenzym.
Inzwischen gibt es bereits Substanzen, die altes – unlösliches Kollagen in junges – lösliches umwandeln. Damit sieht es so aus, als sei wenigstens ein Vernetzungsproblem möglicherweise gelöst.
Den Professoren L. Bavetta und M. Nimmi von der Universität Südkalifornien ist es nämlich gelungen, mit einer abgewandelten Aminosäure – Penicillamin – erfolgreiche Experimente durchzuführen. Sie befassen sich hauptsächlich mit der Untersuchung der extrazellulären Matrix. Darunter ist das Material zu verstehen, das die Zellen umgibt und sich während des Altersprozesses anscheinend verändert. Die Untersuchung der Kollagenfasern ist dabei besonders wichtig, da sie das Gerüst sind, durch das Zellen und Gewebe zusammengehalten werden. Viele dieser Kollagenmoleküle verbinden und organisieren sich spontan zu einer Faser. Im Verlauf des Alterungsprozesses entstehen zwischen diesen Fasern nun Querverbindungen und Vernetzungen. Daher ist es besonders wichtig, die Natur dieser Vernetzung und ihre Anordnung, die sich im Laufe der Zeit vermehrt und verstärkt, zu ergründen.
Es stellte sich nun heraus, daß durch das Penicillamin die Bildung der Vernetzung verhindert wurde. An Tierexperimenten zeigte sich, daß nach Gaben von Penicillamin keine Vernetzungen mehr erfolgten. Die Kollagenfasern blieben elastisch und ließen sich auseinanderziehen. Es wird bereits von Kollagen-Verjüngungsexperimenten am Menschen gesprochen, aber leider ist nichts Näheres zu erfahren, da diese Experimente unter »top secret« laufen.

Doch um noch einmal auf Dr. Simms zurückzukommen. Was veranlaßte ihn, die mögliche menschliche Lebensspanne in der Zukunft mit 800 Jahren festzulegen?
Nach Ansicht einer Reihe von Wissenschaftlern ist es das

Gehirn, das die menschliche Lebensspanne begrenzt. Denn während sich alle anderen Organe austauschen oder regenerieren lassen, sterben die Hirnzellen langsam ab. Die etwa zehn Milliarden Gehirnzellen können Ausfälle nicht ersetzen. – Aber der abolute Hirntod tritt höchstwahrscheinlich erst mit 800 oder 1000 Jahren ein.

»Ist erst das Altern besiegt, sind der Wissenschaft Tür und Tor zu unbegrenzten wissenschaftlichen Erkenntnissen geöffnet«, schreibt der amerikanische Wissenschaftsautor Robert Prehoda im Hinblick darauf.

Wenn dieses Ziel erst einmal erreicht ist, könnte das menschliche Gehirn über Jahrhunderte eine ungeheure Wissensfülle speichern. Aber würde unser Gedächtnis das überhaupt verkraften? Gerade in bezug auf das Gedächtnis und die Erforschung des Gehirns sind in letzter Zeit interessante und äußerst aufschlußreiche Versuchsreihen durchgeführt worden.

So sperrte zum Beispiel Professor Richard Gay von der Western Michigan Universität eine Ratte in eine elektrische Folterkammer und lehrte sie fünf Tage lang das Fürchten. Dann wurde das Hirn des getöteten Tiers aufgelöst, zentrifugiert und diese Lösung einer nicht gefolterten Ratte injiziert. Diese Ratte benahm sich nach der Injektion genauso verängstigt wie die tatsächlich gefolterte Ratte. Denn mit der eingespritzten Hirnlösung war auch die Angst der gefolterten Ratte auf sie übertragen worden.

Der Pharmakologe Prof. G. Ungar vom Baylor Medical College der Universität Houston in Texas ging einen erheblichen Schritt weiter. Denn er übertrug die Erfahrungen seiner trainierten Ratten auf untrainierte Mäuse – Tiere einer anderen Gattung. Die Mäuse verhielten sich daraufhin genauso wie die trainierten Ratten. Daraus schloß Ungar, daß Teile der Gene (Genome) mit den injizierten Zellsuspensionen übertragen werden. Das heißt, mit der Injektion war den untrainierten Mäusen die Information über die Erfahrung der Ratten übertragen worden.

Doch das genügte Ungar nicht mehr, da er durch seine Experimente zu der Erkenntnis gelangt war, daß es sich bei den Gedächtnisstoffen um eine bestimmte Hirnsubstanz handelt. Er entschloß sich daher, keine Zellsuspensionen aus dem gesamten Hirnbrei mehr zu injizieren, sondern nur den Gedächtnisstoff, der sich auf eine bestimmte Trainingsphase bezog.

Gedächtnisstoffe im Gehirn sind winzige, selbst unter dem Elektronenmikroskop kaum sichtbare »Körnchen«.

Ungar benutzte nun ganze Rattenhorden – viertausend – und jagte ihnen durch Stromstöße Angst vor dunklen Schlupflöchern ein. Er brachte den Tieren »Dunkelangst« bei. Danach wurden die Hirne der getöteten Ratten – zehn Pfund – zu einem Brei verarbeitet. Aus dieser Hirnmasse suchte Ungar mit Hilfe ausgeklügelter technischer Apparate – durch Sieben, Zentrifugieren und Filtern, die Gedächtnismoleküle immer mehr einzukreisen. Ein Teil nach dem anderen wurde herausgefiltert und an Tieren kontrolliert, ob die Wirksubstanz noch darin enthalten war. Alles, was schließlich an wirksamer Substanz aus zehn Pfund Rattenhirn übrigblieb, war 1,5 Tausendstel Gramm aus einunddemselben Stoff.

Eine winzige Menge, die Ungar Scotophobin (gr. Scotophobie = Dunkelangst) nannte, hatte bei den Ratten die erlernte Angst vor der Dunkelheit festgehalten.

Als dann die Verbindung »Dunkelangst« analysiert wurde, stellte sich heraus, daß dieser Gedächtnisstoff eine eiweißartige Substanz ist. Die einzelnen Gedächtnismoleküle bestehen aus jeweils fünfzehn aneinandergereihten Aminosäuren, wie das Eiweiß.

Bereits einige Monate drauf konnte der deutsche Biochemiker Wolfgang Parr einige Mikrogramm künstlichen Scotophobins herstellen. Ungar spritzte seinen Ratten das »künstliche Wissen« Dunkelangst ein und konnte feststellen, daß auch damit bei den Ratten panische Angst vor dunklen Löchern ausgelöst wurde.

Doch Scotophobin ist nicht das einzige synthetische Gedächtnismolekül. Denn inzwischen ist der Göttinger Biochemiker Dr. Helmut Lackner dabei, ein weiteres Gedächtnismolekül synthetisch herzustellen. Es heißt Amelitin und wurde aus 6000 Rattenhirnen gewonnen, die gelernt hatten, auf ein schrilles Klingelzeichen zu reagieren.
All das ist schon erstaunlich genug. Aber es kommt noch viel besser. Professor Ungar hat sogar vor, Gedächtnismoleküle von Ratten an sich selbst zu erproben: Ein Selbstversuch, der entsprechendes Aufsehen erregen dürfte.

Es ist also durchaus kein Hirngespinst zu sagen, daß wir früher oder später in der Lage sein werden, ganze Wissenszweige synthetisch zu fabrizieren und den Menschen in Form von Wissensmolekülen einzuspritzen.
Und da ja – wie hinreichend bekannt ist – nur der zehnte Teil unserer Gehirnmasse momentan aktiv ist, stehen die »restlichen neun zehntel« vorläufig ungenutzt zur Verfügung. Aber sobald unsere Lebensspanne auf mehrere hundert Jahre erweitert sein wird, könnte diese ungenutzte Gehirnmasse mit synthetischem Wissen angefüllt werden, das wir dann hoffentlich auch verwerten können.

IX

Das Verjüngungs-A-B-C-D-E

»Der Mensch kann 500 Jahre alt werden.«
Diese Behauptung brachte den Arzt Dr. Herman Le Compte, Präsidenten der »Belgischen Geriatrischen Gesellschaft« in allerlei Schwierigkeiten.
Ein wahrer Eulenspiegel, ließ er in einem Interview auch noch provozierend hintergründig verlauten: »Vielleicht werde ich tausend Jahre leben.«
Und damit hatte er ins Fettnäpfchen getreten. Denn diese Behauptung wurde ihm als unlauterer Wettbewerb ausgelegt! Die Ärztekammer Westflanderns empörte sich derartig, daß sie Le Compte sechs Wochen Berufsverbot auferlegte.
Doch der kümmerte sich keinen Deut darum und behandelte seine Patienten seelenruhig weiter. Ein internationales Publikum, vom Zigeuner bis zum Abkömmling aus königlichem Geschlecht, ließ sich auch von der vor der Villa des Verjüngungsdoktors lauernden Polizei nicht abschrecken, die vorerst, in momentaner Ohnmacht, fleißig Autonummern notierte. Bis die Ärztekammer schließlich erwirkte, daß dem ruchlosen Sünder gegen die lauteren Gesetze ärztlicher Ethik eine dreimonatige Gefängnisstrafe aufgebrummt wurde.
Der »Sträfling« Le Compte saß also gemeinsam mit Dieben, Zuhältern und Betrügern hinter den Gefängnisgittern von Brügge, während draußen die Hölle los war. Die aufgebrachte Öffentlichkeit und seine ihn fanatisch bewundernden Anhänger rotteten sich zu geballter Kampfkraft zusammen und belagerten das Gericht. Indessen verteidigte ihn seine international bekannte Frau, die Bildhauerin Begga d'Haese mit »Zähnen und Krallen«, wie es heißt. Seitdem wird sie von der Bevölkerung liebevoll die »Tigerin« genannt.
Nur zu schnell mußte die »Gerechtigkeit« dem öffentlichen Aufschrei nachgeben. Der Not gehorchend wurde Le Compte nach 48 Stunden unwillig auf freien Fuß gesetzt und durfte sogar seine Verjüngungspraxis wieder aufnehmen.
Der vollbärtige Arzt vervollständigt die bildhauerischen

Schöpfungen seiner immens begabten Frau als Kunstwerk ganz eigener Art. Hinter einer Fassade bestechend liebenswürdiger Manieriertheit, die Le Compte durch wohlerwogene Exzentrik glaubhaft zu machen versteht, ist scharfsinnige Schläue verborgen. Beigaben wie Bambusstöckchen mit Silberknauf, gesucht ausgefallene Twen-Modeschöpfungen und – nicht zu vergessen das Tüpfelchen auf dem i – die lange Kette mit kunstvollem Anhänger, runden das gewollte Bild ab.

Seine ihm abgeneigten Gegner lassen sich natürlich gerade durch dieses äußere Erscheinungsbild bluffen und erbosen sich über seinen unbotmäßigen Reichtum, den Le Compte nur zu gern bestätigt, und der ihm von seinen gern zahlenden Patienten reichlich zufließt.

Für medizinische Kreise sind die Le Compteschen Methoden und Ideen über das Altern ein wahrer Schlag ins Gesicht. Aber paradoxerweise ist er gleichzeitig der anerkannt führende Gerontologe seines Landes und arbeitet sogar mit Unterstützung der belgischen Regierung.

Seine Hollywood-Film-Stoff-Vergangenheit läßt an Romantik ja auch nichts fehlen. Das Eingeborenenhospital im Belgischen Kongo spielt darin ebenso eine Rolle wie die isolierte Leprakolonie, deren dankbare Eingeborene ihm zu Füßen lagen. Später folgt dann die Rettung politischer Gefangener, die Le Compte eigenhändig per Flugzeug in die Freiheit beförderte und darüber in Konflikt mit den afrikanischen Behörden geriet.

Heute lebt der 45 Jahre alte Arzt mit seiner Frau und neun eigenen Kindern in einer schneeweißen Villa zwischen den Sanddünen der belgischen Küste in dem Badort Knokke-Zoute. Er und seine Familie sind die lebende Reklame für seine Verjüngungsmethoden.

Es wäre allerdings ein Fehler, sich durch den Exhibitionismus von Le Compte täuschen zu lassen und ihn nicht ernst zu nehmen. Denn wie der echte Eulenspiegel hat auch er eine Sendung. Seine Ansichten erregen weltweites Aufsehen. Und

zusammen mit dem amerikanischen Gerontologen Denham Harman sowie dem russischen Gerontologen Komarov wurde Le Compte für den Nobelpreis vorgeschlagen.
Der belgische Arzt glaubt, daß jetzt eine Möglichkeit vorhanden ist, der Menschheit mit einem Mittel zu helfen, gegen die natürliche Tendenz des Organismus, sich selbst zu töten, anzukämpfen – und so das Leben drastisch zu verlängern.
Le Compte ist nämlich der Ansicht, daß das Altern die Ursache von Mangelerscheinungen im Organismus ist; vor allem durch Vitaminmangel und Oxidationsprozesse im Körper verursacht. Mit fortschreitendem Alter nehmen auch die Mangelerscheinungen, wenn sie nicht bekämpft werden, zu. Doch wenn diese Veränderungen kontrolliert würden, könnte der Mensch 500 Jahre oder länger leben, sagt Le Compte. Und seiner Meinung nach müßte die Altersbehandlung einsetzen, sobald die Kinderheilkunde aufhört.
Und, wie könnte es anders sein, Dr. Le Compte stellte drei Gesetze über das Altern auf.
Erstens: Altern schreitet dort am schnellsten fort, wo die Mangelerscheinungen am größten sind und am häufigsten auftreten. Gesetz Nummer zwei ist eine Erweiterung des ersten und besagt: Mangelerscheinungen verursachen den Alterungsprozeß.
In diesem Zusammenhang wurden Ernährungsexperimente von dem Amerikaner McCay und dem Engländer A. Comfort durchgeführt. Dr. C. McCay von der Cornell Universität ist einer der führenden Experten im Zusammenhang mit Ernährung und Altern. Er glaubt, daß in der Diät der Schlüssel zum längeren Leben zu finden ist. Über 25 Jahre führte er Ernährungsexperimente mit Ratten durch. McCay ging von der Voraussetzung aus, daß Ernährungsmängel für alle möglichen Krankheiten, Blindheit, allgemeine Gebrechlichkeit, vorzeitiges Altern, sogar für den Tod verantwortlich sind. Es müßte also möglich sein, folgerte er, den Körper durch zusätzliche

Vitamine und Nährstoffe jung zu erhalten und dadurch vielleicht das Leben zu verlängern. Er experimentierte mit zwei Rattengruppen zum Vergleich. Während die eine so viel und lange sie wollte fressen durfte, wurde die andere Gruppe in der Kalorienzufuhr beschnitten, erhielt aber die gleiche Menge Protein, Mineralien und Vitamine. Diese Diätgruppe alterte viel langsamer. Als diese Ratten 1000 Tage alt waren – einer Zeit, die hundert menschlichen Lebensjahren entspricht – waren sie noch nicht voll ausgewachsen, aber gesund und normal, quicklebendig und ihr Fell glänzte.
Nun setzte McCay die Tiere auf Normalkost, und im Nu waren sie ausgewachsen. Sie wurden doppelt so alt wie die anderen Ratten.
Der Gerontologe A. Comfort von der Universität London unterfütterte dagegen seine Versuchsmäuse, das heißt, er ließ sie von sieben Tagen zwei hungern, und verlängerte damit ihr Leben um 50 Prozent.
Dazu sagt Le Compte nur, Comfort hat das Pferd am Schwanz aufgezäumt. Das Leben der unterfütterten Mäuse wurde nicht verlängert, vielmehr wird das Leben normaler Labor-Versuchstiere durch Überfütterung und zu wenig Bewegung verkürzt.
Er beharrt darauf, daß Unterernährung, genauso wie andere Ursachen, nur schädlich sein können.
Nach dem dritten Le Compteschen Gesetz muß der Stoffwechsel immer positiv erhalten werden, dann können wir ewig leben, oder: Jugend ist ein Besitz, den wir in der Lage sind zu erhalten, wenn wir wollen.
Bei allem Wohlwollen, dieses Gesetz klingt doch wohl ein wenig zu vage und gleicht eher einem Schlagwort als einer medizinischen Grundregel.
Auf jeden Fall behandelt Dr. Le Compte seine Patienten nach einer bestimmten Regel, um Mangelerscheinungen so weit wie möglich zu kompensieren.

Seine Grundbehandlung, mit der er außerordentliche Erfolge verzeichnen kann, besteht aus einer Mischung der Vitamine A, B_5, B_6, C und E. Dazu kommt die Behandlung mit einem Präparat aus Magnesium, Schwefel und Jod. Des weiteren Adenosintriphosphat (ATP), dem Extrakt aus Leberzellen und Nebennierenhormonen. Doch darüber hinaus gibt es noch einiges, über das Dr. Le Compte Stillschweigen bewahrt. In einem Gespräch fragte ich Dr. Le Compte, was er unter Altern versteht und erfuhr, daß er darunter einen Oxidationsprozeß versteht, wie Professor Denham Harman.

»Ich stimme da völlig mit Harman überein«, erklärte er. »Wir müssen Antioxidantien (Mittel, die das Ranzigwerden von Fetten verzögern) verabreichen, wie z. B. die Vitamine A, C, E und auch synthetische Antioxidantien.

Was ich bereits vor zehn oder zwanzig Jahren über bestimmte Vitamine sagte, wird nun durch die Wissenschaft immer mehr bestätigt. So wurde in den letzten Tagen meine Vitamin-E-Theorie durch israelische Forscher untermauert.«

Le Compte bezieht sich hier auf eine Behauptung einiger Wissenschaftler aus Haifa, Israel, die den Stoff gefunden haben wollen, der das Altern hemmt und das Leben um viele Jahre verlängert – Vitamin E. Es ist in vielen Pflanzenfetten enthalten und verlangsamt den Alterungsprozeß der Zellen. Aus Tierexperimenten geht hervor, daß die damit behandelten Tiere ihre Artgenossen weit überlebten.

»Und was die Lebensverlängerung anbelangt, wenn Sie mich fragen, ich bin da der gleichen Meinung wie russische Wissenschaftler in Kiew«, fur Le Compte fort. »Es ist jetzt schon möglich, die Lebensspanne auf 200 Jahre heraufzusetzen. Aber das Wichtigste ist, dabei jung zu bleiben.

Sobald wir aber alle Oxidationsfaktoren in unserem Organismus gefunden haben und dazu alle Antioxidantien herstellen können, bedeutet das gleichzeitig, daß wir das Leben für Hunderte von Jahren verlängern können. Aber bis es soweit ist,

vergehen schon noch einige Jahre – vielleicht dauert es sogar bis zum Jahr 2000.
Aber wir haben jetzt schon Möglichkeiten 130, 150, 180, 200 Jahre zu leben. Und das ohne große Anstrengung. – Das sind unsere Möglichkeiten.«
Der prominenteste Anhänger von Dr. Le Compte dürfte wohl Professor Northcote Parkinson sein. Er wurde durch die »Parkinsonschen Gesetze« berühmt, in denen ironische Regeln über das Wachstum bürokratischer Einrichtungen aufgestellt werden. Northcote Parkinson schrieb auch die Einführung zu einem Buch von Le Compte, deren teilweise heftige Angriffe gegen die Ausübung medizinischer Praxis Prinz Philip veranlaßten, diese an das »Royal College of General Practitioners (Königliche Akademie für Praktische Ärzte) in London zur Stellungnahme weiterzuleiten. Berühmtester Patient von Le Compte war wohl Robert Kennedy, der genau wie sein Bruder, der amerikanische Präsident John F. Kennedy, politischem Meuchelmord zum Opfer fiel.
Bevor Robert Kennedy den belgischen Arzt aufsuchte, hatte er vergeblich versucht, sich durch amerikanische Ärzte von quälenden Rückenschmerzen heilen zu lassen. So wird jedenfalls behauptet. Der »Wunderdoktor«, wie ihn seine Patienten nennen, unterzog ihn einer sechswöchigen Kur mit bestimmten Vitaminspritzen, Spurenelementen und Organextrakten, die seinen Zustand rasch besserten.

Le Compte sagt, es herrsche immer noch die weitverbreitete Ansicht, auch unter Ärzten, daß eine Reihe sogenannter Alterserscheinungen wie Rheuma, Arterienverkalkung, Gicht und andere Leiden, einfach als unumgängliches Übel zu betrachten seien. Aber seiner Ansicht nach könnten diese Leiden durch eine entsprechende Vorbeugebehandlung vermieden werden. Dazu gehöre vor allen Dingen eine Entschlackung des Körpers bei gleichzeitiger Zuführung aufbauender Stoffe.

Denn diese Krankheiten würden durch Mangelzustände verursacht.
Besonders bei älteren Menschen kann Le Compte ausgezeichnete Heilerfolge verzeichnen. Seiner Meinung nach muß der Körper jedes Kranken, ungeachtet des Alters, erst einmal aufgebaut werden: das heißt, die Widerstandskraft zu aktivieren, um dann Leiden viel leichter heilen zu können.
Dr. Le Compte ist nicht der einzige, der in gezielter Behandlung u. a. mit Vitaminen und in richtiger Ernährung große Möglichkeiten sieht, den Alterungsprozeß bis zu einem gewissen Grade zu beeinflussen.
Der zweifache Nobelpreisträger Professor Linus Pauling vom Linus Pauling Institut in Menlo Park, Kalifornien, sagt zum Beispiel: »Ich bin zur Schlußfolgerung gekommen, daß es sehr wohl möglich ist, den Prozeß des Alterns durch entsprechende Ernährungsweise und Zufuhr bestimmter Vitamine für die meisten Menschen zu verlangsamen und auf diese Weise durchschnittlich zwanzig zusätzliche Lebensjahre in bester Körperverfassung zu gewinnen. Und meiner Meinung nach wird es möglich sein, im Laufe der Zeit Hunderte von Krankheiten durch hohe Vitamingaben unter Kontrolle zu bringen.«

Die Forschung über die Ernährung und das Altern steckt zum Teil noch in den Kinderschuhen. Doch Forscher in aller Welt arbeiten an diesem Problem. Eines der wichtigsten Vitamine, dem sie auf der Spur sind, ist das Vitamin E, chemisch Tocopherol bezeichnet. Wie sich aus Experimenten ergeben hat, kann es direkt in den Alterungsprozeß eingreifen.
Vitamin E gehört zu den Antioxydantien, von denen schon Dr. Le Compte spricht. Denn es verhindert die Zerstörung lebenswichtiger, empfindlicher Substanzen in unserem Körper durch die Luft – den Sauerstoff – den wir zum Leben so notwendig brauchen.
Dieser Sauerstoff, ohne den wir ersticken würden, entwickelt

aber in unserem Körper giftige Oxydationsstoffe aus Fettsubstanzen in der Leber.
So wie Fett – Butter oder auch Schmierfette – an der Luft mit der Zeit ranzig, also zerstört werden, geschieht das gleiche auch in unserem Körper.
Vitamin E wurde bereits 1922 entdeckt. Doch seine wahre Bedeutung ist erst in den letzten Jahren erkannt worden. Und erst in neuester Zeit versuchen Wissenschaftler, die Geheimnisse dieses Wirkstoffes voll und ganz zu ergründen.
Schon vor Jahren wurde festgestellt, daß Ratten, denen man Vitamin E in Experimenten entzogen hatte, unfruchtbar wurden; doch als in weiteren Versuchen keine übermäßige Potenzsteigerung durch Vitamin E erreicht werden konnte, wurden die Experimente erst einmal eingestellt.
Viel später wurde die Wissenschaft durch den Leistungssport dann wieder auf Vitamin E aufmerksam. Russische und amerikanische Wissenschaftler hatten nämlich festgestellt, daß bei Leistungssportlern der sogenannte »tote Punkt« nach Einnahme von Weizenkeimöl entfiel. Weizenkeime sind von Natur aus besonders Vitamin E haltig. In hundert Gramm Weizenkeimöl ist bis zu einem halben Gramm davon enthalten.
Inzwischen häufen sich die Forschungsergebnisse aus aller Welt. Es geht daraus hervor, daß Vitamin E unter anderem herzstärkend ist, den Stoffwechsel unterstützt, das Überleben der roten Blutkörperchen erhöht und eine ähnliche Wirkung hat wie das Herzmittel Digitalis, ohne dessen giftige Nebeneffekte, denen es sogar entgegenwirkt. Vitamin E verhütet Arterienverkalkung durch Senkung des Gesamtfettgehaltes des Blutes und soll bereits vorhandene Schäden rückläufig machen. Gleichzeitig ergab sich aus Experimenten, daß Vitamin E eine gefäßerweiternde Wirkung hat, wodurch die natürliche Durchblutung verbessert wird. Die Hirnanhangdrüse spielt im gesamten Hormonhaushalt des Menschen eine zentrale Rolle. Und hier fanden Forscher einen besonders hohen

Vitamin-E-Gehalt. Bei einer gestörten Hormonversorgung des Organismus kann die Hirnanhangdrüse durch hohe Vitamin-E-Gaben so angeregt werden, daß sich der Hormonhaushalt wieder einreguliert.

Andererseits zeigte sich aus Tierexperimenten, daß durch Vitamin-E-Mangel schwere Störungen auftraten. Ratten erlitten schwere Bindegewebsschäden, Totgeburten, Unfruchtbarkeit, Leberschäden und Muskelerschlaffungen. Bei Affen, Hunden, Hühnern und Schafen traten Entartungserscheinungen der Muskeln auf, sie wurden gelähmt, bekamen Krämpfe, Muskelversteifungen und Herzmuskelschwäche.

Die gleichen Mangelerscheinungen wie bei den Tieren lassen sich beim Menschen wohl erst nach jahrelangem, striktem Entzug von Vitamin E feststellen. Das einzige, bis jetzt nachweisbare Krankheitsbild beim Menschen durch Mangel an Vitamin E entsteht durch übermäßigen Fettgenuß ohne Vitamin-E-Gehalt. Dabei kommt es zu Ablagerungen giftiger Fettstoffwechsel-Produkte in Leber und Gehirn. Daraus entsteht eine bestimmte Art der Gehirnerweichung.

Im Organismus von Kindern und Jugendlichen, die an Fibrose litten (zystische Bauchspeicheldrüse mit Todesfolge), wurden ähnliche Giftstoffe gefunden. Auch bei dieser Krankheit schließen Wissenschaftler auf Vitamin-E-Mangel, da die Aufnahme des fettlöslichen Vitamins gestört ist.

Der wichtigste Faktor an Vitamin E ist jedoch die Tatsache, daß es die Wirksamkeit aller anderen Vitamine unterstützt.

Der NASA-Wissenschaftler Dr. Jaime Miquel weist darauf hin, daß sich mit der Anhäufung von Fehlern in der Zelle Giftstoffe ansammeln, die die Tendenz haben, den Todesprozeß zu beschleunigen. Er glaubt, in Vitamin E ein geeignetes Mittel gegen diese Giftstoffe gefunden zu haben. Er konnte bereits das Leben von Fruchtfliegen durch regelmäßige Vitamin-E-Gaben erfolgreich verlängern.

Im Institut für klinische und Experimentelle Medizin in Onta-

rio, Kanada, wurden inzwischen Tausende von Herzkranken durch regelmäßige Vitamin-E-Behandlung geheilt.
In einem Artikel über Vitamin E stolperte ich über die Feststellung des Biochemikers Dr. Gottfried Juppe: »Das Altern ist biologisch nicht notwendig.« Nach einigen Mühen trieb ich den Privatdozenten in der Technischen Universität München auf. Ich fragte Dr. Juppe, was ihn zu dieser Äußerung veranlaßt habe.
»Aus logischen Gesichtspunkten gibt es gar keinen Grund, warum der Mensch altern muß«, antwortete er, »aber wir altern natürlich trotzdem, und dagegen läßt sich auch mit Vitamin E sicherlich nicht allzuviel ausrichten.«
»Aber es wird doch behauptet, Dr. Juppe, daß Vitamin E unter anderem auch als Antioxydant wirkt.«
»Das ist vorerst noch eine Theorie, daß es als Antioxydant, also Radikalfänger funktioniert, die erst noch auf ihre Stichfestigkeit geprüft werden muß. Und dazu müssen erst einmal in der Biochemie und Mikrobiologie neue Ansatzpunkte gefunden werden. Mit Vitamin E wird u. a. auch viel Hokuspokus getrieben.«
»Wenn also der Mensch nicht biologisch altern muß, Dr. Juppe, kann man dann das Leben verlängern?«
»Ja, ich würde sagen mittelfristig gesehen sicherlich, kurzfristig nein. Denn wir brauchen noch viel mehr Kenntnisse über die Biochemie der Lebensvorgänge. Es gibt zwar schon einige, aber ich glaube, daß es irgendwie noch an der zündenden Idee fehlt. Doch ich bin sicher, daß man in der Zukunft das Leben um einige Jahrzehnte verlängern kann. Im übrigen wissen Sie ja, daß die nachweisbar beste Lebensverlängerung in Tierexperimenten durch ganz strenge Diät erreicht wurde. Denn dadurch wird der Organismus einfach weniger belastet.
Es gibt zwei Ansatzpunkte, das Leben zu verlängern. Der eine ist, durch die Wissenschaft in die Alterungsvorgänge einzugreifen, und daran sind Sie ja interessiert«, sagte Dr. Juppe; »und

der zweite ist die gesündere Lebensweise, die auf jeden Fall durchführbar ist – kein Übergewicht, nicht rauchen, kein Streß; also natürliches Leben. – Vom wissenschaftlichen Standpunkt aus sind die ersten Anfänge, von dem was zu erreichen ist, gemacht worden, um nun zu sagen, schön – nun kann man also ruhig auf 150 Jahre hinarbeiten.«

Die Ansicht von Dr. Juppe, daß die Wirkung von Vitamin E als Radikalfänger noch nicht erwiesen sei, wird durch viele Forschungsergebnisse widerlegt. Eindeutig ist jedenfalls, daß Vitamin E tatsächlich als Antioxydant funktioniert. Und die Wichtigkeit der Lebenweise und Ernährung, auf die er hinweist, wird immer mehr bestätigt.

Aus neuesten Erkenntnissen der amerikanischen Wissenschaftler Dr. R. Wurtman und Dr. J. Fernstrom vom »Massachusetts Institute of Technology« (MIT) geht hervor, daß die Art und Zusammensetzung unserer Nahrung die chemischen Abläufe im Gehirn entscheidend beeinflußt. Es sieht so aus, als ob durch diese Veränderungen der Schlaf, das Triebleben, der Appetit und andere Verhaltensweisen des Menschen bestimmt werden. Das heißt ganz einfach: Ein Steak oder Spaghetti können sich ganz unterschiedlich auswirken.

Aus den Tierversuchen der amerikanischen Forscher ergab sich, daß die Konzentration des Gewebshormons Serotonin im Gehirn durch verschiedene Komponente in der Nahrung verändert wird. Während Serotonin durch stark eiweißhaltige Nahrung wie Fleisch, Milch und Fisch herabgesetzt wird, erhöht es sich durch Kohlehydrate wie Teigwaren und Zucker. Als man Katzen im Verlauf der Experimente Serotonin entzog, stellte sich heraus, daß sie unter Schlaflosigkeit bzw. schlechtem Schlaf litten. Ratten, die man ebenso behandelte, wurden – ob Männchen oder Weibchen – zu extremer Sexualität angeregt. Dagegen machte die Ratten ein erhöhter Serotoninspiegel im Gehirn appetitlos und schläfrig.

Dr. Wurtman schließt daraus, daß sich Serotonin auf die »Wachsamkeit« des Gehirns auswirkt und die Stimmung, das Interesse, die Motivation und Unternehmungslust des Menschen bestimmt. Durch die Zusammensetzung einer Mahlzeit wird also nicht nur der ganze Stoffwechsel beeinflußt, sondern auch die Hirntätigkeit kann dadurch innerhalb einer halben Stunde geändert werden.

Doch zurück zum Alterungsprozeß.
Dr. Tappel von der Universität Kalifornien, Abteilung für Ernährungswissenschaft und Technologie, ist der Ansicht, daß sogenannte Bruchstücke von Molekülen freie Radikale wahrscheinlich den Prozeß des Alterns im Körper beeinflussen. Er glaubt, daß alles Leben anscheinend durch eine innere Uhr bestimmt wird, die das Leben des einzelnen und der Arten beendet. Im Falle der meisten Menschen läuft diese Lebensuhr durchschnittlich zwischen 60 und 75 Lebensjahren ab. Wir sterben, wie er meint, wahrscheinlich an Krankheiten wie Nierenleiden, Krebs oder Herzversagen. Aber welche Krankheit auch immer die letzte sein mag, so hat sie doch keinen Einfluß auf unsere, durch die Art bestimmte Lebensgrenze. Das Leiden, dem wir schließlich erliegen, bestimmt wohl nur die Art und Weise unseres Sterbens. Wo immer wir unsere »Hütten aufschlagen«, sei es auf Pfählen im Mekongdelta, unter heißer Wüstensonne oder in einer mit Plüschmöbeln ausstaffierten Wohnung in der Fifth Avenue, in der wir uns sicher fühlen »mit der besten ärztlichen Betreuung, die für Geld erhältlich ist«, kommen wir dennoch nicht um die Tatsache herum, daß die meisten von uns zwischen ihrem sechzigsten und fünfundsiebzigsten Geburtstag diesen Festtag zum letzten Mal feiern. Viele sogar früher und nur wenige später.
Aus dieser Tatsache leiten viele Physiologen einen außerordentlichen Zwang ab, der unsere Körperzellen in der Lebensdauer begrenzt.

Es ist schon längst kein Geheimnis mehr, daß wir durch die Einwirkung von Strahlen schneller altern.
So haben russische Wissenschaftler in langjährigen Untersuchungen festgestellt, daß zwischen der Sonnenstrahlung und Herz- und Gehirnerkrankungen Zusammenhänge bestehen. Anlaß dazu war eine steigende Kurve von Herzinfarkten und Kreislaufstörungen innerhalb weniger Tage in sowjetischen Städten. Ihre Anzahl überstieg die der sonst in einem Monat registrierten Fälle.
Aus Vergleichsstudien ging hervor, daß während dieser Zeit eine große Gruppe von Sonnenflecken zum Sonnenzentrum wanderte. Die dabei gemessenen Sonnenausstrahlungen im 200-Megahertz-Bereich waren etwa 99mal höher als normal. Die Wissenschaftler sehen daher einen Zusammenhang von entscheidender Bedeutung zwischen diesen kosmischen Vorgängen und der Entstehung von Herzmuskelleiden und Gehirnerkrankungen. Bereits bestehende Gefäß- und Herzkrankheiten können sich bei einer Reizung des Nervensystems durch elektromagnetische Impulse noch verschlimmern. Nach Erkenntnis der russischen Forscher beeinträchtigt Sonnenstrahlung die menschliche Reaktionsfähigkeit und das Nervensystem. Aus Experimenten ergab sich außerdem, daß das Reaktionsvermögen von Autofahrern nach Sonnenausbrüchen viermal so langsam ist wie gewöhnlich. Und aus einer statistischen Untersuchung von hunderttausend Autounfällen ging hervor, daß die überwiegende Mehrzahl nach Sonnenausbrüchen verzeichnet wurde.
Es ist bekannt, daß kosmische Strahlen in jede unserer Körperzellen eindringen können. Sobald das geschieht, kann Lipidperoxydation entstehen, Fette mit anormal hohem Sauerstoffgehalt, aus denen sich freie Radikale entwickeln. Das sind Atome oder Atomgruppen, Molekülteile, mit einem oder höchstens zwei Elektronen, die sehr reaktiv sind. Diese freien Radikale sind so reaktionsfreudig, weil sich die einsamen

Elektronen zu Paaren vereinigen möchten. Die Lebensdauer der freien Radikale schwankt zwischen Sekundenbruchteilen und Wochen. Je reaktiver, um so kurzlebiger sind sie.
Die Biochemie begann sich für diese Radikale im Zusammenhang mit dem Strahlenschutz zu interessieren. Dadurch, daß Wasser im Organismus durch energiereiche Strahlen in zwei Radikale gespalten wird, können Strahlungsschäden entstehen. Die Radikale greifen das Gewebe an. Durch die Atomwaffen ist die Forderung nach einem Strahlenschutz nur zu akut geworden. Und aus diesem Grunde soll durch Verabreichung von Radikalabfängern ein innerer Strahltenschutz für den Organismus geschaffen werden.
Professor Dr. med. Denham Harman von der Universität Nebraska sieht im normalen Stoffwechsel des Organismus eine Quelle für Radikale. Sie können nach Ansicht von Harman aus den verschiedensten Verbindungen entstehen, wenn diese mit molekularem Sauerstoff O_2 reagieren.
Diese Oxydationen bewirken ähnliche biologische Schäden wie das Altern. Dazu gehören zunehmende Veränderungen am Kollagen und Elastin (Eiweißstoffe des elastischen Bindegewebes), der Gefäßwände und an den Chromosomen. Dazu kommt die Bildung von Lipofuszin (Alterspigmente). Das sind nichtlösliche Abfallprodukte-Substanzen, die sich im Verlauf des Alterungsprozesses in bestimmten Zellen ablagern und dort bis zum Tod der Zelle unverändert bleiben. Daß die Zellen unter diesen Umständen weniger funktionstüchtig als vorher sind, ist einleuchtend. Denn dieses Lipofuszin kann oft einen großen Teil der Zelle einnehmen.
Alle Zellen, außer den Herzmuskelfasern und den Ganglien (Gehirnzellen), erneuern sich im Laufe des Lebens mehrere Male. Die mit langen Fortsätzen ausgestatteten, vielfältigen Ganglienzellen sind das Nachrichtensystem in Gehirn und Rückenmark des Menschen. Unterlägen die Ganglienzellen auch einer ständigen Erneuerung, würde das jeweils eine

Unterbrechung des Nachrichtenflusses mit sich bringen. Damit würde auch das Gehirn teilweise ausgeschaltet. Aber Ganglienzellen sind, wie wir ja wissen, »praktisch« unsterblich und brauchen sich daher nicht zu erneuern.

Mit dem Herzen ist es nicht anders, es darf nicht mehr als einige Sekunden aussetzen und schlägt deshalb von unserer ersten bis zur letzten Lebenssekunde.

Aber gerade in den sogenannten »unsterblichen Zellen« lagert sich im Verlauf des Alterungsprozesses Lipofuszin ab und behindert den Stoffwechsel der Nervenzellen.

Allerdings ist seit etwa neun Jahren bekannt, daß es innerhalb der Gehirnzellen einzelne Bestandteile gibt, die sich doch erneuern. Dazu gehören auch die körnchenartigen Mitochondrien, die als »Kraftwerk der Zelle« gelten. Sie sorgen durch eine Reihe von Enzymen für den Energiestoffwechsel der Zelle. Aber obwohl einzelne Zellbestandteile ausgewechselt werden, bleiben die Alterspigmente unverändert als Abfallprodukte in der Zelle liegen und beeinträchtigen mit fortschreitendem Alter die Leistung der Gehirnzellen.

Vor etwa fünfzehn Jahren wurde dann erstmalig eine Substanz entwickelt, die aus dem Pflanzenwachstumshormon Auxin und dem Acethylcholin, das Nervenimpulse von einem Nerv auf den anderen überträgt, besteht. Diese Substanz wurde Centrophenocin genannt. Sie wurde damals in der Heiltherapie gegen Schwäche der Hirnleistung nach Schädelverletzungen angewandt. Aus Sorge vor eventuellen toxischen Nebenwirkungen wurde das Mittel allerdings nur in schwachen Dosen verabreicht. Bis sich Ende der sechziger Jahre, durch Experimente an altersschwachen Meerschweinchen, denen hohe Dosen von Centrophenocin verabreicht wurden, herausstellte, daß die senilen Tiere durch dieses Mittel wieder »munter« wurden. Als die Forscher nach den Ursachen dieser Ergebnisse forschten, zeigte sich, daß die Ganglien der auf diese Weise behandelten Tiere keine Alterspigmente mehr aufwiesen. Damit war Centrophenocin für die Geriatrie recht bedeutsam geworden. Es war zwar schon lange bekannt, daß diese Substanz die Blut-Hirn-Schranke schnell überschreitet und dabei das Gehirn gleichzeitig unter anderen Nährstoffen vor allem mit Glukose versorgt. Doch bis dahin war noch nicht bekannt, daß diese Substanz in die Hirnzellen eindringt und die Alterspigmente mit Hilfe von Enzymen abbaut.

Ein weiterer Prozeß den freie Radikale auslösen, ist die Veränderung von Membranen durch Lipidperoxydation, von der auch Richard Hochschild spricht.

Harman sieht in der Verabreichung von Radikalfängern, die einen vorzeitigen Abbruch der Radikal-Kettenreaktion verursachen, ein wirksames Gegenmittel. Denn über eine Kettenreaktion kann ein einziges Radikal Tausende von Molekülen schädigen, bis es endlich auf ein anderes Radikal trifft, mit dem es sich in der »Abbruchreaktion« verbindet. Die Radikalfänger sind Antioxydantien. Es gibt verschiedene Antioxydantien, die freie Radikale beseitigen können, unter anderem Vitamin E, Vitamin C, Selenverbindungen, Butylhydroxytoluol und viele andere.

Professor Harman hat in Tierversuchen das Leben von Mäusen durch Antioxydantien bis zu 53 Prozent verlängert. Aber Harman hängt seine Erfolge nicht an die große Glocke. Im Gegenteil, er untertreibt eher, und wirkt durch seine bescheidene Zurückhaltung doppelt sympathisch. Seinen Forschungsarbeiten geht er im »Medical Center« der Universität Nebraska in Omaha nach. Einer Stadt in der Missouri-Ebene, die durch endlose Getreidefelder und Silos geprägt ist.

In meinem Gespräch mit Professor Harman erkundigte ich mich, ob er daran glaube, daß die menschliche Lebensspanne in der Zukunft erweitert werden kann.

»Daran arbeite ich doch fortwährend«, antwortete Harman. »Ich bin überzeugt, daß es möglich ist. Was ich allerdings nicht weiß, ist um wieviel. Wir haben einen Weg gefunden, das

Leben von Mäusen zu verlängern, sehr einfach sogar. Jetzt müssen wir die Ergebnisse auf den Menschen übertragen. Aber das Hauptproblem ist im Moment, daß die Forschungszuschüsse nur sehr gering sind. Und deswegen können wir nicht sehr viel unternehmen. Darum haben wir auch die »American Aging Association« gegründet, um größeres Interesse zu wekken und dadurch mehr Druck ausüben zu können. Teilweise sind die Schwierigkeiten auch damit zu erklären, daß die Menschen den Gedanken, daß wir früher oder später doch alle sterben müssen, einfach als Tatsache hinnehmen. Und es ist schwer, den Leuten klarzumachen, daß man dagegen etwas unternehmen kann. Dies ist tatsächlich ein Problem. Die Forschung für Herzleiden oder Krebs stößt auf weitaus größeres Verständnis. Sie leuchtet den meisten auch viel eher ein. Denn schließlich können sie selbst ja auch an einem Herzleiden oder an Krebs sterben.
Aber ich bin absolut sicher, daß wir die Lebenserwartung erhöhen können.«

»Glauben Sie, daß auch die maximale Lebensspanne des Menschen erweitert werden könnte, Professor Harman?«

»Ja, auch das glaube ich. Wenn nämlich Mutter Natur ein perfektes System hätte, um die Reaktionen der freien Radikale auf ein Minimum zu beschränken, dann könnten wir vielleicht unsterblich werden.

Aber ich betrachte den menschlichen Organismus als ein chemisches System, das nicht nur den freien Radikalen, sondern auch anderen Einflüssen, wie ionisierender Strahlung, sowie z. B. Autoimmunreaktionen preisgegeben ist. Aus diesem Grund muß dieses System am Ende zusammenbrechen. Es können zwar schon einige dieser zerstörenden Enflüsse bekämpft werden, aber ich sehe keine Möglichkeit alle schädigenden Einwirkungen aufzuheben, ohne den Organismus dann nicht auf andere Weise zu schädigen. Es gibt zum Beispiel freie Radikale-Prozesse in unserer Atmung, die nicht aufgehalten

werden können. Denn schließlich ist es nicht möglich, das Atmen einzustellen. Aber am Ende ist es sicher das wichtigste, daß wir den Menschen dazu verhelfen, besser länger zu leben.«
Das erinnerte mich an den Wahlspruch der Amerikanischen Geriatrischen Gesellschaft: »Den Jahren Leben geben, nicht nur Jahre leben.«
All diese unterschiedlichen Ansichten über die Ursachen des Alterns mit ihren verschiedenen Möglichkeiten, das Leben zu verlängern, erscheinen vielleicht verwirrend. Aber diese scheinbar konfuse Situation klärt sich bei näherer Betrachtung sehr schnell.
So wird nämlich die von Bjorksten bekämpfte Vernetzung durch Oxydationsprozesse verursacht, an denen Harman arbeitet. Und die freien Radikale schädigen lysosomale Membranen, die Hochschild durch DMAE repariert.
Mit den Worten von Richard Hochschild: »Lipidperoxydation ist ein freie-Radikale-Mechanismus. Denham Harman und andere sind der Meinung, daß der Alterungsprozeß wahrscheinlich dadurch zu beeinflussen ist, daß freie Radikale durch Antioxydantien abgefangen werden, bevor sie größeren Schaden anrichten können. DMAE repariert dagegen die, durch freie Radikale verursachten Schäden.«
Damit entwirrt sich die Situation, und die Strategie wird offenbar. Auf der einen Seite werden die Ursachen des Alterns ergründet und nach Mitteln gesucht, sie zu eliminieren, auf der anderen Seite nach Möglichkeiten geforscht, die Auswirkungen dieser Ursachen zu bekämpfen. Und so schließt sich der Kreis.
Doch nicht nur der Westen arbeitet auf diesem Gebiet, sondern auch im Osten, besonders in der Sowjetunion, zeichnen sich faszinierende Entwicklungen ab.

X

Älter als der Mislimow

In Rußland ist die Altersbehandlung und Altersforschung bereits zur Tradition geworden.
1926 hatte Bogdanoff über die günstigen Auswirkungen der Bluttransfusion von jüngeren auf ältere Menschen in seinem Moskauer Institut berichtet. Und 1929 demonstrierten die Wissenschaftler Briuchamenko und Sesulin vor einem Physiologen-Kongreß ihre Erfahrungen der Lebensverlängerung. Sie führten ihren Kollegen abgetrennte Köpfe von Hunden vor, die sie mittels einer besonders konstruierten Herzmaschine für längere Zeit am Leben hielten.
Es braucht wohl kaum näher erläutert werden, daß sich diese Methode nicht durchgesetzt hat.
Die erste, ausschließlich dem Alterungsprozeß gewidmete Konferenz, fand 1938 in Kiew statt. Und bereits 1939 wurden die ersten Forschungsarbeiten über dieses Gebiet in der Sowjetunion veröffentlicht.
Der eigentliche Vater der russischen Gerontologie war der nach Frankreich ausgewanderte Zoologe und Bakteriologe Ilja Metschnikow. Er wurde 1845 in der Ukraine geboren und starb 1916 in Frankreich. Metschnikow lehrte bis zu seinem Tode als Professor am Institut Pasteur in Paris über die Geschichte der Wirbellosen, Bakterien, Toxine und Immunität. Für seine große Entdeckung – die Phagozytose (Freßtätigkeit der Phagozyten) von Bakterien durch weiße Blutkörperchen, wurde er 1908 mit dem Nobelpreis ausgezeichnet.
Für diesen großen Wissenschaftler bestand die Aufgabe der Gerontologie in der Verjüngung. Denn im Gegensatz zu anderen sogenannten Gerontologen, die das Altern als unabwendbaren Prozeß behandelten, war Metschnikow bestrebt, seiner Herr zu werden. Er nahm daher alles in Angriff, was seiner Meinung nach den »Anspruch« des Menschen auf ein längeres Leben bedrohte. Er sah in den Infektionskrankheiten im Verlauf des Lebens einen erheblichen, lebensverkürzenden Faktor.

Für Metschnikow war der Tod in keiner Weise ein natürliches Phänomen. Er vertrat im Gegenteil den Standpunkt, daß sich die Menschen vor dem Tod nicht fürchten würden, wenn es sich – wie von der Schulmedizin behauptet – dabei um ein natürliches Phänomen handeln würde. Sein Argument war, daß der Tod nicht natürlich sein könne, wenn ein einziges Organ in der Lage ist, den Körper zu töten. Sollte es sich beim Tod aber tatsächlich um eine Art »Vorsehung für eine bestimmte Zeit« handeln, dann müsse das Gewebe des Organismus doch eigentlich auch zu einem bestimmten Zeitpunkt aufgebraucht sein und zerfallen.

Auch das Altern war für Metschnikow ein unnatürlicher Vorgang. Er lehnte es daher ab, im Alterungsprozeß ein physiologisches Phänomen zu sehen und schrieb, daß Altern nur insofern ein normaler Vorgang sei, als jedermann altere. Es handele sich für ihn dabei vielmehr um eine chronische Krankheit, gegen die es schwierig sei, ein Mittel zu finden.

Metschnikow sah den Beweis für die Existenz der Unsterblichkeit in den Einzellern, die nicht altern und sterben. Aber warum ist dann das Leben höherer Organismen – des Menschen – so begrenzt?

Für Metschnikow war der Dickdarm das Erzübel, ähnlich wie bei den Taoisten. Er glaubte, in bakteriellen Fäulnisprozessen, die dort stattfinden und so die Körperorgane langsam vergiften, die Ursache für den Alterungsprozeß gefunden zu haben. Daher spielte Metschnikow mit dem Gedanken der operativen Entfernung des Dickdarms – zur Verhütung des Alterns. Denn seiner Meinung nach ist dieses Organ nicht in der Lage, die dort produzierten Gifte zu zerstören oder auszuscheiden. Jedenfalls empfahl er eine ausgiebige Joghurt-Diät, um mit dem Lactobazillus unwillkommenen Gästen im Darm den Kampf anzusagen.

Wie nicht anders zu erwarten, wurde Metschnikows hypothetisches Prinzip des überflüssigen Dickdarms nur zu bald in die

Tat umgesetzt. So befreite der englische Chirurg Sir William Arbuthnot Lane viele seiner finanzkräftigen High-Society-Patienten für entsprechendes Honorar von ihrer inneren Vergiftung durch operative Entfernung ganzer Dickdarmabschnitte.
Metschnikows Arbeiten waren nämlich diesem brillanten, von Verstopfung geplagten Chirurgen in die Hände gefallen. Als ihm dessen Ideen wie ein Blitzstrahl der Erleuchtung trafen, hatte er bereits als hochangesehener Chirurg im »Guy's Hospital« in London Stahlschrauben zur operativen Einrichtung von Knochenbrüchen eingeführt. Auch die uns heute so vertrauten Operationsmäntel, Hauben und Masken verdanken wir seiner Umsicht.
Von 1903 bis zu seinem Tode im Jahre 1938 veröffentlichte Sir William Arbuthnot Lane mehr und mehr Arbeiten über chronische Darmverstopfung. Mit bewundernswerter Kühnheit und ebensolcher Fertigkeit entledigte er von nun an seine Patienten ihrer Verstopfung durch Herausschneiden des Dickdarms. Doch nicht genug damit. Alle möglichen undurchsichtigen Krankheitssymptome hatten von nun an ihren sichtbaren Ursprung in der Darmverstopfung. So nahm das Schuldkonto des Dickdarms ungeahnte Ausmaße an. Was war die Ursache von Schilddrüsenerkrankungen, Gallenleiden, Krebsgeschwülsten, Rheumafieber bei Kindern oder gar Tränensäcken? Der Dickdarm. Heraus mit ihm!
Erstaunlicherweise überlebten die meisten Patienten diese Radikalkur, und manche fühlten sich hinterher sogar gesünder. Metschnikow, um seine Meinung befragt, stimmte der praktischen Ausübung seiner Theorie in diesem Fall sogar zu. Allerdings haben weder er noch Lane sich jemals von ihrem Dickdarm getrennt. Es ist nicht genau bekannt, wie viele dieser »einschneidenden« Operationen Lane ausführte. Jedenfalls werden vierstellige Zahlen geschätzt.
Im März 1913 wurde von der »Royal Society of Medicine« in

London eine Diskussion über Ernährungsvergiftung abgehalten. 60 der Teilnehmer sprachen tagelang über dieses Thema, ohne daß auch nur einer in der Lage gewesen wäre, genauer zu definieren, was damit gemeint war.
Einer der ergiebigsten Beiträge kam – wie konnte es anders sein – von Lane, der auseinandersetzte, daß »die Verstopfung und die daraus entstehende Infektion des Magen- und Darmtrakts auf ungeeignete Ernährung in den ersten Lebensjahren und die Aufrechthaltung zurückzuführen sei«. Durch die in den Eingeweiden angestauten Fäkalien entstünden im Laufe der Zeit Herz-, Lungen-, Nierenleiden, Tuberkulosen, Fehlfunktionen der Gebärmutter, hoher Blutdruck, Schilddrüsenüberfunktionen und Schwachsinn. »Zu spät, gegen offensichtliche Fakten zu meckern«, tönte William Arbuthnot Lane lautstark. Die Kollegen waren vorsichtig, wenn auch beeindruckt. Man konnte ja nicht wissen. Vielleicht hatte Lane am Ende tatsächlich einen Trumpf in der Hinterhand, schließlich war er kein Dummkopf.
Seine Theorie wurde allerdings bis heute nicht bestätigt. Wie schon gesagt, ließ sich Lane seinen Dickdarm nie entfernen. Es gab ja auch kaum einen Chirurgen, der ihm hätte das Wasser reichen können. – Dafür nahm sein Verbrauch an Paraffinöl mit den Jahren zu. Aber wegen der »unaufhaltsamen Eigenschaft« dieses Abführmittels nahmen seine Einladungen dafür im selben Verhältnis ab.
Nach einem Besuch bei Alexis Carrel war er überzeugt, daß Zellen bei entsprechender Beseitigung von Abfallstoffen unsterblich sind. Wir müßten nicht sterben.
Doch zurück zu Metschnikow.
Sein größter medizinischer Beitrag war wohl die Entdeckung der Phagozytose. Während eines Italienaufenthalts studierte er Seesternlarven unter dem Mikroskop. Er beobachtete, wie junge Seesternzellen bei ihrer Nahrungsaufnahme alles verdauten, was ihnen in den Weg kam. Diesen Vorgang verglich er

unwillkürlich mit dem Verhalten der weißen Blutkörperchen. Denn auch sie umkreisen alle giftigen Fremdstoffe und neutralisieren sie, um den Organismus vor Krankheiten und Infektionen zu schützen.

Die nächsten 25 Jahre verbrachte Metschnikow damit, seine umwälzende Entdeckung der Phagozytose vollends zu ergründen. Durch sein Studium der weißen Blutkörperchen und deren Abwehrorganismus kam er auch auf seine Theorie über den Prozeß des Alterns. Er stellte nämlich fest, daß die wichtigsten Gewebe mit spezifischen Funktionen wie Niere, Leber, Lunge Herz . . . sich mit zunehmendem Alter verbrauchen. Diese wichtigen Zellen werden seiner Meinung nach durch Bindegewebsfasern »ersetzt«, die durch Phagozytierung entstehen. Metschnikow erkannte, daß die Phagozyten einem einzigartigen physiologischen System angehören. Und er war der erste, dem die lebenswichtige Rolle der Phagozyten im Zusammenhang mit Entzündungen und der Immunität aufging.

Heute bestätigt sich immer mehr, daß die Autoimmunreaktion in enger Verbindung zum Prozeß des Alterns steht.

Metschnikow identifizierte die Phagozyten als Teil des Redikuloendothelialen Systems oder RES (Leistungsgemeinschaft von verschieden lokalisierten Zellen).

Das RES besteht aus einem faserigen Netzwerk in zahlreichen Organen wie Leber, Milz, Knochenmark und Lymphknoten. RES spielt die wichtigste Rolle bei der Abwehr von Infektionen. Denn die Zellen des RES fressen (phagozytieren) eingedrungene Krankheitskeime oder neutralisieren deren Gifte. Ein anderer Teil des RES bildet Antikörper gegen verschiedene Antigene. Ein Zusammenbruch des RES führt zu erhöhter Anfälligkeit gegenüber Infektionen.

In den verschiedenen Entwicklungsstadien vollziehen die gleichen Zellen in bestimmten Körperteilen vollständig unterschiedliche Funktionen. Im Fetus sind sie für die spezielle

Körperform verantwortlich, im Organismus des Erwachsenen dagegen für die Abwehr und tragen mit zunehmendem Alter zur Zerstörung des Körpers bei. Nach Ansicht von Metschnikow sind sie also für den Alterungsprozeß verantwortlich und in jeder Verjüngungstherapie müßte die zerstörende Phase der Phagozytose aufgehalten und damit das Eindringen der Bindegewebsfasern in lebenswichtige Organe blockiert werden.
Erst heute, über ein halbes Jahrhundert später, wird die wichtige Rolle der Bindegewebsfasern von Gerontologen voll anerkannt.

Während Metschnikow Rußland den Rücken kehrte und auswanderte, blieb sein Schüler Aleksander Bogomoletz im Lande.
Der nachmals so berühmte Russe wurde 1881 im Gefängnis von Kiew geboren. Dort leistete seine Mutter wegen revolutionärer Umtriebe zehn Jahre Zwangsarbeit ab. Auch sein Vater war ein Revolutionär. Nach dem Gymnasium studierte Bogomoletz Medizin und wurde Schüler von Metschnikow, dem er vieles zu verdanken hat.
1911 erhielt er den Lehrstuhl für Allgemeine Pathologie an der soeben gegründeten Universität Saratow und übernahm vierzehn Jahre später die Leitung des Instituts für experimentelle Biologie und Pathologie in Kiew.
Von besonderer Bedeutung ist seine Entwicklung eines antiretikularen cytotoxischen Serums (A.C.S.), das die natürlichen Abwehrkräfte des Organismus im Retikuloendothelial-System in kleinen Dosen gegen Krankheiten und das Altern anregen soll.
Die theoretische Grundlage seiner Arbeit dürfte wohl auf Metschnikow zurückgehen, obwohl Bogomoletz seinen einstigen Lehrer möglichst »schamhaft« totschwieg. Auf diese Weise fiel ihm aller Ruhm allein zu. Er wurde für seine Forschungsarbeiten mit dem Stalin- und Leninpreis ausgezeichnet, in wichti-

ge medizinische Gesellschaften berufen und zum Chefredakteur einflußreicher wissenschaftlicher Zeitschriften ernannt.
Im Ausland rief A.C.S. unter den Schulmedizinern maßlose Bestürzung hervor. Die Bogomoletz-Serum-Anhänger priesen es enthusiastisch als Verjüngungs- und Allheilmittel, während es die Gegner als Quacksalberei abtaten.
Allein schon der Herstellungsprozeß löste bei vielen Unbehagen aus. Denn menschliches Bindegewebe von jungen Unfallopfern – wie Markknochen, Lymphe, Milz und Leber – wurde in den Blutstrom von Tieren injiziert. Anfangs waren es Pferde, später Kaninchen. Die sich im Tierkörper formenden Abwehrstoffe wurden dann extrahiert und dem Menschen in kleinen Dosen eingeimpft.
Bogomoletz ging von der Voraussetzung aus, daß diese Stoffe den Körper des Empfängers zu einer gesunden Abwehrreaktion anregen.
Während des Zweiten Weltkriegs wurde dieses Mittel in russischen Lazaretten verwendet, um das Zusammenwachsen von Knochenbrüchen zu unterstützen und die Ausheilung verletzter Weichteile zu beschleunigen. Aber im großen ganzen erwies sich das Bogomoletz-Serum als spezifisches Heilmittel völlig unberechenbar. Es heilte Leiden, die davon eigentlich nicht beeinflußt werden sollten, und blieb anderen gegenüber wirkungslos, die es angeblich am besten heilen würde.
Niemand kam damals auf die Idee, es als lebensverlängerndes Mittel zu betrachten.
In Deutschland wurde das Bogomoletz-Serum nach dem Zweiten Weltkrieg auf ziemlich abenteuerliche Weise bekannt. Zur Zeit, als die deutschen Truppen im Zweiten Weltkrieg im Begriff waren, die russischen Erdölgebiete um Baku im Kaukasus zu besetzen, wurde ein deutscher Erdölspezialist dorthin in Marsch gesetzt. Doch die Militärmaschine, die den deutschen Wissenschaftler in dieses Gebiet bringen sollte, wurde über den russischen Linien abgeschossen. Der fast siebzigjährige Dr.

Grosser überlebte zwar den Absturz, erlitt aber äußerst schwere Verbrennungen, Knochenbrüche und andere Verletzungen. Er wurde in ein russisches Lazarett eingeliefert. Die Russen wußten von seiner Mission, daher war ihnen daran gelegen, den Erdölspezialisten möglichst rasch wieder auf die Beine zu bringen, um seine Kenntnisse für die eigenen Zwecke auszunutzen. Doch der Zustand des alten Mannes besserte sich kaum. Sein russischer Arzt ließ sich jedoch nicht entmutigen, und als alle herkömmlichen Mittel versagten, gab er Dr. Grosser eines Tages eine Spritze, ohne sich näher darüber zu äußern. Dem gelang es allerdings, während der wenigen Minuten, in denen die geöffnete Ampulle auf seinem Nachttisch lag, die Aufschrift zu erhaschen – A.C.S. . . . Innerhalb von drei Wochen erhielt er drei dieser Injektionen. Von diesem Zeitpunkt an besserte sich sein Befinden überraschend schnell. Die Knochenbrüche, Verbrennungen und Wunden heilten im Handumdrehen. Auch Grossers angeschlagenes Gedächtnis besserte sich, und trotz seines Alters war er wieder voller Tatendrang.

Als er nach Beendigung des Krieges in die Heimat entlassen wurde, brachte er drei Ampullen A.C.S. mit nach Deutschland. Ein Arzt hatte sie ihm zum Abschied geschenkt.

Professor Bogomoletz, auch Präsident der »Ukrainischen Akademie der Wissenschaften«, berichtete bereits 1939 in New Jersey vor dem Internationalen Kongreß der Krebsforscher über sein Serum. Anfangs wollte er dieses Mittel ausschließlich gegen Krebserkrankungen verwenden. Doch gerade durch die Erfahrungen während des letzten Krieges stellte sich heraus, daß es auf den gesamten Organismus regenerierend wirkt.

Aus den verschiedensten Berichten geht hervor, daß A.C.S. gerade bei der russischen Armee eine große Rolle gespielt hat und so ziemlich für alles verwendet wurde. Schon während des Rußlandfeldzuges gelangten Berichte darüber bis nach Deutschland. Es soll nicht nur bei Verbrennungen und Kno-

chenbrüchen, sondern auch bei völligen Zermürbungszuständen und dem Erschöpfungstod nahen Soldaten mit unvorstellbarem Erfolg angewandt worden sein. So wird berichtet.
Als das Bogomoletz-Serum dann schließlich auch in den Westen vordrang, wurden eingehende klinische Untersuchungen damit durchgeführt, die die von Professor Bogomoletz gemachten Angaben bestätigten.
Die breite Öffentlichkeit erfuhr erst in den Jahren zwischen 1950 bis 1954 näheres darüber. Von der Presse wurde es als das »endlich gefundene Elixier des ewigen Lebens« bejubelt, mit dem der Mensch ohne weiteres 150 Jahre alt werden könnte.

Als der Boom nachließ, kam die lakonische Feststellung, es sei doch kein Lebenselixier, die Wissenschaft habe es bewiesen. Entsprechende Namen einiger Fachleute waren auch gleich zur Hand. Dann folgte die Bogomoletz-Abstiegswelle. Nachdem zu lesen war, daß es aber auch absolut gar nichts damit auf sich habe, distanzierten sich auch die Ärzte davon, die inzwischen schon eine Behandlung mit dem Serum begonnen hatten. Wer kann es sich schon leisten als Scharlatan zu gelten.
Bis heute ist »man« sich noch nicht einig darüber – Bogomoletz, ja oder nein.
Nichtsdestotrotz scheint das Bogomoletz-Serum nach neuesten Untersuchungsergebnissen tatsächlich eine revitalisierende Wirkung zu haben. Im Westen ist es auch unter dem Namen R.A.S. bekannt (Reticuloendothel aktivierendes Serum) und wird nach dem Verfahren von Bogomoletz, durch Schwarzhaupt, Köln, hergestellt.

Wohl in keinem anderen Land ist das Interesse an der Lebensverlängerung und Verjüngung so groß wie in der UdSSR. Und kein anderer Staat bringt dafür so viele Mittel auf wie die Russen. Es existieren weit über hundert gerontologische Forschungszentren, die von der Sowjetrussischen Akademie der

Medizinischen Wissenschaften verwaltet werden. Viele der Forschungsprojekte auf diesem Gebiet sind geheim.
So erfuhr ich von einem russischen Gerontologen im Vertrauen, daß in einem Forschungsprojekt mit elektromagnetischen Feldern experimentiert wird, um damit die Körperzellen »aufzuladen«. Durch diesen Prozeß soll eine Verjüngung erzielt werden.
Interessanterweise schreibt Patrick McGrady jr. in »The Youth Doctors« über ein wahrscheinlich ähnliches Experiment. Da verjüngte z. B. der ungarische Wissenschaftler Dr. J. M. Barnothy eine Gruppe von Mäusen allein dadurch, daß er sie für eine bis vier Wochen innerhalb eines Magnetfeldes unterbrachte. Es wurde nachgewiesen, daß diese Mäusegruppe durchschnittlich um 30 Prozent lebendiger war als normale unbehandelte Mäuse, und gegen Krebs absolut immun. Forschung dieser Art scheint also nicht unbedingt abwegig zu sein.
Auch wenn die meisten Projekte auf dem Gebiet der Lebensverlängerung nicht zugänglich sind, wird durch die Ausführungen von Professor Berdyshev doch deutlich, welche Richtung die gerontologische Forschung in Rußland eingeschlagen hat.
Im Gegensatz zu zahlreichen anderen Gerontologen sieht der Biologe Prof. G. D. Berdyshev von der Universität Kiew im Prozeß des Alterns und Todes evolutionär nützliche Eigenschaften der Arten. Wie der Amerikaner A. Weismann ist er der Ansicht, daß Altern und Tod notwendig sind. Denn so werden Individuen, die sich nicht mehr fortpflanzen können, Krankheiten verbreiten und mit ihren Nachkommen um Lebensraum und Nahrung konkurrieren, ausgemerzt.
»Statistiken haben gezeigt, daß der Alterungsprozeß auf dem Höhepunkt der menschlichen Reproduktionsphase einsetzt. Es ist daher kaum glaubhaft, daß der Prozeß des Alterns für die natürliche Auswahl bedeutungslos und genetisch nicht programmiert ist. Wird dieses Prinzip der genetischen Bestimmung für die Entwicklung, das Altern und den Tod vorausge-

setzt, gibt es Möglichkeiten den genetischen Mechanismus der Zelle zu beeinflussen, und damit die spezifische Lebensspanne zu erweitern«, sagte Professor Berdyshev. Inzwischen wurden genetische Methoden in zahlreichen Tierversuchen angewandt, und eine bedeutende Verlängerung der Lebensspanne – manchmal sogar um ein Vielfaches – erreicht.«

Mit Hilfe der Gentherapie sollen Gen-Defekte eliminiert werden, um das Leben zu verlängern. Das heißt: Normale Gene werden in Zellen eingeführt, um die Funktionen der geschwächten Gene zu übernehmen.

Wir müssen uns hier noch einmal vor Augen halten, daß sich in unserem Organismus alles auf zellularer Ebene abwickelt. Ob Alterungsprozeß, Erbkrankheiten oder Gesundheit – alles hängt von unseren Zellen ab.

Jede einzelne der Milliarden Körperzellen ist in sich selbst eine hochorganisierte, komplexe Fabrik. Im Zellkern sitzt die Produktionsleitung – die DNS. Sie erteilt an die verschiedenen Abteilungsleiter – die RNS-Kuriere – ihre Befehle, nach denen in den Produktionsstätten dann mit Hilfe von Ribosomen die Proteinsynthese vor sich geht. Eine Fabrik, in der Rohstoffe durch Enzyme verarbeitet, Abfallstoffe aussortiert und weggeschafft werden. . . Sobald aber in der Produktionsleitung durch falsche Pläne unrichtige Instruktionen erteilt werden, entstehen Fehler in den Produktionsstätten. Und das wirkt sich natürlich auf den ganzen Organismus aus.

»Übrigens kosten Erbfehler ihre Träger weit mehr Lebensjahre als zum Beispiel Herzleiden, Diabetes, Krebs, Infektionen oder andere Krankheiten«, fuhr Berdyshev fort. »Erbschäden gehen meistens auf ein geschädigtes Gen zurück. Von ungefähr hundert Erbkrankheiten ist das geschwächte Gen bereits bekannt.

Die für die Gentherapie notwendigen normalen Gene können auf zweierlei Art gewonnen werden. Entweder durch das

Heraussondieren aus gesunden Zellen, oder durch Herstellung aus chemischen und enzymatischen Verbindungen. Die normalen Gene müßten nun in das Genom der Zellen mit beschädigtem Gen eingeführt werden. Bisher sind drei Methoden zur Einführung von Genen in die Zellen bekannt. Einmal die Einführung isolierter DNS in die Zellen; dann die Transduktion (Übertragung) des Gens durch Viren und Phagen; schließlich die Hybridisierung (Kreuzung) von Zellen höherer Organismen und Konjugation (Verschmelzung) von einfachen und Mikro-Organismen. Während des Transports wird das DNS-Fragment durch die Proteinhülle des Virus geschützt und ist damit ein Pseudo-Virus.
Mit der Virenhülle eines bestimmten Virus wurden bereits erfolgreiche Experimente durchgeführt. DNS-Abschnitte konnten damit in Mäusezellenkulturen eingeschleust werden, um dort defekte Gen-Abschnitte zu ersetzen. Höchstwahrscheinlich wird es gelingen, Gene höherer Organismen zu separieren, in nicht-zellulären Systemen zu vermehren, und sie dann durch Viren in das Genom von Gastzellen zu transportieren. Die Einführung künstlicher und fremder Gene in den Körper eröffnet dann völlig neue Perspektiven. Und die Ungerechtigkeit der Natur in bezug auf unsere Lebensspanne könnte damit korrigiert werden. Bestimmte Erbkrankheiten ließen sich auf die gleiche Art heilen. Aber gleichzeitig wären so grauenvollen Möglichkeiten die Tür geöffnet, daß dagegen die Visionen der Apokalypse verblassen würden.
Aus diesem Grunde haben auch eine Reihe von Wissenschaftlern ihre Forschung auf dem Gebiet der ›Genchirurgie‹ eingestellt«, sagte Berdyshev.

Hier wurde ich doch sehr an mein Gespräch mit Dr. Heller erinnert.
Wenn ich mir allerdings einige der mausgrauen Kolossalbauten aus der kommunistischen Gründerzeit vorstellte, die den offi-

ziellen Charakter dieser Forschungsinstitute noch besonders unterstreichen, konnte ich mir kaum denken, daß ein sowjetrussischer Wissenschaftler überhaupt in der Lage sein könnte, solche Forschungsprojekte von sich aus einzustellen. – Allein schon die Schwierigkeiten in ein solches Gebäude Zutritt zu erhalten: Außen sind sie von Posten bewacht, innen kontrolliert ein Zerberus in ausgebeulten Hosen und offizieller Schirmmütze stumm den Paß, überwacht das Ausfüllen eines Fragebogens und telephoniert erneut, bis endlich das Ziel, ein verabredetes Gespräch zu führen, erreicht ist. –

Allerdings ist es nur zu verständlich, daß viele Wissenschaftler in der ganzen Welt sich vor der Möglichkeit der Gen-Manipulation fürchten. Denn auf diese Weise könnten die ungeheuerlichsten Mutanten gezüchtet werden. Außerdem gibt es keine Garantie dafür, daß die positiven Möglichkeiten die negativen überwiegen würden.

Daß sich ausgerechnet in den lebensverkürzenden Krebszellen eine weitere Möglichkeit der Lebensverlängerung anbahnen könnte, muß geradezu paradox anmuten. Falls sich nämlich die Theorie bestätigt, daß Viren für Krebserkrankungen verantwortlich sind, ist es möglich, das Leben von Zellen und ganzen Organismen durch chemisch veränderte Krebsviren zu verlängern. Denn, wie Professor Berdyshev erklärt, haben Krebszellen eine unbegrenzte Lebensdauer. Das bedeutet, sie sind praktisch unsterblich. Treten zum Beispiel in einem alten Organismus bösartige Tumore auf, zeigen sich in deren Zellen keine Anzeichen des Alterns. Offensichtlich ist der Alterungsmechanismus in Krebszellen ausgeschaltet. Durch Abwandlung der Krebsviren würde diesen die Bösartigkeit genommen. Aber unter Beibehaltung der Fähigkeit, den Stoffwechsel in der Zelle zu verstärken, würden sie in die Lage versetzt, den Alterungsprozeß zu neutralisieren und dadurch die Lebensspanne des Organismus weitgehend zu erweitern.

So würde der »entschärfte« Krebsvirus dazu beitragen, das Leben zu verlängern.

Aber auch die Zufuhr von DNS-Reparatur-Enzymen zur Restaurierung der DNS in der Zelle könnte zur Lebensverlängerung verwendet werden. Denn da die DNS-Struktur in der Zelle mit den Jahren immer mehr Fehler aufweist, wird sie auch immer funktionsuntüchtiger. Wie wir ja bereits wissen, wird angenommen, daß sich der DNS-Strang von Zellteilung zu Zellteilung immer mehr verkürzt – der Hayflick-Effekt tritt ein.

»Experimentell ist es bereits gelungen, eines der DNS reparierenden Enzyme in die Zellen von Säugetieren zu infiltrieren«, sagt Berdyshev.

Wenn der sowjetrussische Forscher das schon zugibt, stellt sich unwillkürlich die Frage, wie weit die Russen tatsächlich sind. Und es sollte sich niemand wundern, wenn sie gerade auf diesem Gebiet die Führung übernommen hätten. Denn allein der enorme staatliche Forschungsaufwand in der experimentellen Gerontologie spricht dafür, daß ganz bewußt auf ein bestimmtes Ziel hingearbeitet wird.

»Übrigens haben wir inzwischen besonders gute Resultate in lebensverlängernden Versuchen durch Energiespeicherungssubstanzen wie ATP (Adenosintriphosphorsäure) und Methionin (essentielle schwefelhaltige Aminosäure) in der Nahrung erzielt«, fuhr Berdyshev fort. »Wir vermuten, daß der lebensverlängernde Effekt von ATP und Methionin durch Normalisierung der DNS-Methylierung in den Zellen erklärt werden kann. Abgesehen von der Belebung genetischer Prozesse, vermögen die Energiespeicherungssubstanzen vielleicht auch andere, vorteilhafte Effekte auszuüben und damit dazu beitragen, die Lebensfähigkeit von Zellen und Organismen zu erhöhen. Diese Energiespeicherungssubstanzen könnten in einem Komplex von Drogen einbezogen werden, die zur Erweiterung der Lebensspanne dienen.

Doch in der Hauptsache ist das Altern die Folgeerscheinung absterbender, nicht teilungsfähiger Gehirn-, Herz- und Drüsenzellen. Also ist auch die Entwicklung von Methoden zur Anregung der Zellteilung eine außerordentlich wichtige Voraussetzung zur Erweiterung der Lebensspanne. Sobald sich eine kontrollierte Zellteilung in nicht teilungsfähigen Zellen erreichen läßt, könnte der Alterungsprozeß gebremst und eine bedeutende Lebensverlängerung erreicht werden.«

Ihr besonderes Augenmerk richtet die gerontologische Forschung in Rußland auf Ernährungswissenschaft. Protein- und vitaminreiche Nahrung spielen dabei eine besonders große Rolle. Denn die Gaben bestimmter Vitamine, zusätzlicher Hormone und künstlicher Antioxydantien führen zur Verlangsamung des Alterungsprozesses und zur Lebensverlängerung, stellt Lew Wladimirowitsch Komarow fest. Und er sollte es ja eigentlich wissen. Denn er arbeitet seit vielen Jahren auf diesem Gebiet im Laboratorium für die Lenkung von Lebenstätigkeitsprozessen der Akademie der Wissenschaften der UdSSR in Moskau.

Komarow ist ein ernster, symphatischer Wissenschaftler, der in einem Appartement im Zentrum von Moskau wohnt und in seiner Freizeit gern Musik hört. Der Siebenundfünfzigjährige, beinah jungenhaft wirkende Forscher, kämpft seit Jahren sozusagen »mit Haut und Haaren« für eine internationale Zusammenarbeit auf dem Gebiet der Lebensverlängerung.

»Altern und Tod müssen als natürliche Kalamität betrachtet werden, die so resolut bekämpft werden müssen – und können –, wie die meisten Menschen und die Wissenschaft jede andere natürliche Katastrophe bekämpfen würden, die alle ausnahmslos umbringt. – 200 gar 300 Jahre leben und arbeiten mag utopisch klingen. Daher wird dieses Problem auch gewöhnlich in die ferne Zukunft verlegt. Aber wir glauben daran als eine reale Möglichkeit unserer Zeit«, sagte Komarow.

Es ist ihm gelungen, allein mit Vitamin B_5 das Leben von Mäusen um 45 Prozent zu verlängern. Abgesehen von Vitaminen, künstlichen Antioxydantien, Hormonen und Temperatureffekten (das heißt, die Körpertemperatur zu beeinflussen), hat er auch mit Ginseng experimentiert. Aus Versuchen mit dem Ginsengextrakt hat sich zum Beispiel ergeben, daß dieser durch den genetischen Mechanismus der Zelle seine Wirkung ausübt, insbesondere aber auf eine Normalisierung der Proteinsynthese einwirkt.

Um Ginseng – »die Wurzel des langen Lebens« (chinesisch: jênshên) rankt sich in Ostasien schon seit Jahrtausenden ein Mythos der Allheilkraft.

In der Vergangenheit wuchs diese seltene Pflanze nur in koreanischen Bergschluchten und in der Mandschurei. Ihre mitunter verblüffende Ähnlichkeit mit einem menschlichen Figürchen regte nicht nur die Phantasie an, sondern wurde dereinst auch als ein besonderes Omen angesehen. Die naturgegebene, menschenähnliche Form dieser rettichartigen Wurzel wurde in mystischer Ausdeutung als Bestätigung für ihre besondere Bestimmung betrachtet. Damals wurde diese Wurzel unter streng religiösem Zeremoniell gesucht und gesammelt. Denn ihr wurden nicht nur Heilkräfte, sondern auch eine lebensverlängernde Wirkung zugesprochen. Kein Wunder also, daß Kaiser und Mandarine der altchinesischen Dynastien einen Alleinanspruch darauf erhoben, und die »Menschenwurzel« in dreifachem Gold aufwogen.

Seit ältesten Zeiten gilt die Ginsengwurzel in China als Aphrodisiakum und Heilmittel gegen Syphilis. Ganz nebenbei gesagt entspricht das chinesische Schriftzeichen für Ginseng dem für Manneskraft. So ist es wohl kaum verwunderlich, daß dieser Wurzel Zauberkräfte und Wunderdinge nachgesagt wurden und bis heute noch werden. Die Gerüchte um das östliche »Lebenselixier« sind natürlich längst bis nach Europa vorgedrungen. Schon Ludwig XIV. von Frankreich beauftragte eine Gesandtschaft speziell damit, ihm die kostbare Ginsengwurzel zu besorgen.

Durch maßlose Übertreibung kam die Wurzel dann in Mißkredit, und ihre Wirkung wurde auf Einbildung geschoben. Inzwischen hat sich die Wissenschaft, besonders in der Sowjetunion und in China, mit der Wunderwurzel befaßt.
Es ist zwar bekannt, daß die Ginseng-Pflanze Saponine, Glykoside und Phytosterin enthält. Also unter anderem fettlösliche Substanzen und in ihrer Struktur bekannte Wirkstoffe, die den Organismus in seiner Widerstandskraft gegen schädigende Einflüsse stärken. Danach dürfte angenommen werden, daß Ginseng u. a. auch als Antioxydant wirkt. Zusätzlich ist in der Ginsengwurzel ein überdurchschnittlich hoher Germaniumgehalt gespeichert. Da die Enzym-Wirkung von organisch-chemisch gebundenen Metallen im lebenden Organismus bekannt ist, scheint es immerhin möglich, daß gebundenes Germanium ein Metall ist, das im Körper gewisse günstige Reaktionen auszulösen vermag, ohne selbst eine Veränderung durchzumachen. Solche Stoffe werden nach »verrichteter Arbeit« zumeist unverändert ausgeschieden, ohne den Organismus zu belasten. Es ist nicht von der Hand zu weisen, daß sich Germanium in seiner biologischen Anpassungsfähigkeit, aufgrund seiner elektrischen Eigenschaften unter Umständen dazu eignen könnte, Viren, Bakterien und andere Krankheitserreger durch Entzug ihrer molekularen Verbindungsglieder zu zerstören und aufzulösen.

Doch die volle Wirkungsmechanik konnte die Wissenschaft bisher noch nicht ergründen, und sie kommt dabei auch nur langsam voran.
Besonders daran interessiert, die Heilwirkung der Ginsengwurzel zu klären, ist Südkorea. Denn dort wird die einst nur wildwachsende Pflanze inzwischen im Hochland in mehreren Großplantagen systematisch für den Export angebaut. Die Ginsengwurzel ist äußerst wählerisch, gedeiht nur unter naturgegebenen Wachstumsbedingungen, und ihre Wurzeln brau-

chen mindestens sechs Jahre bis zur Reife. Nach der Ernte muß der völlig ausgelaugte Boden angeblich zwanzig Jahre ruhen. Die geernteten Ginsengwurzeln werden in klarem Quellwasser gewaschen, und anschließend mehrere Wochen in der Sonne getrocknet. Die gelblichweißen Wurzeln riechen würzig, schmecken süßlich und strömen exotischen Duft aus.

In Tierversuchen und Experimenten am Menschen wurden mit dem Ginseng-Extrakt die verschiedensten Wirkungen beobachtet. Auffallend war bei klinischen Versuchen, daß besonders im Zusammenhang mit Leistungen der Gehirntätigkeit Besserungen nachgewiesen werden konnten.

So erklärt der bulgarische Pharmakologe Professor V. Petkow, daß Ginseng zu einer erhöhten Reaktionsbereitschaft des Großhirns und der Nebennieren führt. Das bedeutet eine Verbesserung der höheren Nerventätigkeit, mit gleichzeitiger Erhöhung der intellektuellen und physischen Arbeitsfähigkeit.

Aber bis heute ist es der Wissenschaft noch nicht gelungen, eindeutig zu beweisen, inwieweit das Zentralnervensystem durch Ginseng direkt beeinflußt wird und andere regulierende Organe sowie Hormondrüsen davon indirekt betroffen werden.

Diese Theorie wird anscheinend von Wissenschaftlern der Ostblockstaaten vertreten.

Der schwedische Pharmakologe Professor F. Sandberg von der Universität Uppsala suchte seinerseits nach einer Bestätigung der Petkovschen Experimente. Nach Versuchen mit Studenten kam er zum Resultat, daß nach Einnahme von Ginseng-Extrakt bessere Durchschnittsleistungen erzielt wurden.

Einer der ersten, die Versuche mit Ginseng anstellten, war Prof. I. Brechmann von der Wissenschaftlichen Akademie in Wladiwostok. Er stellte in Ratten- und Mäuseexperimenten fest, daß sich nach Gaben von Ginseng-Extrakt die Anpassungsfähigkeit der Tiere an Streßsituationen und die Überlebensfähigkeit erhöhte. So wurden z. B. zwei Mäusegruppen in

Wasserbecken zum Schwimmen gezwungen. Eine der Gruppen wurde mit Ginseng-Extrakt gefüttert, während die andere leer ausging. Die behandelten Tiere zeigten eine um 34 Prozent bessere Schwimmleistung, während von der anderen Gruppe ein Tier nach dem anderen vor dem Tod des Ertrinkens gerettet werden mußte.
Sowjetische Forscher stellten außerdem fest, daß Telegraphisten beim schnellen Lesen eines schwierigen Textes nach Ginseng-Gaben ihre Fehler um die Hälfte reduzierten, und Sportler bessere Leistungen zeigten.
Die Wissenschaftler sind sich dabei einig, daß Ginseng kein Aufputschmittel ist.

»Man muß und kann das Altern bekämpfen«, sagt auch Professor Berdyshev. »Die biologische Grenze des Lebens kann einschneidend verlängert werden.
Wenn Herz- und Kreislaufleiden, Krebs, Arteriosklerose und andere Krankheiten besiegt werden, könnten die meisten Menschen ihre natürliche Lebensspanne erreichen. Aber die Ergebnisse experimenteller Biologie und spezielle Entwicklungen in der Genetik werden uns erlauben, die Lebensspanne auf 150, 180 und mehr Jahre zu erhöhen. Es hat sich bereits erwiesen, daß die Methoden zur Verlängerung der Lebensspanne komplex sein müssen und in der Lage, beides zu beeinflussen – den Genothypus (Erbanlagen) und den Phänothypus (Erscheinungsbild).
Die ersten theoretischen Studien wurden und werden an Tier-, Pflanzen- und Mikro-Organismen experimentell ausgeführt. In späteren Stadien sind Untersuchungen am Menschen vorgesehen. Die Erreichung dieses Zieles wird der größte Sieg menschlicher Intelligenz sein, und würde sowohl das Leben des einzelnen als auch das der gesamten modernen Zivilisation verwandeln.«

Man wird den Eindruck nicht los, daß die Russen mit aller Macht darum kämpfen, das »Endziel Lebensverlängerung« zu erreichen. Kommt es soweit, sind die Möglichkeiten grenzenlos. Und ohne Zweifel sind sich die Russen völlig darüber klar. Allein schon für die Raumfahrt wäre eine ganz neue Basis geschaffen. Denn z. B. für interstellare Reisen ist die derzeitige menschliche Lebensspanne im Verhältnis zu den Entfernungen gleich Null. Würde nicht auch die Nation, der die Lebensverlängerung zuerst gelingt, sich selbst zum »homo superior«, wie Heller es nennt, zur »Elite« erheben? Der Rest der Menschheit würde dann nur noch als Subkultur dahinvegetieren.

Der Präsident der Belorussischen Akademie der Wissenschaften, V. Kuprevich, sieht die Lebensverlängerung auf jeden Fall von der optimistischen Seite.

»Was ich jetzt sagen möchte«, äußert er sich, »klingt vielleicht phantastisch. Aber es ist noch gar nicht allzulange her, daß viele der heutigen Realitäten phantastisch anmuteten. – Schon heute zeichnen sich für ein Problem Lösungen ab. Lösungen dafür, die menschliche Lebensspanne, sagen wir um hundert Jahre zu verlängern.

Kann der Mensch also für lange Zeit leben?

Ich sage ja, er kann, er muß!

Könnte er ewig leben? Das scheint eine alberne Frage zu sein. Aber ist sie das wirklich?

Mich als alten Forscher bedrückt der zaghafte Fatalismus, mit dem die Mehrzahl der Menschen die Unvermeidlichkeit des Todes behandeln. Tod ist der menschlichen Natur fremd. Ihre Träume vom ewigen Leben verkörpern die Menschen in Mythen über Götter, die unsterblich sind. Wahrscheinlich fühlt der Mensch unbewußt, daß die Evolution keinen Sinn hätte, wenn er nur 50 bis 70 Jahre leben kann.

Während ihm die Kirche Unsterblichkeit im Himmel verspricht, versuchen ihn die Philosophen mit dem Gedanken vertraut zu machen, daß sein Leben unaufhörliches Sterben ist, und der Traum vom sehr langen Leben nur Metaphysik. Unglücklicherweise stimmen die meisten Ärzte und Biologen in diesen Chor ein. Wie könnte es anders sein, etablierte sich Fatalismus.

Als ich Student war, lehrten sie mich, den zukünftigen Biologen, daß alles Leben altern muß und die Saat der eigenen Zerstörung in sich trägt. Aber professioneller Umgang mit Pflanzen und Tieren führt zu Zweifeln.

Die Basis aller Lebensformen ist die Energide (Bezeichnung für den Zellkern und das von ihm versorgte Cytoplasma). Dabei handelt es sich um ein winziges, sehr komplexes Klümpchen Materie, das sich ständig erneuert. Leben unterscheidet sich insofern von allen anderen komplexen Strukturen, als es sich erneuern und reproduzieren kann. Die Fähigkeit der Energide, ganz bestimmte Stoffe aus den sie umgebenden Medien zu absorbieren – in anderen Worten, ein Lebewesen ganz bestimmter Art zu produzieren –, ist unbegrenzt.

Viele glauben, daß unsere begrenzte Lebensdauer von 80 bis 100 Jahren absolut und unverbrüchlich ist – ihren Worten nach: Gottes Wille. Aber wir stellen fest, daß diese Lebensbegrenzung nichts als ein historisches Ereignis ist – und daher prinzipiell um jede Anzahl von Jahren verlängert werden kann. Für mich besteht kein Zweifel darüber, daß mit der Erforschung des Alterungsprozesses grundlegende neue Phänomene und Fakten entdeckt werden. Und das, glaube ich, wird nicht durch Männer geschehen, die unfähig sind, sich von den elementaren ›Wahrheiten‹ der Schulweisheiten zu lösen.«

XI

THX – Ein neues Wundermittel?

Einer, der sich von diesen »Schulweisheiten« gelöst hat, ist der schwedische Tierarzt Dr. Elis Sandberg. Ich hatte von seinem »Wundermittel THX« gehört, und wollte mich persönlich informieren, was es damit auf sich hat.
Die SAS-Maschine setzte nach einer halben Stunde Flugzeit von Kopenhagen auf dem Feldflugplatz der südschwedischen Kleinstadt Jönköping auf. Mit »Rent-a-Car« fuhr ich in nördlicher Richtung nach Aneby. Etwa anderthalb Kilometer außerhalb des Dörfchens erreichte ich mein Ziel. Langgestreckte helle Holzbaracken mit der Aufschrift:

THX
Klinik für klinische Thymusforschung
Sprechstunde von 7–13 Uhr
16–19 Uhr

Es war Nachmittag. Busladungen voller Patienten, die nach der Arbeitszeit den Tierarzt zur Behandlung aufsuchen, stellten sich geduldig an die bereits wartende Schlange an. Menschen aller Altersgruppen, vom Kind bis zum Greis, die in Dr. Sandbergs Thymusextrakt sehr oft ihre letzte Rettung sehen.
»Letzte Rettung«? Was hat denn eine »normale« Medizin mit Lebensverlängerung zu tun? Lebensverlängerung bedeutet nicht zuletzt Lebenserhaltung. Wenn nun ein neues Mittel in der Lage zu sein scheint, lebensbedrohliche Krankheiten abzuwenden, wäre allein das schon Grund genug, ihm hier einen wichtigen Platz einzuräumen. Aber hat die geheimnisvolle Thymusdrüse, deren Funktionen die Wissenschaft erst heute langsam zu ergründen beginnt, nicht am Ende einen direkten Zusammenhang mit dem Alterungsprozeß?
Auch darüber wollte ich Sandberg fragen.
Da war er. Groß, schwer, bedächtig.
Sandberg führte mich in sein schlichtes Büro und hier fragte ich ihn, wie er zu THX kam.

»Meine Forschung begann 1938«, erzählte der fünfundsechzigjährige Sandberg. »Ich hatte damals einen um einige Jahre jüngeren Bruder, der an einer schweren Lungentuberkulose erkrankt war. Ich wußte, daß er ohne ein neues wirksames Medikament sterben mußte. Ich hatte gerade mein Tierarzt-Examen abgelegt. Und wie die meisten frischgebackenen Ärzte oder Tierärzte war ich von meinen enormen medizinischen Kenntnissen überzeugt. Darum wollte ich auch nicht glauben, daß es gar nichts geben sollte, das meinen Bruder retten könnte. Ich wälzte also die Fachliteratur. Natürlich fand ich nichts, denn die Ärzte meines Bruders hatten alle vorhandenen Heilmittel erschöpft. Ich war so verzweifelt, daß ich nun versuchte, das Problem selbst zu lösen.«

Sandberg überlegte sich, warum nicht bei den meisten Menschen, die sich mit Tuberkelbazillen anstecken, anschließend eine Tuberkulose ausbricht. Der Grund lag offensichtlich darin, daß sich diese nur bei geschwächter körperlicher Widerstandskraft entwickeln kann. Also mußte beides eine Rolle spielen: die Krankheitserreger und die körperlichen Abwehrkräfte. Folglich gab es auch zwei Möglichkeiten, gegen die Krankheit vorzugehen. Entweder mußten die Krankheitserreger bekämpft oder die Widerstandskraft – die Abwehrkräfte in erhöhtem Maß gestärkt werden. Das heißt, über das übliche Maß eines Sanatoriumsaufenthalts hinaus.

»Für mich war die Widerstandskraft des Organismus das Hauptproblem«, erklärte mir Sandberg.

Damals wurde allgemein noch angenommen, daß die Widerstandskraft eine konstitutionelle Veranlagung ist und von der Funktion eines oder mehrerer Organe abhängt. Aus diesem Grunde wurde wohl auch bei einem großen, starken Menschen eine höhere Widerstandskraft vorausgesetzt als bei einem kleinen, schwächlichen.

»Wenn dann bei einem stattlichen Mann Tuberkulose festgestellt wurde, war man höchst erstaunt«, sagte Sandberg.

Aber mit dieser Auffassung gab sich Sandberg nicht zufrieden. Sie war ihm zu einfach. Er wollte genau wissen, was diese Abwehrkraft ist, ob sie in einem oder mehreren Organen lokalisiert und daher von diesen Organen abhängig sein könnte. Aus diesem Grunde studierte Sandberg alles, was mit einer geschwächten Abwehrkraft und deren Auswirkungen auf eine entstehende Tuberkulose zusammenhängt. Es war bekannt, daß nach hormonalen Umstellungen im Körper, zum Beispiel in den Jahren nach der Pubertät, oder im alternden Organismus das Risiko für eine Tuberkulose am größten ist. Alles in allem eine Reihe von Umständen, die darauf hindeuteten, daß die sogenannten Abwehrkräfte mit dem hormonbildenden System zusammenhängen könnte.

Dr. Sandberg untersuchte nun, ob möglicherweise eine oder mehrere Drüsen im Organismus für die Abwehrkräfte des Körpers gegen Infektionen verantwortlich sind. Er befaßte sich besonders mit der Hypophyse und kam schließlich auf die Thymusdrüse (innere Brustdrüse). Bei genauer Analyse war darüber nur bekannt, daß sich zwischen Veränderungen im Thymus und Veränderungen der Widerstandskraft augenfällige Übereinstimmungen zeigten. Das brachte Sandberg auf den Gedanken, daß die vernachlässigte Thymusdrüse vielleicht eines der wichtigsten Körperorgane ist; und daß sie unter Umständen die Abwehrkräfte in unserem Körper gegen Infektionen mobilisiert.

Der nächste Schritt für Dr. Sandberg war, das Verhältnis Thymusdrüse – Tuberkulose zu untersuchen.

Da die Rindertuberkulose in jener Zeit noch verhältnismäßig alltäglich war, mangelte es Sandberg nicht an geeignetem Forschungsmaterial. Er untersuchte den Thymus bei Rindern in allen Stadien der Tuberkulose und kam zu einer überraschenden Entdeckung.

Damals herrschte noch die Ansicht, daß die Thymusdrüse kurz nach der Geburt oder nach der Pubertät verschwindet. Sie wurde daher als eine Art rudimentäres Organ betrachtet.

Aber Sandberg stellte fest, daß der Thymus in Wirklichkeit während des ganzen Lebens ein ziemlich großes, aktives Organ ist. Sie unterscheidet sich in ihrer Struktur völlig von anderen Organen. Teilweise besteht sie aus einem spezifischen Epithel (die eigentlichen Drüsenzellen), teils aus den sogenannten Lymphozyten (Lymphzellen). Diese bilden den Hauptanteil des Gewichts und der Größe des Organs. Bei fast allen Krankheiten verlassen die Lymphozyten die Thymusdrüse. Stirbt also ein Mensch oder Tier an einer Krankheit, bleibt nur ein ganz kleiner Rest des Thymus übrig. Bei einer Obduktion stellt sich daher auch heraus, daß die Thymusdrüse in einem solchen Fall im großen ganzen verschwunden ist. Darauf begründete sich wohl auch die Auffassung, daß ein ausgewachsenes Individuum praktisch keinen Thymus hat.
Einer der bedeutendsten Thymusforscher, ebenfalls ein Schwede, Professor A. Hammar, Uppsala, kam vor mehr als fünfzig Jahren bereits auf die Idee, die Thymusdrüse von Unfallopfern oder Selbstmördern zu untersuchen. Also von Menschen, die nicht an einer Krankheit gestorben waren. Er machte dabei die Feststellung, daß sich der Thymus bis zur Pubertät ständig vergrößert, dann wieder kleiner wird, aber während des ganzen Lebens im Körper als funktionstüchtiges Organ verbleibt.
Erstaunlich ist, daß die Thymusdrüse eines 90jährigen in der Größe der eines neugeborenen Kindes entspricht.
Sandberg begann seine grundlegende Forschung an Rindern. »Prinzipiell sind die hormonbildenden Organe bei Menschen und den übrigen Säugetieren gleich«, sagt Sandberg. »Daher spielt die Wahl der Tiere auch nur eine untergeordnete Rolle.« Er untersuchte für einige Jahre gesunde, kranke, fette, magere und trächtige Tiere in den verschiedensten Stadien. Kurz, Rinder aller Altersgruppen und in jedem Gesundheitszustand. Dabei kam er zu den gleichen Ergebnissen wie Professor Hammar. Nämlich, daß die Thymusdrüse während des ganzen

Lebens relativ groß und aktiv ist. Zudem stellte er fest, daß sich dieses Organ während der Trächtigkeit der Tiere verkleinert, beim Kalben ganz verschwunden ist und sich dann nach kurzer Zeit neu bildet. Ferner, daß sie bei tuberkulösen Tieren weitaus kleiner ist als bei solchen, deren Abwehrkräfte trotz vorhandener Tuberkelbazillen den Ausbruch einer akuten Tuberkulose verhinderten.

Die Rückbildung eines Organs wird Involution genannt. Daher wird die Involution eines Organs auch stets mit einer verminderten Funktionstätigkeit verbunden.

Auch die Thymusdrüse bildet sich unter gewissen Umständen zurück. Es gibt eine Altersinvolution – eine Rückbildung des Organs mit zunehmendem Alter, eine Schwangerschaftsinvolution, eine bei Streß, Abmagerung und bei einer Reihe von akuten und chronischen Krankheiten.

Wird eine Rückbildung dieses Organs gleichzeitig als Funktionsminderung angesehen, wie das Thymusforscher früher getan haben, führt der Weg in eine Sackgasse.

»Ich habe den Thymus unter den verschiedensten Bedingungen anatomisch und mikroskopisch untersucht«, sagte Sandberg. »Dabei konnte ich feststellen, daß sich bei Alters- und Schwangerschaftsinvolution sowohl das spezifische Epithel als auch die Lymphozyten verminderten. Unter diesen Umständen müßte davon ausgegangen werden, daß auch die Funktion der Thymusdrüse vermindert ist. Bei den übrigen Formen von Involution bilden sich zuerst die Lymphozyten zurück und dann nach längerer Einwirkung das spezifische Epithel. Da die Lymphozyten eine oder mehrere Organfunktionen unterstützen, muß diese Involution als erhöhte Organfunktion betrachtet werden, auf die dann eine Phase der Erschöpfung folgt.«

In diesem Zusammenhang verweist Sandberg auf den kanadischen Forscher H. Selye, der sich bereits vor über 20 Jahren mit dem Streßproblem beschäftigte. Selye entdeckte, daß bei psychischer oder physischer Überanstrengung die Nebennieren reagieren. Er stellte nämlich fest, daß Streß zuerst eine erhöhte Nebennierenfunktion auslöst, der eine Phase der Erschöpfung des Organs folgt. Aber gleichzeitig vollzieht sich eine Involution der Thymusdrüse, unter der Selye eine Funktionsminderung verstand.

Sandberg ist dagegen der Ansicht, daß Streß eine erhöhte Funktion beider Organe – der Nebennieren und der Thymusdrüse – auslöst. Bei anhaltender Überanstrengung folgt dann daraus eine verminderte Funktion beider Organe.

1949 beendete Dr. Sandberg seine grundlegende Thymusforschung mit der Doktorarbeit. Doch damit war für ihn das Rätsel der Thymusdrüse nicht gelöst. Im Verlauf weiterer Untersuchungen fand er seine Hypothese – daß diese Drüse wesentlich mit der Immunreaktion des Körpers zusammenhängt immer mehr bestätigt.

Sandberg ging nun zu Experimenten an tuberkulösen Meerschweinchen über, die er mit einem selbst angefertigten Extrakt aus frischem Kalbsthymus behandelte.

»Es klingt einfach, man stellt einen Extrakt her«, erzählte Sandberg. »Aber wie? Es gibt so viele Möglichkeiten, ein Organ zu extrahieren. Was eignet sich dazu am besten? Ein Alkoholextrakt, ein Wasserextrakt, ein Ätherextrakt oder irgendein anderer? Für einen Biochemiker mit einer Testmethode, an die er sich halten kann, ist es einfach, die wirksamste Substanz zu finden. Aber bei einer Extraktion aufs Geratewohl hat man entweder Pech, daß nichts dabei herauskommt, oder Glück, wenn ein Resultat erzielt wird. Deshalb war ich mir völlig im klaren darüber, daß die Versuche negativ verlaufen konnten.«

Damals waren Sandbergs Laborhilfsmittel sehr begrenzt, darum wählte er den einfachsten Weg. Er benutzte destilliertes Wasser für seinen Thymusextrakt.

Damit behandelte er eine von zwei Meerschweinchengruppen 14 Tage lang. Anschließend infizierte Sandberg beide Gruppen

seiner Versuchstiere mit rein gezüchteten Tuberkelbazillen. Da Meerschweinchen besonders anfällig für Tuberkulose sind, hätten beide Gruppen innerhalb von fünf bis sechs Wochen sterben müssen. Die von Anfang an mit Thymus behandelte Gruppe erhielt auch weiterhin Thymusextrakt bzw. THX-Injektionen. Die Kontrollgruppe ging dagegen leer aus. Nach fünf Wochen starb das erste Tier dieser Gruppe an Tuberkulose. Daraufhin wurden alle Versuchstiere getötet. Die Kontrollgruppe wurde zuerst obduziert. Wie nicht anders zu erwarten, waren die Tiere Tuberkulose verseucht. Leber, Milz und Lunge waren befallen. Dann folgte die mit THX behandelte Gruppe.
»Ein spannender Augenblick«, erinnerte sich Sandberg. »Im besten Fall hoffte ich auf eine weniger verbreitete Tuberkulose. Aber meine Erwartungen wurden weit übertroffen. Von den fünf mit THX behandelten Tieren waren vier ohne sichtbare tuberkulöse Herde. Das fünfte wies einen Stecknadelkopf großen Herd an der Leber auf, sonst nichts. Das war zu gut, um wahr zu sein. Aus einer einzigen Versuchsreihe können zwar keine sicheren Schlüsse gezogen werden. Aber in Anbetracht der Tatsache, daß die Tiere mit einer hohen Dosis von Tuberkelbazillen infiziert worden waren, und Meerschweinchen besonders empfänglich dafür sind, konnte ich ohne weiteres darauf schließen, daß sich etwas Besonderes ereignet hatte.«
Sandberg wollte die Versuche nun in größerem Rahmen durchführen und setzte sich mit dem Staatlichen Medizinischen Forschungsrat in Verbindung, um Forschungsbeihilfe zu beantragen.

Forschungsbeihilfe wurde gewährt, erfuhr er. Voraussetzung dafür sei allerdings, daß die Experimente in einem wissenschaftlichen Institut, gleichbedeutend mit Hochschule oder Universität, ausgeführt wurden. In anderen Worten, Sandberg hätte seine Tierarztpraxis aufgeben, seine Familie aber trotzdem versorgen müssen. Denn eine Forschung, die außerhalb eines wissenschaftlichen Instituts in der Freizeit ausgeführt

wird, könne weder finanziell unterstützt noch als solche anerkannt werden, hieß es.
Sandberg hatte also keine andere Wahl, als seine Forschungsarbeit selbst zu finanzieren und neben seinem Beruf weiter zu betreiben. Er sagt dazu: »Ich blieb also weiterhin Privatforscher mit allem, was damit an Mißtrauen und Schwierigkeiten in bezug auf die Veröffentlichung wissenschaftlicher Arbeiten verbunden war.«
Er sah sich gezwungen, die kostspieligen Tuberkuloseversuche aus finanziellen Gründen einzustellen. – Seinem Bruder hätte er nun auch nicht mehr helfen können, da er bereits an Tuberkulose verstorben war.
Aber das Geheimnis der Thymusdrüse ließ Sandberg trotzdem nicht mehr los. Sie mußte mehrere Funktionen haben und auch mehr als ein Hormon produzieren. Sandberg überlegte, wie er das Problem auf andere Art, für die seine eigenen Hilfsmittel reichten, lösen könnte.
Es wurde schon lange vermutet, daß die Thymusdrüse in irgendeinem Zusammenhang mit dem Wachstum stehen mußte. Diese Annahme wurde auch durch die Tatsache unterstützt, daß sich diese Drüse nach vollendetem Wachstum verkleinert. Während ich Sandberg zuhörte, kam mir der Gedanke, ob nicht darin der Schlüssel liegen könnte. Besteht etwa zwischen dem vollendeten Wachstum und dem Rückgang der Thymusdrüse ein Zusammenhang zu unserer begrenzten Lebensdauer? Denn es ist doch augenfällig, daß ein Neugeborenes und ein Greis eine praktisch gleich große Thymusdrüse haben. Auch die Anfälligkeit beider Altersgruppen gegenüber Infektionen ist besonders hoch. Warum? Weil bei beiden die Abwehrkräfte – noch und wieder – kaum vorhanden sind? Könnte vielleicht durch eine Beeinflussung der sich rückbildenden Thymusdrüse beim Erwachsenen die Widerstandskraft gesteigert und damit die Lebensspanne erweitert werden?
Sandberg kam schließlich zur Überzeugung, daß im Thymus

ein wachstumhemmendes Hormon produziert werden muß. Dabei ging er von der Voraussetzung aus, daß Wachstumshormone der Hypophyse und vielleicht auch anderer Organe das Wachstum beeinflussen. Könnte es vielleicht möglich sein, daß eine Art »Antihormon« dieses Hormon als »Sperre« überwacht, um das Wachstum in normalen Grenzen zu halten? Eine Theorie, die näher untersucht werden mußte. Nach langen Überlegungen kam Sandberg schließlich auf Krebs als geeignetes Versuchsgebiet. Denn hier bot sich ein Krankheitsbild, das durch anomales Wachstum der Zellen gekennzeichnet ist. Ließ sich nachweisen, daß die krankhafte Neubildung der Krebszellen durch THX beeinflußt werden kann, würde das gewissermaßen die Bestätigung seiner Theorie bedeuten.

Durch seine Tierarztpraxis hatte Sandberg genügend Zugang zu geeignetem Versuchsmaterial. Hier bot sich ihm die Möglichkeit, die einleitenden Versuche ohne Forschungsbeihilfe aus eigener Kraft durchzuführen.

Eines Tages mußte Sandberg dann eine erkrankte Kuh untersuchen und stellte fest, daß sie an einem bösartigen Lymphdrüsenkrebs – an einem Lymphosarkom erkrankt war.

»Sie hatte u.a. große Tumoren im Becken, einen hinter dem rechten Auge und mit Sicherheit Tochtergeschwülste im Gehirn. Dafür gab es deutliche Anzeichen«, erzählte Sandberg. »Sie konnte kaum aufstehen, und sobald sie den Versuch machte, fiel sie gleich wieder um. Das Tier war apathisch, fraß nicht mehr, und der Besitzer wußte nach meiner Diagnose, daß er die Kuh abschreiben mußte. Daher stellte er sie mir auch als Versuchstier zur Verfügung«, fuhr Sandberg fort.

Wie bei seinen früheren Versuchen stellte Sandberg auch diesmal einen Extrakt aus frischem Kalbsthymus her. Einen Tag nach der Diagnose behandelte er das kranke Tier mit THX. Inzwischen hatte sich der Zustand der Kuh weitgehend verschlechtert. Sie war bewußtlos, und das rechte Auge noch mehr aus der Höhle gedrückt als am vorhergehenden Tag. Sie war an einer schnell fortschreitenden Krebsart erkrankt.

Sandberg spritzte 20 ccm THX intravenös und weitere 20 ccm intramuskulär. Danach verdoppelte sich der Puls, normalisierte sich aber nach weiteren zehn Minuten wieder. Sonst traten keine Nebenwirkungen auf. Als Sandberg am nächsten Tag wiederkam, um eine weitere Injektion vorzunehmen, machte das Tier zu Sandbergs großem Erstaunen einen ganz normalen Eindruck. Sie fraß mit gesundem Appetit. Sandberg begann an seiner eigenen Diagnose zu zweifeln. Denn an eine derart schnelle Besserung konnte er kaum glauben. Er behandelte das Tier trotzdem weiter. Nach einer Woche war der Tumor hinter dem Auge verschwunden, und nach weiteren Wochen der Behandlung auch alle anderen sichtbaren Tumore zurückgegangen.

Das Tier wurde natürlich trotzdem geschlachtet. Sandberg wohnte der Obduktion bei. Er entnahm Gewebeproben für eine mikroskopische Untersuchung und machte die Enddiagnose. Dabei wurden u. a. Reste von Lymphosarkom im Gehirn festgestellt. Sandberg hatte sich also mit seiner ursprünglichen Diagnose nicht geirrt. Die mit THX erzielten Resultate übertrafen allerdings alle Erwartungen.

Auch bei mehreren darauf folgenden Versuchen mit den gleichen Krankheitssymptomen zeigten sich eindeutig die gleichen Resultate. Für Sandberg war das ein Beweis dafür, daß sein einfacher Thymusextrakt bei dieser Art Krebs eindeutig tumorhemmend wirkt.

»Das war 1950«, berichtete Sandberg. »Damals hatte ich einen sehr guten Freund, der stellvertretender Oberarzt in einem nahegelegenen Krankenhaus war. Wir sprachen über meine Erfahrungen mit der Thymustherapie bei Krebskrankheiten. Er schlug mir dann vor, gemeinsame Versuche bei Leukämie (Blutkrebs) durchzuführen. Eine damals und auch heute noch praktisch unheilbare Krankheit. Doch gerade wegen der Hoffnungslosigkeit dieser Erkrankung gingen wir einerseits kein Risiko ein, konnten aber auf der anderen Seite den Krankheitsverlauf durch tägliche Blutanalysen genau verfolgen. Wir wußten natürlich, daß Leukämie meistens einen stürmischen Verlauf nimmt. Wir hatten also keine Hoffnung, den Patienten das Leben erhalten zu können, wir glaubten aber, wenigstens den Krankheitsverlauf etwas beeinflussen zu können.

Durch einen Zufall – denn Leukämie ist keine allzu häufige Krankheit – wurden in diesem Krankenhaus fast gleichzeitig fünf Leukämiefälle entdeckt. Drei darunter eigneten sich wegen eines einfach zu verfolgenden Blutbildes besonders für unsere Versuche.

Diese drei Patienten erhielten drei Tage lang THX-Injektionen. Bereits nach der dritten Spritze veränderte sich deren Blutbild dramatisch. Die entarteten Zellen im Blut verschwanden allmählich und wurden durch normale weiße Blutkörperchen ersetzt. Nach einem Monat hatte sich das Blutbild dieser Patienten im großen ganzen normalisiert. Gleichzeitig besserte sich auch ihr Allgemeinbefinden langsam. Die Wirkung war bei allen drei Patienten gleichartig und regelmäßig.

Natürlich gibt es bei dieser Krankheit manchmal spontane Besserungen vorübergehender Natur. Aber es war unwahrscheinlich, daß eine solche in allen drei Fällen nach dreitägiger Behandlung einsetzen würde. Darum konnten wir auch aus diesen Versuchen ableiten, daß der Thymusextrakt auf Leukämie hemmend wirkt. Die Versuche wurden dann in größerem Umfang und mit gleichen Resultaten wiederholt.

»Wir wollten unsere Ergebnisse dann in der Fachpresse veröffentlichen«, fuhr Sandberg fort. »Aber unsere Arbeit wurde nicht angenommen. Man hielt es wohl für allzu unglaubwürdig, daß eine hoffnungslose Krankheit wie Leukämie ausgerechnet durch den Extrakt der unbeachteten Thymusdrüse beeinflußt werden könnte. Ganz abgesehen davon handelte es sich obendrein auch noch um Privatforschung, die von vornherein als nicht ganz zuverlässig angesehen wird. Daß wir beide ordnungsgemäß promoviert hatten, also eigentlich in der Lage sein

sollten, wissenschaftliche Versuche durchzuführen, fiel nicht ins Gewicht. Allein die Tatsache, daß unsere Versuche nicht in einem wissenschaftlichen Institut oder einer Universitätsklinik durchgeführt wurden genügte, um unsere Arbeit abzulehnen«, schloß Dr. Sandberg.
Schließlich erhielt er jedoch aufgrund einer Veröffentlichung ein Angebot der Universität Lund. Dort konnte er seine Forschungen im pharmakologischen Institut fortsetzen. Anschließend wechselte er in ein ähnliches Institut nach Göteborg über, wo ihm die Gelegenheit gegeben wurde, seine Leukämieversuche am Menschen fortzuführen. Gleichzeitig studierte er in einer dem Institut angeschlossenen Hundeklinik die Wirkung von THX auf andere Krebsarten wie Prostatakrebs und Brustkrebs.

»Pest und Cholera schrecken uns heute nicht mehr – die Horrorkrankheit unserer Zeit ist Krebs«, sagt Professor K. H. Bauer vom Deutschen Krebsforschungszentrum in Heidelberg. Vor hundert Jahren fiel nur jeder achtundzwanzigste einer Krebskrankheit zum Opfer. 1928 war es noch jeder zehnte. Jetzt wird bereits jeder fünfte davon betroffen, und alle Anzeichen deuten darauf hin, daß es schon bald jeder dritte sein wird. Was nützt uns unter diesen Umständen eine Lebensverlängerung, wenn unsere Aussichten darauf durch die Krebsbedrohung ohnehin in Frage gestellt sind. Aber unter welchem Streß würde erst eine »Gesellschaft der Zweihundertjährigen« leben, wenn kein erfolgreiches Heilmittel gegen Krebs gefunden würde!
Daß Sandberg den Zusammenhang zwischen Abwehrkräften des Körpers und Krebs richtig einschätzt, geht aus neuesten Forschungsergebnissen deutlich hervor. Denn heute kommen die Krebsforscher der Krebszelle immer mehr auf die Spur.
Es hat sich herausgestellt, daß sie sich trotz ihrer »Antigenität« durch die sogenannte Neuraminsäure – einer Substanz aus an

Aminosäuren gebundenes Kohlenhydrat (Zucker) –, vor der Entdeckung verbirgt. Es ist bisher noch nicht gelungen, diesen »Panzer« zu durchdringen. Ihre »Maske« ist von stark schleimiger Beschaffenheit und zudem stark negativ elektrisch geladen.
Zweifellos ist Krebs antigen. Aber es steht noch nicht mit Sicherheit fest, wie viele Krebsantigene es gibt, von welcher Beschaffenheit sie sind und wie sie wirken. Bei der Bildung eines Tumors begeben sich die Lymphozyten im Körper auf den Kriegspfad, um die verborgenen Antigene auszukundschaften, und stellen sich dabei gleichzeitig dem Verteidigungssystem der Krebszellen zum Kampf.
Einige erfolgreiche Tierversuche lassen die Hoffnung auf eine Lösung des Problems zu. Ein Forscherteam der Marburger Behringwerke unter der Leitung von Professor Schwick entnahm bei Hündinnen mit Brustkrebs einen kleinen Teil des Tumors. Auf Zellgröße zerkleinert, suspendiert und mit einem Enzym versetzt (Neuraminidase), konnte damit der Neuraminsäure-Panzer abgebaut und demaskierte Tumorzellen gewonnen werden. Diese den Tieren wieder injizierten, demaskierten Krebszellen regten deren Organismus zur Antikörperbildung an, die stark genug war, um den Schutzmantel der Krebszellen zu durchbrechen. In 70 Prozent der Fälle verschwanden die Tumore bei den Versuchstieren. Aber leider ist die Ausführung dieses Verfahrens nicht ganz einfach. Bei Verabreichung einer zu kleinen Dosis erfolgt gar keine Reaktion. Ist die Dosis dagegen zu groß, wird das Gegenteil erreicht, wildes Wachstum der Tumore setzt ein. Wahrscheinlich, weil die Abwehrkräfte des Körpers völlig aus dem Gleichgewicht geraten. Es wird wohl noch eine Weile dauern, bis dieses Rätsel gelöst ist. Vielleicht besteht aber die Möglichkeit, das Abwehrsystem des Körpers nach Krebsoperationen durch Injektionen »ungepanzerter« Krebszellen zu aktivieren. Die Zahl der Antikörper würde auf jeden Fall dazu ausreichen, Metastasen zu bekämpfen.

Und die THX-Behandlung? Möglicherweise aktiviert der Thymusextrakt das Abwehrsystem im Organismus so stark, daß es den Schutzmantel der Krebszellen durchbricht und daher die Tumore unschädlich macht. Könnte die Beeinflussung des Immunsystems nicht auch gleichzeitig eine lebensverlängernde Wirkung haben? Mittlerweile ist der Thymus so aktuell geworden, daß auch in der Bundesrepublik seit Juli 1975 ein Institut für Klinische Thymusforschung in Bad Harzburg etabliert ist.
Die größte Erfahrung in der klinischen Thymusforschung hat bisher jedenfalls Sandberg aufzuweisen. Auf meine Frage, wie es dazu kam, antwortete er: »Der Grund, warum ich als Tierarzt in der Hauptsache Versuche an Menschen durchgeführt habe, liegt darin, daß Krebsversuche, wie ich sie mache, an natürlich entstehendem Krebs ausgeführt werden müssen. Es gibt allerdings bei Tieren dieselben Krebskrankheiten wie beim Menschen. Aber es ist weit schwieriger, genügend Haustiere als Versuchstiere zu bekommen, wie Menschen mit hoffnungslosen Krebserkrankungen, die sich nur zu gern für klinische Versuche zur Verfügung stellen.«
Wie Sandberg sagte, ging aus den Göteborger Versuchen einwandfrei hervor, daß der Thymusextrakt krebshemmend wirkt.
Er wußte zwar nicht wie, aber das änderte auch nichts an der Tatsache. Wenn also, wie Sandberg folgerte, THX Krebs hemmen konnte, bestand doch die Wahrscheinlichkeit, daß ein Mangel an Thymushormonen für die Entstehung der Krankheit verantwortlich sein könnte. Vielleicht war also die Heilung dieser Krankheit durch THX auf ganz natürliche Ursachen zurückzuführen. Nämlich darauf, daß eine oder mehrere Abwehrreaktionen des Körpers in Gang gesetzt wurden, um sie zu verhindern.
Sandberg kehrte von Göteborg nach Aneby zurück, um die Zusammenhänge zwischen Krebs und Thymus weiter zu erforschen.

Inzwischen hatten sich in Schweden seine Heilerfolge mit THX wie ein Lauffeuer verbreitet. Die Patienten standen Schlange, um als Versuchspersonen noch eine Chance zu bekommen. Sandberg war besonders an hoffnungslosen Fällen gelegen. Voraussetzung zur Behandlung solcher Patienten war allerdings das Einverständnis der behandelnden Ärzte solcher Fälle, mit Sandberg zusammenzuarbeiten. Das heißt, deren Einwilligung, die Behandlung durchzuführen.

»Das war nicht schwierig«, sagte Sandberg. »Dagegen war es aussichtslos, Krebsspezialisten für regelrechte Versuchsserien zu gewinnen. Und die hätten doch eigentlich besonders daran interessiert sein sollen.«

Im Frühjahr 1952 sah sich Sandberg dann veranlaßt, die Presse über seine Versuche und Ergebnisse zu unterrichten. Denn in der Zwischenzeit waren so viele Krebskranke mit den verschiedensten Krebserkrankungen erfolgreich mit THX behandelt worden. Dazu berichtet er, daß eine Reihe von Journalisten schon seit Jahren über seine Versuche und Resultate unterrichtet waren, aber auf seinen Wunsch hin von einer Berichterstattung Abstand genommen hatten. Doch nachdem die THX Behandlung nunmehr in aller Munde war, hielt es Sandberg für zweckmäßig, die Presse mit verbindlichen Informationen zu versorgen.

»Es wäre vielleicht besser gewesen, einen Fachartikel zu veröffentlichen«, sagte Sandberg. »Aber das war bereits zwei Jahre vorher geschehen, und die Versuche in diesem Stadium waren für einen Fachartikel ungeeignet.

Jedenfalls hatten die Veröffentlichungen in Tages- und Wochenzeitungen ein ganz unerwartetes Echo. Zuerst reagierten die Autoritäten. Sie äußerten sich negativ über meine Forschung, obwohl kein einziger von ihnen die Einzelheiten meiner Resultate kannte«, fuhr Sandberg fort. »Keine sachliche Kritik wurde laut, sondern nur die gewohnten Äußerungen von Autoritäten, wenn es um etwas Neues geht. Die positiven

Stimmen kamen von den Krebskranken und oft sogar von deren Ärzten, die sich wegen des Thymusextraktes an mich gewandt hatten. Damals kam übrigens der Name THX zum ersten Mal auf.«

Doch damit begannen auch Versuche größeren Umfangs. Sandberg stellte den Ärzten, die sich wegen THX an ihn wandten, das Mittel mit Dosierungsvorschlägen kostenlos zur Verfügung und bat, ihm einen Bericht über die Behandlungsergebnisse und Krankheitsgeschichten der Patienten zukommen zu lassen.

»Schließlich bin ich kein Heilmittelproduzent und habe selbstverständlich nie Medizin verkauft«, machte Sandberg deutlich. Bei den Patienten handelte es sich immer noch um hoffnungslose, weit fortgeschrittene Fälle. Denn vom Standpunkt der Forschung her war es für Sandberg wichtig, den Rückgang eines Tumors bei einem von vornherein hoffnungslosen Fall zu beobachten.

»Wäre ich ein Opportunist gewesen«, sagte er, »hätte ich die schwersten Fälle abgelehnt, um einen möglichst hohen Prozentsatz an Heilerfolgen nachweisen zu können.«

Dann sprach er über einige seiner damaligen Fälle.

Eines Tages suchte ihn eine 45jährige Frau auf, die vor einigen Jahren an Brustkrebs operiert worden war. Der Krebs war wieder ausgebrochen. Sandberg riet ihr, sich mit ihrem Arzt zu besprechen, und falls dieser einer THX-Behandlung zustimmen sollte, würde er, Sandberg, ihm den Extrakt für sie zuschicken. Doch dieser und auch andere Ärzte, die diese Patientin konsultierte, lehnten eine Behandlung mit Thymusextrakt ab. Einige Monate später erhielt Sandberg einen Anruf aus einem Krankenhaus in der Heimat jener Kranken. Der behandelnde Arzt bat Sandberg um Thymusextrakt für die Patientin. Dabei erfuhr Sandberg, daß sich bei ihr bereits Tochtergeschwülste im Skelett ausgebreitet hatten, der Kehlkopf befallen war und sie seit einigen Tagen die Sprache verloren hatte. Sie würde vielleicht noch 14 Tage leben. Sandberg hatte damals schon sehr viele Patienten auf seiner Warteliste und nie genügend THX zur Verfügung. Er mußte daher ablehnen. Nach weiteren dringenden Telefongesprächen ließ er sich schließlich überreden und schickte dem Arzt THX für die Patientin.

Ihr Zustand besserte sich überraschend. Schon nach viertägiger Behandlung konnte sie wieder sprechen. Die sichtbaren Tumore verkleinerten sich rasch, und nach einem Monat war die Frau wieder auf den Beinen. Ihre Behandlung hatte etwa vier Wochen gedauert und wurde im darauffolgenden Jahr einige Male wiederholt. Danach blieb die Patientin 13 Jahre lang ohne Beschwerden. Dann brach der Krebs erneut aus. Sie wurde erfolglos mit anderen Hormonen behandelt und kam schließlich wieder zu Sandberg. Doch da ihre gegenwärtige Behandlung sich mit einer Thymus-Behandlung nicht vertrug, konnte ihr Sandberg nicht mehr helfen.

Nicht weniger erstaunlich dürfte der Fall eines 50jährigen Mannes sein. Dieser Patient war aufgrund diffuser Magenbeschwerden schließlich mit dem Verdacht auf Magengeschwüre oder Gallensteine ins Krankenhaus eingeliefert worden. Zur Untersuchung mußte der Leib geöffnet werden. Dabei wurde eine große Krebsgeschwulst an der Bauchspeicheldrüse entdeckt, die sich bereits in der ganzen Bauchhöhle ausgebreitet hatte. Da jede Hilfe zu spät kam, wurde der Leib wieder zugenäht. Der Patient selbst erfuhr nichts von seinem hoffnungslosen Zustand, sondern wurde im Glauben gelassen, er sei wegen eines Magengeschwüres operiert worden.

Die Frau des Kranken schrieb einen verzweifelten Brief an Sandberg, und gleichzeitig ersuchte ihn der behandelnde Arzt, ihm THX für den Patienten zuzuschicken.

Über einen Monat erhielt der Kranke täglich THX-Injektionen – zur Besserung seines Allgemeinbefindens, wie ihm gesagt wurde. Nach etwa vier Wochen war er ohne Beschwerden. Im darauffolgenden Jahr wurde die Behandlung wiederholt.

Nach 14 Jahren kam der gleiche Patient zu Sandberg, um sich wegen eines ganz anderen Leidens behandeln zu lassen.
»Er wußte bis dahin immer noch nicht, daß er 14 Jahre früher beinah an Krebs gestorben wäre. Eine merkwürdige Situation, einem Mann gegenüberzusitzen, dem man das Leben gerettet hat, ohne daß er davon weiß«, sagte Sandberg.

Im Herbst 1952 folgte Sandberg einem Angebot, in den USA an einem Forschungsprojekt mitzuarbeiten, das durch einen Forschungsfonds finanziert wurde. Er setzte dort seine klinischen Versuche mit THX in Krankenhäusern fort und hatte die gleichen positiven Ergebnisse wie in Schweden. Im Gegensatz zu Schweden hatte er hier allerdings die Gelegenheit, aktiv an den Versuchen teilzunehmen und die Patienten während der Versuchsbehandlung selbst mit zu beobachten. Gleichzeitig arbeitete er an einer experimentellen Krebsforschung an Mäusen, die teils an der Universität von Kalifornien, teils an der Stanford-Universität durchgeführt wurde. Hier erprobte Sandberg seinen Thymusextrakt an künstlich hervorgerufenen Brust- und Ohrentumoren bei Mäusen, die durch ultraviolette Bestrahlung verursacht wurden. Nach Ablauf dieses Forschungsprojektes wurden seine THX-Versuche durch Experten positiv beurteilt. – Da das Forschungsprojekt aus finanziellen Gründen nicht, wie vorgesehen, weiter ausgebaut werden konnte, entschloß sich Sandberg, auf eine Arbeit im beschränkten Rahmen zu verzichten.
Er wurde jedoch dem Sloan Kettering Institut, New York – dem größten Krebsforschungsinstitut der Welt –, empfohlen und hätte dort seine Arbeit sofort fortsetzen können. »Ein Angebot, das wohl jeder Krebsforscher allein schon aus Prestigegründen akzeptieren würde«, sagte Sandberg. Doch dieser Individualist hatte seine eigenen Vorstellungen über die weitere Durchführung seiner bereits erfolgreichen Forschung. Er hatte nicht die Absicht, in einem Riesenbetrieb als kleines

Rädchen nach einem bereits festgelegten Plan eingeordnet zu werden. So erklärte Sandberg jedenfalls den Entschluß, seine Forschung im Sloan Kettering Institut innerhalb des dort gegebenen Rahmens nicht fortsetzen zu wollen.
Er ging 1953 wieder nach Schweden zurück und arbeitete dort in den nächsten 15 Jahren privat weiter, um die Funktionen der Thymusdrüse zu ergründen.
Allerdings nahm dann die Thymusforschung innerhalb weniger Jahre in der ganzen Welt überraschende Ausmaße an. Sandberg wurde durch die Ergebnisse anderer Forscher nicht nur in seiner Arbeit bestätigt, sondern auch zu neuen Gesichtspunkten über den Thymus angeregt. Ab 1957 kamen Versuche dazu, die nicht im Zusammenhang mit Krebs standen. Hier handelte es sich um Fälle von Gelenkrheuma, Diabetes mit Komplikationen und Asthma.
Doch diese Versuche konnten erst Ende 1963 erweitert werden, nachdem der Sohn eines krebskranken Patienten in ganz Schweden eine Sammlung organisierte, um Sandberg in die Lage zur versetzen, seine Versuche zu erweitern.
Mit der Zeit stellte sich heraus, daß der Thymus eine weit größere Bedeutung hat, als Sandberg je vermutete.
Um neue Versuchsserien finanzieren zu können, sah sich Sandberg jetzt gezwungen, den Patienten, die früher kostenlos behandelt worden waren, von nun an eine kleine Gebühr zu berechnen, durch welche die nackten Forschungskosten gedeckt wurden.
Bis heute hat sich Sandberg auf die klinische Anwendung und Wirkungsweise von THX konzentriert. Aus seinen überzeugenden Untersuchungsergebnissen geht hervor, daß sich der Zustand von über 80 Prozent der Patienten durch die Behandlung mit THX gebessert hat bzw. deren Beschwerden ganz verschwunden sind. Sandberg ist heute absolut davon überzeugt, daß THX bei den verschiedensten Krebskrankheiten, die er untersucht hat, eine bedeutend allgemeinverbessernde, tumorhemmende Wirkung auslöst.

Zur Vervollständigung erwähnte Sandberg noch, daß Untersuchungen über die Wirkung von THX-Behandlungen im Zusammenhang mit anderen Hormonbehandlungen durchgeführt wurden. Es handelte sich dabei um Brustkrebs, der mit männlichen, manchmal auch mit weiblichen Sexualhormonen behandelt wurde; und Prostatakrebs-Fälle, die mit weiblichen Sexualhormonen bekämpft wurden. In solchen Fällen konnte keine sichere Wirkung von THX beobachtet werden. Das gleiche Ergebnis zeigte sich auch bei Patienten, die gleichzeitig oder kurze Zeit vorher mit dem Nebennierenhormon Cortison behandelt wurden.

Über Hormone wissen wir im Grunde bisher noch sehr wenig. Auch die Hormone der Thymusdrüse sind zum größten Teil noch unbekannt. Erst unlängst konnte das Thymushormon Thymosin isoliert werden. Wissenschaftler vermuten, daß alle Lymphozyten, die den Thymus passieren, unter dem Einfluß dieses Hormons ihre immunologische Reaktionsbereitschaft erhalten. Auf diese Weise übernehmen sie die Trägerrolle der zellularen Immunität, sind für die Abwehr bösartiger Zellen und auch die Abstoßung von Transplantationen verantwortlich.

Daß sich die Hormontherapie eines Tages durchsetzen würde, prophezeite bereits 1776 der französische Arzt Theophile de Bordeau in seinem Buch »Die medizinische Blutanalyse«.

Die wohl sensationellste Wirkung eines Hormons entdeckte inzwischen der Biologe Carroll Williams von der Harvard-Universität. Er isolierte dieses Hormon im Gehirn bestimmter Insekten im Raupenstadium. Wenn es auf die Haut eines Insekts aufgetragen wird, hat es eine sofortige, unerhört starke verjüngende Wirkung. Bei Mäusen ist der Effekt genauso dramatisch. Der Prozeß des Alterns scheint aufzuhören, die Zeit stillzustehn. Auch hier bahnt sich anscheinend ein wichtiger Weg zur Lebensverlängerung an. Die Forschung geht weiter.

Offensichtlich spielen auch in der THX-Behandlung die Thymushormone eine ausschlaggebende Rolle.
Sandberg hat in den letzten 10 Jahren 50 000 Krebsfälle zwischen 40 und 60 Lebensjahren behandelt. Dabei wurde immer wieder festgestellt, daß THX nicht nur eine heilende, sondern auch stark verjüngende Wirkung hat.
Ich fragte Sandberg, ob er sich das erklären kann.

»Wenn wir jung sind«, sagte er, »hat unser Körper viel mehr Thymushormone als im Alter. Darum ist es auch natürlich, daß durch Gaben von THX eine Verjüngung stattfindet. Sie zeigt sich allein schon am Haar, das wieder in der natürlichen Farbe und besser nachwächst. Auch die meisten Alterskrankheiten, wie zum Beispiel Arteriosklerose, Prostatabeschwerden, Arthrose, Augenkrankheiten, u. a. grauer Star usw. werden sehr positiv beeinflußt. Mit einer systematischen, gezielten Thymus-Behandlung könnte die Lebenserwartung sicher auf 130 Lebensjahre erweitert werden.«

»Sie glauben also an eine Lebensverlängerung durch THX, Dr. Sandberg?«
»Ja, daran glaube ich ganz bestimmt.«

Bei diesen Worten kam mir eine der Patientinnen des schwedischen Arztes in den Sinn. Ich hatte geglaubt, eine Mittsechzigerin vor mir zu sehen. Sie war 89 Jahre alt.

XII

200 Jahre jung – kein Traum

Von den Gerontologen wird der Tod bekämpft. Doch was ist eigentlich Leben? Können wir es überhaupt definieren? In der Beschreibung der Bestandteile des Lebens sind zwar erstaunliche Fortschritte erzielt worden. Aber die Definition für Leben ist nach wie vor offen und seine eigentliche Natur immer noch unklar.

Sagt man nun, daß sich Leben von Nichtleben durch seine Organisation und Aktivität unterscheidet, muß man von vornherein einräumen, daß diese wie auch andere anwendbare Definitionen nicht unbedingt zufriedenstellen.

Wenn trotzdem Begriffe wie Organisation und Aktivität – also ein bestimmtes System und Bewegung – verwendet werden, kommt man der Ausdeutung für Leben doch wenigstens in etwa nahe. Sobald Leben nämlich in seine chemischen Bestandteile zerlegt wird, qualifiziert keine der einzelnen Substanzen den Begriff Leben. Also bedeuten nur die Verbindungen dieser Substanzen zu einem organisierten System Leben. Die Selbsterhaltung dieses Systems erfolgt durch die Reaktion mit seiner Umwelt. In anderen Worten, durch Atmung, Nahrungsaufnahme, Schlafen, Wachen, Fortpflanzung und einer kontrollierten Körpertemperatur. Die Aufrechterhaltung, also die Stabilität dieser ganzen Körperfunktionen ist ein regelrechtes Naturwunder. Dieses Wunder – der zur Erhaltung unseres Daseins absolut notwendige Gleichgewichtszustand – wird Homöostase genannt.

Die Homöostase wird durch ein Organ aufrechterhalten, das eine Anzahl lebenswichtiger Funktionen in unserem Körper reguliert. Und weil dieses Organ so ungeheuer wichtig ist, hat es die Natur an einem besonders geschützten Platz im Kopf, unterhalb des Großhirns, etwa in Nasenhöhe, untergebracht. Dieses Organ wird Hypothalamus genannt, ist direkt mit der Hypophyse (Hirnanhangdrüse) verbunden und gehört zum Zwischenhirn. Der Hypothalamus ist u. a. für die Wärmeregulierung im Organismus verantwortlich und sorgt dafür, daß die

Temperatur unabhängig vom Klimawechsel auf 37° Celsius gehalten wird. Diese Drüse reguliert außerdem automatisch unseren Wach- und Schlafmechanismus, den Blutdruck, die Atmung, den Fett- und Wasserstoffwechsel, das Triebleben und vieles andere. Der Hypothalamus wirkt auch auf die von der Medizin so lange vernachlässigte Thymusdrüse regulierend und modulierend.

Die unmittelbar mit dem Hypothalamus verbundene Hirnanhangdrüse ist ebenfalls eines der lebenswichtigsten Organe unseres Körpers. Sie besteht zu 85 Prozent aus Wasser, wiegt weniger als ein Gramm und ist für die Produktion von Hormonen verantwortlich, von denen der harmonische Ablauf der inneren Funktionen des Organismus abhängt. Hier wickeln sich in einem kaum vorstellbaren »Superlaboratorium« die kompliziertesten Vorgänge ab. Pro Jahr wird dort die beinah unmeßbar geringe Menge von drei tausendstel Gramm produziert, die sich auf wenigstens zehn verschiedene Hormone verteilt. Es wird sogar vermutet, daß dort noch weitere Hormone vorhanden sind, deren Spuren aber einfach zu gering sind, um sie mit unseren jetzigen Methoden nachweisen oder analysieren zu können.

Erst seit kurzem ist die Wissenschaft darauf gestoßen, daß der Hypothalamus die Hypophyse dirigiert. Darum wird der Hypothalamus auch neuerdings in Zusammenhang mit den Altersveränderungen des Organismus gebracht.

Leben ist ein organisiertes System, in dem sich alles in ständiger Aktivität befindet. Aber Aktivität setzt Energie voraus, eine Aktivierungsenergie, die sich in unserem Körper durch Wärme äußert.

Eine höhere oder tiefere Temperatur in unserem Organismus kann also diese Aktivität entweder beschleunigen oder verlangsamen.

Ein gutes Beispiel ist in diesem Zusammenhang Fieber. Es beschleunigt unseren Puls, zwingt uns zu schnellerer Atmung, treibt den Stoffwechsel an . . . kurz, das Leben verzehrt sich im Fieber. Ist die Temperatur dagegen sehr niedrig, verlangsamt sich die Aktivität und kommt bei einer extremen Herabsetzung ganz zum Stillstand.

So konnte aufgrund von Experimenten errechnet werden, daß Mikroorganismen in einer vitalen Fixierung bei Temperaturen um den absoluten Nullpunkt Jahrmillionen und Milliarden Jahre überleben können. Bei solch niederen Temperaturen bleiben die wesentlichen und labilen Eigenschaften erhalten. Aber auch der strukturelle Zerfall von Proteinen und Nukleinsäuren würde nicht nur außerordentlich lange dauern, sondern wahrscheinlich überhaupt nicht stattfinden.

Würde durch eine Katastrophe im Weltraum unsere Sonne ausgelöscht, wäre die Tier- und Pflanzenwelt, natürlich auch der Mensch zum Tode verurteilt. Aber für eine Unzahl kleinster Organismen würde selbst unsere in flüssigen Sauerstoff und Stickstoff verwandelte Atmosphäre und die Weltraumkälte keine Bedrohung bedeuten. Denn sie könnten unter solchen Bedingungen Millionen von Jahren ausharren, bis sich irgendwann einmal günstigere Umstände für ihre Wiederentwicklung bieten würden. Eine radikale Ausrottung des Lebens wäre wohl kaum möglich.

Als Beweis dafür dürften lebens- und keimfähige Bakteriensporen gelten, die im Darminhalt eines Mammuts gefunden wurden. Dieses Urwelttier kam nach über 10 000 Jahren aus dem sibirischen Inlandeis zum Vorschein.

Durch einen neuen Forschungszweig, die Cryobiologie (Gefrierbiologie) konnte inzwischen nachgewiesen werden, daß ein Stillstand des Lebens nicht unbedingt Tod bedeuten muß. Auf diese Weise werden schon seit einiger Zeit erfolgreich Stierspermatozoen bei minus 79° Celsius konserviert. Die Hälfte des Kuhbestandes in den USA wird mit solchen Samenkonserven, die zwischen zwei und fünf Jahren alt sind, künstlich befruchtet. Die Befruchtungsfähigkeit ist durch das Einfrieren in keiner Weise beeinträchtigt.

Es ist im Grunde also gar nicht weiter verwunderlich, daß sich heute bereits Menschen bei Eintritt des Todes schnellstmöglich einfrieren lassen. Sie wollen für *den* Tag frischgehalten werden, an dem eine fortgeschrittene Wissenschaft ihnen eine neue Lebenschance bietet.

Allerdings gibt es in der Tierwelt verschiedene Warmblüter – Fledermäuse, Bären, Hamster und Igel –, deren Körpertemperaturen während des Winterschlafs ganz von selbst auf einige Grad über den Gefrierpunkt fallen. Unter den Amphibien und Fischen sinken die Körpertemperaturen bei einigen sogar bis auf den Gefrierpunkt. Frösche und Karpfen verfallen z. B. eingefroren im Eis in einen Starrezustand, in dem das Leben praktisch stillsteht. Durch gelöste Salze in ihrer Zellflüssigkeit kristallisiert sich diese auch bei Temperaturen etwas unter Null nicht zu Eis. Im Frühling tauen sie wieder auf, und ihre Körperfunktionen setzen wieder voll ein.

Je tiefer allerdings die Stufenleiter der Entwicklung von Lebewesen ist, um so weniger werden sie durch Kälte beeinflußt.

Der Frostspanner kann sich zum Beispiel überhaupt erst zum Schmetterling entwickeln, wenn er im Puppenstadium zu einem Stück Eis erstarrt war.

Ein Mensch, der dagegen nur für kurze Zeit im Eiswasser zubringt, ist hoffnungslos unterkühlt und kann trotz aller Gegenmaßnahmen nicht mehr gerettet werden. Dafür gibt es viele Beispiele von Schiffbrüchigen im Eismeer.

In den USA begann man zuerst damit, Verstorbene mittels flüssigen Stickstoffes auf minus 196° C einzufrieren. Denn Veränderungen und Reaktionen des menschlichen Körpers, die sich bei einer Temperatur von 37° C im millionstel Teil einer Sekunde vollziehen, brauchen bei einer Temperatur von minus 196° C eine Milliarde Jahre. Bei den Kunden der Tiefkühl-Bestattungs-Institute beginnt der Prozeß des Einfrierens sofort nach Eintritt des klinischen Todes, jedoch bevor der biologische Tod, also der Zellverfall, einsetzt. Der Körper wird

bis kurz über dem Gefrierpunkt abgekühlt. Gleichzeitig hält eine Herz-Lungen-Maschine Blutzirkulation aufrecht. Dann wird der Körper ausgeblutet und dafür eine Mischung aus Dimethylsulfoxid (DMSO) und Glycerin eingepumpt, die eine Kristallisierung der Zellflüssigkeit zu Eis verhindern soll.
Dennoch gibt es für diese Tiefgekühlten kein Wiedererwachen. Denn trotz »Antifrostschutzmittel« in den Adern anstelle von Blut, kristallisiert sich die Zellflüssigkeit zu Eis und zerstört so die Zellwände und das Gewebe.
Professor Robert C. W. Ettinger, von dem das Grundkonzept dieser Idee stammt, ist sich durchaus darüber im klaren, daß durch den Einfrierungsprozeß selbst vorläufig noch erhebliche organische Schäden verursacht werden.
Mittlerweile gibt es nicht nur in Amerika, sondern auch in Europa einige dieser »Tiefkühl-Bestattungs-Institute«. Und inzwischen liegen an die hundert Leichen mit Antigefriermitteln in den Adern in Aluminiumfolien verpackt in ihren tiefgekühlten, rostfreien Särgen und warten vergeblich auf ihre dereinstige Wiedererweckung. Doch selbst wenn diese Tiefgefrorenen wieder aufgetaut und zum Leben erweckt werden könnten, hätte das mit einer Lebensverlängerung nichts zu tun.
Aber vielleicht könnte die Körpertemperatur beim lebenden Menschen um einige Grad gesenkt werden? Dadurch würden sich die Funktionsabläufe des Organismus etwas verlangsamen. Könnte dann nicht auch der Alterungsprozeß verzögert und dadurch das Leben verlängert werden?
Da ja der Hypothalamus als Thermostat unsere Körpertemperatur automatisch regelt, müßte er zu diesem Zweck neu eingestellt werden. – Einige seiner Zellen reagieren sehr empfindlich auf einen Temperaturanstieg über 37 °C hinaus. Durch Nervenimpulse wird dann ein Mechanismus ausgelöst, um den Körper abzukühlen, zum Beispiel durch Schwitzen. Dadurch wird das Blut gekühlt und der Thermostat im Hypothalamus schaltet sich ab.

Inzwischen ist es bereits in Experimenten mit Affen gelungen, die Körpertemperatur um 6 °C zu senken. Die Herabsetzung der Körpertemperatur dieser Tiere wurde durch Injektionen geringer Dosen von Calciumionen in den Hypothalamus erreicht. Nachteilige Nebenwirkungen wurden nicht beobachtet. Geradezu sensationell ist der Bericht über ein Forscherteam von der Universität Michigan in East Lansing.

Dort wird ein Medikament entwickelt, das über die Herabsetzung der Körpertemperatur die Lebenserwartung des Menschen auf wenigstens 200 Jahre erhöhen soll.

»Von der Thermodynamik her wissen wir, daß Alterungs- und Todesprozeß von der Temperatur abhängig sind«, sagt der Biophysiker Professor Barnett Rosenberg.

Er begann seine Arbeit auf diesem Gebiet vor acht Jahren mit seinem vierzigsten Geburtstag. Plötzlich wurde er sich des näherrückenden Alters bewußt und fing damit an, sich für die Altersforschung zu interessieren. Das erzählte er mir auf meine entsprechende Frage.

»Die Temperaturaspekte ergaben sich aus anderen Forschungsarbeiten in unserem Laboratorium, im Hinblick auf etwas, das wir Ausgleichsgesetz-Effekt nennen. Thermodynamik verschiedener Prozesse. So sind wir darauf gestoßen«, fuhr er fort. »Es war also reiner Zufall, daß wir von anderen grundlegenden Forschungen auf dieses Gebiet gekommen sind. – Aber das eigentliche Motiv war mein vierzigster Geburtstag!«

Ich fragte Rosenberg, ob es stimmt, daß er die Lebensspanne durch Herabsetzen der Körpertemperatur zu erweitern gedenkt.

Er bestätigte das.

Auf meine Frage, wie das zu erreichen ist, setzte er auseinander, daß es bereits Mittel und Wege gibt, den Thermostat im Hypothalamus durch eine dort eingeführte Kanüle neu einzustellen. In diese Kanüle wird eine Lösung aus Natrium und

Calcium gepumpt. Wenn das Verhältnis von Calcium zu Natrium genau aufeinander abgestimmt ist, behält der Körper seine normale Temperatur von 37 °C bei. Wird das Verhältnis von Calcium zu Natrium erhöht, senkt sich die Körpertemperatur und stellt sich bei einer anderen Temperatur wieder neu ein. Erhöht man dagegen das Verhältnis von Natrium zu Calcium, steigt die Körpertemperatur und stellt sich nun darauf als neue Körpertemperatur ein. Auf diese Weise kann durch Justieren des Calcium-zu-Natrium-Ionenverhältnisses in einem kleinen Bereich des Hypothalamus die Einstellung des Thermostats in unserem Körper geändert werden.

»Aber diese Methode kann nicht bei einer größeren Anzahl von Tieren angewandt werden. Deswegen besitzen wir auch keine Statistiken darüber«, sagte Rosenberg. »Aus diesem Grund arbeiten wir jetzt daran, den Thermostat sozusagen auszuschalten. Danach bringen wir die Tiere in Temperatur kontrollierten Räumen unter, deren Temperatur die Versuchstiere dann beibehalten. So bekommen wir umfangreiches statistisches Material, nach dem Lebenstabellen berechnet werden können.«

»Stimmt es, Professor Rosenberg, daß Sie Ihre Insektenversuche bereits erfolgreich abgeschlossen haben und nun Experimente an Mäusen durchführen?«

»Ja.« Wir haben bereits damit begonnen, die Droge, die wir benutzen werden, daraufhin zu überprüfen, ob sie an jungen und alten Tieren wirkt.«

»Glauben Sie, daß es zukünftig möglich sein wird, Ihre Technik auf den Menschen anzuwenden?«

»Gewiß, ich bin absolut davon überzeugt, daß es geht«, antwortete Rosenberg. »Im großen ganzen sehe ich keinen Unterschied zwischen der Reaktion von Mäusen und Menschen, bis auf ein paar geringfügige. Aber wissen Sie, ich bin Krebsforscher. Und wenn wir an einer Droge arbeiten, testen wir sie zuerst an Mäusen und wenden sie danach gleich beim Menschen an. Als Krebsheilmittel wird sie niemals in einer Zwischenstufe ausprobiert. Als einziges wird die Toxikologie (Lehre von den Giften und Vergiftungen) zwischendurch noch an anderen Tieren überprüft. Dazu benutzen wir Affen und Hunde. Aber auf Krebsabwehraktivität wird sie nicht noch einmal untersucht. Wir gehen von den Mäusen direkt auf den Menschen über und es scheint zu funktionieren.«

»Das heißt also, wenn es bei den Mäusen klappt, wirkt es auch beim Menschen?«

»Ja, das glaube ich«, sagte Rosenberg. »Es ist eine Voraussetzung, von der man am schnellsten und einfachsten ausgehen kann, weil sie durch Erfahrung gerechtfertigt ist.«

»Stimmt es, Professor Rosenberg, daß der Alterungsprozeß durch Herabsetzen der Körpertemperatur verlangsamt wird?«

»Ja, das stimmt.«

»Daß wir infolgedessen viel länger jung bleiben?«

»Richtig.«

»Um wieviel könnte unsere Lebensspanne – sagen wir bei 33 °C erweitert werden?«

»Aufgrund neuester Berechnungen im Zusammenhang mit der Aktivierungsenergie liegen unsere Zahlen bei 700 Jahren. Aber das ist natürlich noch reine Spekulation«, sagte Rosenberg.

Ich fragte ihn dann, ob eine Senkung der Körpertemperatur in irgendeiner Weise negative Auswirkungen haben könnte. Ob unter Umständen unsere Reaktionen verlangsamt, und wir gegenüber Außentemperaturen anfälliger wären.

»Nein«, antwortete Rosenberg. »Denn wenn der Thermostat bei einer niedereren Temperatur eingestellt wird, das heißt, nicht abgeschaltet, sondern neu festgelegt ist, besteht keine Veranlassung zu glauben, daß wir uns anders als jetzt fühlen würden. Ich meine, wir hätten das gleiche Kälte- und Wärmeempfinden wie jetzt bei Temperaturunterschieden. Ich möchte klarmachen, daß wir aus zweierlei Gründen keine

nachteiligen Effekte erwarten. Erstens gehen fast alle biochemischen Prozesse des Körpers durch niedere Aktivierungsenergie vor sich, da sie durch Enzyme katalysiert werden. Und derart geringfügige Temperaturunterschiede würden diese biochemischen Vorgänge nicht nennenswert beeinflussen. Der Körper würde also weiterhin ganz normal funktionieren. Aber es brächte eine ungeheure Veränderung in der Lebenserwartung mit sich!
Zweitens: Sowohl der menschliche als auch alle Tierhoden sind zwischen zwei und sechs Grad kühler als die normale Körpertemperatur. Sie funktionieren großartig. Außerdem sind sie im allgemeinen weder für Krankheiten noch für Infektionen anfällig. Ich glaube daher nicht, daß die Senkung der Körpertemperatur nachteilige Nebenwirkungen auslöst. Solange wir nicht zu weit gehen.«
»Wieviel Grad müßte unsere Körpertemperatur gesenkt werden, um eine Lebenserwartung von 200 Jahren zu erreichen, Professor Rosenberg? Und wie würde dieses Mittel verabreicht, als Injektion oder in Pillenform?«
»Zu Ihrer ersten Frage: Da würden etwa zwei Grad genügen. Im übrigen nehme ich an, daß diese Droge wahrscheinlich nur eingenommen wird.«
»Also einfach in oraler Form?«
»Nun, tatsächlich weiß ich, daß die Droge, mit der wir arbeiten, einfach geschluckt wird«, sagte Rosenberg. »Ich weiß allerdings nicht, ob es sich dabei um die endgültige Droge handelt.«
»Wird nun zukünftig jedermann dieses Medikament kaufen können, Professor Rosenberg?«
»Ja, das denke ich schon. Aber eines ist sicher, es geht dabei um etwas, das mit größter Vorsicht verwendet werden sollte. Ich bin natürlich davon überzeugt, daß jeder, oder sagen wir fast jeder davon Gebrauch machen möchte. Denn natürlich wird es auch Menschen geben, die lieber Abstand nehmen.
Die alten Leute werden sicher die ersten sein, die diese Droge

benutzen möchten. Denn heute sind fast alle unheilbaren Erkrankungen Alterskrankheiten. Und ein Medikament, das altersbedingte Krankheiten aufschieben kann, ist doch sehr zu wünschen.«

»Nun zur ›Gretchenfrage‹, Professor Rosenberg. Wann wird es soweit sein?«

»Erfahrungsgemäß dauert eine solche Entwicklung von der ersten Laboratoriumsentdeckung bis zur kommerziellen Produktion etwa fünf bis zehn Jahre«, sagte der erstaunlich jung wirkende Biophysiker zurückhaltend.

Würde das bedeuten, in zwei, drei Jahren?

Dann wäre zweihundert Jahre jung kein Traum mehr.

XIII

Der neue Mensch

Uns steht ein neues Zeitalter bevor.
Bisher hat sich der Mensch mit der Erfindung und Produktion neuer Werkzeuge und Energien befaßt, um seine Umwelt erfolgreicher zu bewältigen. Nun ist er an einem Punkt angelangt, einen neuen Menschen zu erfinden und zu »produzieren«, um sich selbst zu bewältigen.
Nach dem industriellen Zeitalter sieht er sich einer wissenschaftlichen Revolution gegenüber. Einer Revolution, die vor allem durch die Biochemie angeführt wird. Jene, die Vergangenheit dominierenden Physiker, sind von den Biochemikern abgelöst worden.
Mit dem Verständnis und der Kontrolle des Alterungsprozesses werden wir und unsere Welt total verändert werden.
Bisher wurde die menschliche Gesellschaft durch das Altern und den Tod – den Wechsel der Generationen bestimmt. Der Tod beschleunigte die Evolution nach dem Motto: Nur der Stärkste überlebt. So sorgten die Gesunden, Lebensstarken für den Fortschritt. Altern und Tod wurden als unumgängliches Schicksal hingenommen. Und durch dieses Geschick wurden wir und unsere Lebensanschauung geformt.
Wenn man vom Überleben des »Stärksten« spricht, darf man allerdings nicht außer acht lassen, daß der Mensch von Anfang an, im Verhältnis zu seiner Umwelt, einer der schwächsten Arten angehört. Er war seinen Feinden relativ hilflos ausgeliefert, und nur seine sich entwickelnde Intelligenz garantierte für ein Überleben. Nur so wuchs er über andere Arten hinaus. Und allein aufgrund seiner Intelligenz konnte der Mensch seine Umwelt besiegen und beherrschen, nicht durch überlegene physische Stärke und Vitalität.
Langsam begann er sich und seine Welt zu ergründen, zu erfassen, einzuteilen. Doch damit schuf er gleichzeitig eine Vorstellungswelt, die den tatsächlichen Gegebenheiten nicht gerecht werden konnte. So verstand er Naturereignisse wie z. B. Wärme und Kälte, Gewitter und Sturm nicht in ihrem

wahren Zusammenhang. Denn er konnte sich ja nur nach seinen Sinneseindrücken richten. Folglich sah er in diesen Naturphänomenen ihm weit überlegene, unbekannte Mächte – Götter und Dämonen. Also schuf er eine zweite Welt, weit gewaltiger, fürchterlicher und unerreichbarer als seine eigene, und doch mit dieser verbunden. Er begann nun auch über sein Lebensende nachzugrübeln und prägte für dieses Phänomen den Begriff Tod.

Der Tod folgt dem Vorgang des Sterbens. Da dieser Vorgang nicht rückgängig gemacht werden kann, und der Tod die Folge dieses Vorgangs ist, ist der Tod eine absolute Größe.

Es ist daher nicht weiter überraschend, daß der Mensch das Sterben und den Tod fürchtete – und fürchtet. Denn damit wird uns das Phänomen des Vergänglichen einschneidend bewußt. Doch dabei sollten wir grundsätzlich zwischen unserer Todesangst und der Angst vor dem Sterben unterscheiden. Natürlich wissen wir, daß das Sterben meist unter Schmerzen vor sich geht. Unsere Furcht vor dem Sterben ist daher als Angst vor dem Leiden nur zu begreiflich. Aber unsere Furcht vor dem Tod als Wechsel von einem Zustand in einen anderen ist nicht ganz erklärlich. Diese Angst vor einem unabwendbaren Geschehen rührt einerseits von unserer Liebe zum Leben her, das wir nicht verlieren wollen, andererseits geht sie wohl auf atavistisch-magisches Denken zurück, das den abstrakten Begriff Tod personifiziert. Aus diesem Denken heraus haben wir den Tod mit einer Macht versehen, die wir fürchten.

Der Tod hat den Menschen stets erschreckt, zumal der Selbsterhaltungstrieb alle Wesen zwingt, sich mit aller Macht gegen dieses Phänomen aufzulehnen. Den sterblichen, nicht kontinuierlichen Körper kompensierte der Mensch wohl deswegen mit einer unsterblichen Seele und fand auf diese Weise sein Fortbestehen.

Allerdings versuchten schon die ältesten Hochkulturen der Menschheit auch die sterbliche Hülle durch die ausgeklügeltesten Mumifizierungsmethoden zu erhalten.

Je mehr sich das Wesen Mensch jedoch vom tierischen zum menschlichen erhob, um so mehr wurde ihm auch die Vergänglichkeit seines Daseins – der Tod – bewußt.
Doch nicht genug damit, das Sterben und den Tod zu fürchten, werden wir heute zusätzlich auch noch von der Furcht vor dem Alter gejagt. Verantwortlich für die weitverbreitete Altersneurose dürfte wohl der mit der Leistungsgesellschaft verbundene übertriebene Jugendkult sein. Darum ist die wichtigste Entwicklung auf dem Gebiet der Lebensverlängerung die Ausdehnung der besten Lebensjahre des Menschen. Aus diesem Grund ist auch eine Verlängerung des Lebens nur dann gerechtfertigt, wenn damit die aktiven, vitalen Lebensjahre ausgedehnt werden können. Dieses Ziel scheint sich nun zu verwirklichen.
Die Gerontologen sind sich darüber einig, daß viele Faktoren für den Alterungsprozeß verantwortlich sind. Aber die Ursache dafür liegt letztlich im Kern des Lebens, in der Zelle, und wird dort auf molekularer Ebene ausgelöst.
Am Ende bedeuten Altern und Tod nichts anderes als das Nachlassen der Funktionstüchtigkeit und den wahllosen Verfall von Zellen. Dieser Verfall wirkt sich besonders schädlich z. B. auf Nerven- und Muskelzellen aus. Denn sie verlieren dadurch ihre Teilungsfähigkeit zur Erneuerung. Zu dieser Erkenntnis hat besonders Dr. N. W. Shock vom Institut für experimentelle Gerontologie Baltimore beigetragen.
Um es noch einmal zusammenzufassen: Der Zelltod wird vorwiegend durch Beschädigung des DNS-Programms, fehlerhafte Proteinsynthese, Verschlackung und Vergiftung der Zelle eingeleitet. Dazu kommen Oxydationsprozesse und eine zunehmende Vernetzung im Organismus.
Wie R. G. Taylor in »Die Biologische Zeitbombe« errechnet hat, ergeben sich daraus die folgenden Resultate: Unser Muskelgewicht nimmt zwischen dem dreißigsten und neunzigsten Lebensjahr um 30 Prozent ab, dementsprechend auch die

Muskelkraft. Die Anzahl der Nervenfasern in einem Nervenstrang verringert sich sogar um ein Viertel. Der Verlust unseres Gehirngewichts von durchschnittlich 1375 g auf 1030 g beträgt 345 g.

Die dem Blut die Giftstoffe entziehenden Nephronen in unseren Nieren verringern sich fast um die Hälfte. Das Ergebnis daraus läßt sich leicht erkennen. Alkoholgenuß in größeren Mengen, der uns in der Jugend nichts ausmacht, hinterläßt mit den Jahren eine verlängerte Katerstimmung. Der junge Mensch hat etwa 245 Geschmackszellen auf der Zunge pro Papille. Bei einem Neunzigjährigen sind es dagegen nur noch 88. Ebenso wie das Geschmacksempfinden verringert sich meistens auch das Hör- und Sehvermögen. Gleichzeitig verschlechtert sich auch die Funktionstüchtigkeit des Körpers. Das Herz pumpt durch verminderte Muskelkraft weniger Blut und braucht länger, um sich von einer Anstrengung zu erholen. Vergleicht man die durch das Herz geförderte Blutmenge eines Menschen von 90 Jahren mit der eines Zwanzigjährigen, beträgt sie nur noch die Hälfte. Bei den Lungen liegt der Leistungsabfall sogar bei über 50 Prozent. Sie müssen zwar mehr arbeiten, um eine bestimmte Sauerstoffmenge zu verwerten, tauschen aber dabei weniger Luft aus. Auch im Zellbereich zeigt sich die Leistungsminderung. Unsere Reaktionszeit verlängert sich, da Impulse durch die Nervenfasern bis zu 15 Prozent verlangsamt weitergegeben werden. Alles geht langsamer.

Langsam sterben wir, von Tag zu Tag ein wenig mehr.

Genau wie Krebs oder Kreislauferkrankungen ist auch das Altern ein vielseitiges Problem. Um es erfolgreich in den Griff zu bekommen, muß es von vielen Seiten und mit den verschiedensten Mitteln in Angriff genommen werden. Deshalb führt die Altersforschung auch einen Zweifrontenkrieg. Einmal gegen den Alterstod, zum anderen gegen Krankheiten, die das Leben bedrohen. In der Stabilisierung und Immunisierung der

Zelle – dem Kern des Lebens – ist der gemeinsame Nenner gefunden.

Bisher hat die Evolution den Menschen geprägt. Nun will der Mensch dieses Gesetz aufheben, um die Evolution zu prägen. Die Veränderungen im Gefolge einer drastischen Lebensverlängerung sollten keineswegs unterschätzt werden, wird sie doch neben vielen Vorteilen auch schwerwiegende Nachteile mit sich bringen.

Würde ein Staat der 200/300jährigen nicht absolute Vorherrschaft bedeuten? Regiert dann der homo superior die Welt, oder wird diese Errungenschaft zum Damoklesschwert? Kann der Mensch eine solche Entwicklung überhaupt schon überblicken?

Natürlich sind auch die Vorteile nicht von der Hand zu weisen. Einer der größten wird wahrscheinlich in der Ansammlung von Wissen, Erfahrung und deren Anwendung im Verlauf eines so langen Lebens sein.

Bisher ist es leider traurige Tatsache, daß ein Mensch, wenn er sich schließlich ein leidliches Maß von beidem angeeignet hat, damit praktisch nichts mehr anfangen kann, weil er vom Alter und Tod gezeichnet ist. Dagegen ist mit jugendlicher Vitalität gekoppeltes Wissen und Erfahrung ein ungeheures Potential. Was könnte erst eine ganze Gesellschaft mit einem solchen Potential erreichen! Wäre sie vielleicht ausgeglichener, toleranter und friedlicher, aber auch stagnanter? Denn nicht zuletzt begründet sich die Dynamik einer Gesellschaft auf dem schnellen Wechsel der Generationen. Auf jeden Fall würde sich die Generationenkluft schließen.

Der Gießener Soziologe Karl W. Boetticher sieht die »Alten« in diesem Zusammenhang als aufsteigende, »immer rüstiger« werdende Klasse. »Die Emanzipation der Alten« hat nach Boetticher begonnen. Und das vertraute Bild des bedürfnislosen, von Krankheit geplagten, dahinvegetierenden Rentners sei im Verschwinden begriffen. Boetticher glaubt, daß diese

Alten ihre Interessen zukünftig selbst weit entschiedener vertreten würden. Der »Jugendlichkeitswahn« klinge ab und die Greise würden ihren Einfluß auf Wirtschaft und Politik rasch festigen. Auch gegenüber den nachkommenden Generationen würden sie sich selbstbewußter als früher verhalten.
Dr. Harvey Wheeler vom Center for the Study of Democratic Institutions, Santa Barbara, Kalifornien, geht sogar noch einen Schritt weiter. Er ist der Ansicht, daß der Jugendkult bei einer Lebensverlängerung dann bald durch den Kult des reifen Alters abgelöst wird.
»Wir sind gewohnt«, sagt er, »uns die Zukunft als etwas auf die Jugend Ausgerichtetes und um die Jugend Kreisendes vorzustellen. Das ist völlig falsch. Diese Vorstellung ist ein kurzlebiges Phänomen.
Der Wandel hat bereits eingesetzt, wie aus den Inseraten in eleganten Magazinen hervorgeht. Wenn dort exotische, wohlhabende, tonangebende Leute abgebildet sind, sehen sie fast alle aus wie Cary Grant. Ich möchte wetten, daß das nur der Anfang ist, und wenn die Entwicklung so weitergeht, wird Jugend in Zukunft etwas sein, das am besten schamhaft verschleiert wird. Es ist durchaus möglich, daß eines Tages negative Kosmetika auf den Markt erscheinen. Kosmetika und Behandlungsmethoden, die älter erscheinen lassen.
Tatsächlich ist es ziemlich sicher, daß die Bemühung dahin geht, rasch alt genug zu werden. Denn in einer Gesellschaft mit dem Altersaufbau, den wir als wahrscheinlich voraussetzen, ist wirklich kein Platz für die Jungen. Wenn da jemand auf die Welt kommt, kann er sich einstweilen nur Mühe geben, schnell genug alt zu werden, um sich für die Zugehörigkeit zur herrschenden Gesellschaftsschicht zu qualifizieren.
Ich vermute daher allen Ernstes, daß es Methoden zur Beschleunigung des Alterns und Reifens geben wird, chemotherapeutische Mittel, die den Alterungsprozeß erst vorantreiben und dann aufhalten.«

Eine der positivsten Seiten einer solchen Entwicklung wird sich wohl darin äußern, daß das Altern und der Alterstod ihre Schrecken verlieren. Denn bei einer solchen Lebensspanne hat jeder die Chance und auch die Zeit, den Interessen nachzugehen, die ihm unsere jetzige Lebensspanne, die nur für das Vordringlichste – die nackte Lebenserhaltung – ausreicht, verwehrt.
Große Geister werden ihre Projekte zu Ende führen können, ohne durch den zu frühen Alterstod daran gehindert zu werden.
Was hätten, um nur zwei zu nennen, Michelangelo und Albert Einstein bei einer längeren Lebensspanne noch alles vollenden können.
Besonders für die Weltraumfahrt ergeben sich dann phantastische Möglichkeiten. Denn die Eroberung des Weltraums hängt in hohem Maße von einer entsprechenden Verlängerung der produktiven Lebensjahre des Menschen ab. Zeit ist der begrenzende Faktor für interstellare Reisen.
Für unsere jetzige Lebensspanne (von unserer heutigen Technologie einmal ganz abgesehen) ist schon der nächste Nachbarstern, Alpha Centauri, mit seinen etwas über 4 Lichtjahren Entfernung für eine bemannte Raumfahrt hoffnungslos unerreichbar. Aber bei einer erweiterten Lebensspanne rücken die Aussichten, neue Welten zu erschließen und einer Kontaktaufnahme mit außerirdischem Leben, bedeutend näher. Damit könnten sich enorme Vorteile ergeben. Denn die noch vor zwei Dekaden herrschende Überzeugung, daß der Planet Erde im Universum ein einzigartiges Phänomen darstellt, ist inzwischen überholt. Die heutigen wissenschaftlichen Erkenntnisse zeigen, daß wir in der kosmischen Unendlichkeit kein besonderes »Ereignis« sind. An der Möglichkeit außerirdischer Lebensformen kann nicht mehr gezweifelt werden. Es muß sogar damit gerechnet werden, daß außerirdische Zivilisationen existieren, deren wissenschaftliche Erkenntnisse die unseren weit übertreffen.

Ein Erfahrungsaustausch könnte hier unter Umständen einen gewaltigen Fortschritt bedeuten.
Mit der Lebensverlängerung hat der Mensch eine große Hürde genommen. Durch die Evolution erhielt er Intelligenz, die ihn überleben ließ. Jetzt übernimmt er mit dieser Intelligenz die Evolution.
Wie wird er sein, der neue Mensch?
»Unsterblich« im Leben, »Göttergleich« im Geist?

XIV

Gesellschaft der Unsterblichen

Der älteste Menschheitstraum wird nun Wirklichkeit. Dieser Traum verließ den Menschen nie. Er erwachte in ihm mit dem ersten Flackern des Höhlenfeuers und ließ ihn bei den unsterblichen Göttern sein so kurzes Leben beklagen. Er verfolgte ihn durch das finstere Mittelalter, er war besessen von ihm, wenn er in stiller Nacht heimlich einen »Unsterblichkeitstrank« braute. Auch heute, im weißen Laboratoriumslicht, gab dieser Traum wohl den wichtigsten Anstoß. Nun soll er sich erfüllen, Gestalt annehmen, in Form einer unscheinbaren Kapsel, einer kleinen Pille mit riesigen Auswirkungen.
Ein Traum, der zum Alptraum werden kann, aus dem es kein Zurück mehr gibt. Denn mit diesem enormen Sprung der Wissenschaft eröffnen sich gleichzeitig eine Unzahl anderer Möglichkeiten, die unglaubliche Gefahren in sich bergen. Es beginnt schon im Fundament – in unserem Erbprogramm. Genetiker befürchten bereits eine allgemeine Schwächung des menschlichen Erbguts durch den Fortschritt in der Medizin.

Schon wird vor den Gefahren der Gen-Manipulation gewarnt, obwohl sie zweifellos zu den größten Fortschritten der Biologie gehört. Denn die Erbmasse der verschiedensten Lebewesen kann im Reagenzglas ganz nach Belieben miteinander verbunden werden.
Der amerikanische Biochemiker Wazlaw Szybalski spricht in diesem Zusammenhang nur zu treffend von den ersten Anfängen einer synthetischen Biologie. Seiner Ansicht nach wird diese so zum ersten Mal zu einem offenen System, durch das die Reproduktionsschranke zwischen den Arten aufgehoben wird. Auf Veranlassung von Paul Berg, Universität Stanford, USA, hat eine Gruppe von Wissenschaftlern angesichts der mit der Gen-Manipulation verbundenen Risiken verlangt, bestimmte genetische Experimente vorerst einmal einzustellen. Gleichzeitig wurde die Einberufung einer internationalen Konferenz von Experten gefordert. Dieses Treffen wurde von der ameri-

kanischen »National Academy of Sciences« in Asilomar, Kalifornien, durchgeführt. 140 Wissenschaftler aus 16 Ländern nahmen daran teil. Nach langem Für und Wider entschied sich allerdings die Mehrzahl dieser Fachleute für die Fortsetzung der Versuche auf diesem Gebiet. Die Wissenschaftler hoben hier ihr eigenes Moratorium praktisch selbst wieder auf!
Die Briten hatten sogar bereits vor Beginn der Konferenz durch Expertenbeschluß für die Fortsetzung solcher Versuche gestimmt. Auch der Nobelpreisträger Joshua Lederberg plädierte für die Fortsetzung der Experimente. Er hatte schon vor der Konferenz öffentlich Einspruch gegen eine Zensur der intellektuellen Selbständigkeit der Wissenschaftler erhoben. Obwohl der Nobelpreisträger J. D. Watson das Moratorium unterzeichnet hatte, sprach er sich einige Monate später auf dieser Konferenz für eine Wiederaufnahme der Experimente aus. Er machte klar, daß diese nicht mehr Gefahren in sich berge, als Forschung auf anderen Gebieten, und spielte besonders auf Untersuchungen mit Krebsviren an.
Die übrigen Konferenzteilnehmer stimmten allerdings für eine weniger großzügige Handhabung. Sie forderten strengere Sicherheitsvorkehrungen, den absehbaren Risiken der Experimente entsprechend. Versuche, die für besonders gefährlich angesehen wurden, sollen völlig eingestellt werden, da Sicherheitsmaßnahmen nie eine absolute Garantie verbürgen.

Die Wissenschaftler bemühten sich zwar, alle Versuche, die in irgendeinem Zusammenhang mit der Gen-Chirurgie stehen, festzulegen und in Risikogruppen mit entsprechenden Sicherheitsmaßnahmen aufzuteilen. Doch es gelang nur unvollständig.
Der springende Punkt dieses Treffens, ob die Wissenschaft von sich aus überhaupt in der Lage ist, Selbstkontrolle zu üben, blieb ungeklärt. Das heißt, kann sie die mit der Gen-Manipulation verbundenen Gefahren überhaupt selbst bewältigen? Und

darf ihr die alleinige Beurteilung darüber überlassen werden, ob der voraussichtliche Vorteil aus ihren Versuchen die ungeheuren Gefahren rechtfertigt?

Es ist zwar verständlich, daß Wissenschaftler sich in ihrer Arbeit nicht durch Vorschriften beschränken lassen möchten. Aber viele Menschen möchten auch nicht gegen den eigenen Willen in Gefahr gebracht werden.

Da schwerwiegende Erbkrankheiten durch die Gen-Chirurgie eliminiert würden, könnte sie von großem Nutzen sein, wie Professor Berdyshev sagt. Vor allem aber wäre es möglich, die »Ungerechtigkeit der Natur« in bezug auf unsere kurze Lebensspanne bereits in der Basis zu korrigieren. Auch Dr. Heller vertritt ja die Ansicht, daß der Alterungsprozeß durch Einschleusen intakter DNS-Abschnitte in fehlerhafte Zellen gebremst werden könnte. Auf der anderen Seite weist Gordon Rattray Taylor in seinem Buch »Die biologische Zeitbombe« auf Möglichkeiten der modernen Biologie hin, »vor denen unsere Phantasie heute noch zurückschreckt. Cloning-Methoden – das heißt die Neuaufzucht aus einer einzigen Zelle – könnten zum Beispiel Derby-Gewinner beliebig oft vervielfältigen, und die genetische Chirurgie könnte sie auf Geschwindigkeit trimmen, daß sie gar nicht mehr wie Pferde aussehen ... Von da wäre es nur ein kleiner Schritt, dies auch für den Humansport zu erreichen. Sport würde dann zu einem Wettkampf der Genetiker, wobei jeder von ihnen ›seine‹ DNS mit möglichst vielen und guten athletischen Eigenschaften ausstatten will ... Das Personalbüro der Zukunft wird mit Genkarten operieren und seine Mitarbeiter ab ovo planen«.

Nach Ansicht von Professor Joshua Lederberg, Universität Stanford, würde der erste Schritt wohl in einer Einschleusung menschlicher Zellkerne in tierische, z. B. Affenzellen, bestehen und zu einer Züchtung von Bastarden führen. In der nächsten Stufe folge dann eine Einpflanzung von menschlichen Organen bzw. Gliedmaßen in Tiere. Lederberg distanziert sich zwar von derartigen Experimenten, befürchtet jedoch, daß sie trotzdem durchgeführt werden, ohne dabei menschliche Wertvorstellungen in Betracht zu ziehen, und zudem mit absolut unzureichenden Erfahrungen in bezug auf die menschliche Genetik. Es sei notwendig, sich die eventuellen Konsequenzen vorher klarzumachen, um nicht von Tatsachen überrumpelt zu werden. Außerdem sei es nicht zu rechtfertigen, die Öffentlichkeit dadurch zu beeinflussen ob diese »Auch-Menschen« anziehend oder widerwärtig sind.

»Das Ziel ist die Macht, das Vermögen, Menschen in jeder erstrebenswert scheinenden Weise zu verbessern. Es wagt wohl kaum jemand zu behaupten, daß der Mensch nicht in dieser oder jener Hinsicht verbesserungsbedürftig wäre. Aber wenn tatsächlich einmal die Möglichkeit zu solchen Verbesserungen bestehen sollte, wird die Wahl zwischen der Vielzahl verschiedener anwendbarer Methoden ihre ganz eigenen Qualen bereiten.

Wen aber sollen wir dazu ernennen, die Rolle Gottes für uns zu spielen? Welcher Wissenschaftler – welcher Staatsmann, Künstler, Richter, Dichter, Theologe, Philosoph oder Erzieher – und von welcher Nation, Rasse oder Glaubensrichtung – wird die Aufgabe übernehmen können, die Spezifikation für die Herstellung des neuen Menschen aufzustellen wie die Prädestinatoren Aldous Huxleys, zu bestimmen, welche Eigenschaften wünschenswert sind und welche nicht?« So fragte Albert Rosenfeld in »Die zweite Schöpfung« schon vor Jahren.

Und der kanadische Biologe Dr. N. J. Berrill sagt: »Ohne Rücksicht darauf, ob der Rest der Menschheit einverstanden ist, wird sich früher oder später diese oder jene menschliche Gesellschaft in dieses Abenteuer stürzen. Wenn es soweit ist und eine neue Rasse mit überlegener Intelligenz und einer erweiterten Lebensspanne entsteht, würden diese Menschen dann auf die übrigen, zurückgebliebenen herabsehen?«

Die Forschung auf dem Gebiet der Genetik wie auch der

Lebensverlängerung ist nicht mehr aufzuhalten, sondern inzwischen außer Kontrolle geraten. Denn es gibt bereits in aller Welt zu viele, weit verzweigte Projekte dieser Art. Mit diesen Projekten hat die Menschheit eine vielversprechende, abenteuerliche, aber auch risikoreiche Straße eingeschlagen. Sie kann zwar zum homo superior führen, aber auch zum Dinosaurier.

Welches Problem sich uns auch immer in den Weg stellen wird – und derer sind viele –, so werden wir doch lernen müssen, sie zu bewältigen.

In diesem Zusammenhang taucht sofort eines der Hauptprobleme auf, die Überbevölkerung. Schon mit unserer jetzigen durchschnittlichen Lebensdauer verdoppelt sich die Weltbevölkerung alle 40 Jahre. Doch bei einer sogenannten »Gesellschaft der Unsterblichen« wird die bisherige Bedrohung ohne eine strikte Geburtenkontrolle zur absoluten Katastrophe. Daher dürfte in keinem Land eine Altersanhebung erfolgen, in dem nicht gleichzeitig eine klare Geburtenregelung eingeführt bzw. praktiziert wird. Religiöse, ethische oder sonstige Hemmungen müßten in diesem Zusammenhang überwunden werden. Vielleicht käme es sogar dahin, daß die Zeugung von Nachwuchs nur mit besonderer Genehmigung erfolgen kann? Alle Wege zur Korruption, Bestechung, Elite-Auswahl ... wären damit offen. Das gleiche könnte auch auf das lebensverlängernde Mittel selbst zutreffen, falls es nur einem bestimmten Personenkreis zugänglich gemacht würde.

Wird eine Welt, in der es kein Altern mehr gibt, nicht die Zerrüttung einer Gesellschaft bedeuten, deren Einrichtungen auf ein durchschnittliches Lebensalter von etwa siebzig Jahren abgestimmt ist? Müßten dann nicht alle staatlichen, sozialen und sonstigen Einrichtungen grundlegend geändert werden? So bedürfte zum Beispiel das festgesetzte Rentenalter, Versicherungs- und Bildungswesen, der Strafvollzug ... einer grundlegenden Umstellung. Würden nicht derartig tiefgreifende Veränderungen traditioneller Einrichtungen, die mit unserer derzeitigen Gesellschaft tief verwurzelt sind, von vielen als undurchführbar betrachtet und eine solche Entwicklung daher von vornherein abgelehnt werden?

Gerald Feinberg, Physikprofessor an der Columbia-Universität, USA, argumentiert dagegen: »Die Stichhaltigkeit dieses Einwandes wird zweifelhaft, wenn man erkennt, daß die fraglichen Institutionen uns nur deshalb so selbstverständlich und unverrückbar erscheinen, weil sie genau den Bedürfnissen des menschlichen Status quo angepaßt und weil wir in ihrem Rahmen aufgewachsen sind. Wenn sich Zustand und Beschaffenheit des Menschen ändern, dann dürften andere Institutionen, die dem neuen Status besser entsprechen, bald genauso selbstverständlich erscheinen, besonders natürlich den neuen Generationen. Der Übergang von den alten Einrichtungen zu den neuen dürfte schwer werden – unmöglich ist er aber nicht.«

Die Verantwortung, die hierbei denen aufgetragen wird, die sich im Interesse der gesamten Menschheit um die Forschung, Entwicklung und Einsteuerung in die Wirklichkeit zu kümmern haben, ist außerordentlich groß. Ohne eine kluge, humane und tolerante Einstellung zum Problem, und ohne das Bewußtsein, daß bei dieser Frage wirklich jeder Mensch ein gleichwertiger Mensch ist, kann dieses Projekt keinesfalls verwirklicht werden. Denn falls eine Art Qualifikation für das längere Leben geschafft werden sollte, wäre dies zweifellos eine der größten Ungerechtigkeiten der Menschheitsgeschichte. Wenn es soweit ist, gehört dieses Problem vielleicht sogar in den Obhutsbereich der UNESCO.

»Ältere Menschen werden bis zu ihrem letzten Atemzug jung sein«, sagt Professor Polak in »The Future of Growing old«. »Wir müssen uns darüber im klaren sein, daß ein Vergleich zwischen den älteren Menschen von morgen und den Alten von heute unmöglich wird. Nicht nur, weil der Mensch weit länger leben, sondern weil das Altern grundsätzlich anders sein wird als heute.

Großmütter, Großväter, das Greisenalter, die weißhaarigen Menschen werden auch der Vergangenheit angehören. Die jungen Menschen werden sich in den späteren Phasen des Lebens fortgesetzt fühlen und verhalten wie vorher.«
Dr. Harvey Wheelers Vision ist dagegen nicht ganz so rosig. Er sagt: »Wir sprechen von einer Gesellschaft, in der plötzlich die besten Mannesjahre viel länger dauern werden, die Geburtenrate gesunken und sogar negativ geworden sein wird. In einer solchen Gesellschaft kommt man irgendwohin, bis man 45- oder 50jährig ist, sogar dann ist der Aufstieg nicht gesichert. Hier sind also alle in der westlichen Kultur seit Urzeiten gültigen Werte in ihr Gegenteil verkehrt.
Das Streben nach Geld, das es immer gegeben hat, wird es in einem gewissen Sinne auch dann noch geben. Aber es wird in den Hintergrund gedrängt sein durch etwas ganz Neuartiges, durch das Trachten nach Zeit. Zeit wird die gangbare Münze sein, und wer einem Zeit stehlen kann, stiehlt einem den Geldbeutel. Welches wird also die Todesursache sein? Mord! Das Krebsübel dieser Gesellschaft wird Mord heißen. Und einer der größten Posten im Budget einer bedeutenden Persönlichkeit wird der Unterhalt einer Leibwache sein. Als Gorilla zu fungieren, würde eine der lukrativsten Beschäftigungen sein.«
Soweit Wheeler.

Vielleicht hat er gar nicht so unrecht. Denn wer möchte schon, sagen wir, 200 Jahre lang ein armseliges Dasein fristen? Es besteht also durchaus die Gefahr, daß so mancher mit allen Mitteln versuchen würde, für sein langes Leben entsprechend vorzusorgen. Wird das Verbrechen dann proportional zur Lebensspanne zunehmen? Und damit tritt der Strafvollzug in Kraft. Was geschieht z. B. mit einem Mörder? Lebenslänglich, und was würde das bedeuten, 100, 150 Jahre Haft? Wäre das noch human? Aber ganz abgesehen davon, woher kämen die Mittel für einen solchen Strafvollzug? Wheelers Vision löst gleich eine weitere aus. Hätte eine Gesellschaft mit einer derartig langen Lebensspanne nicht unendlich viel zu verlieren? Denn abgesehen von unheilbaren Krankheiten, die es wahrscheinlich für absehbare Zeit immer noch geben wird, könnte das Leben ja eigentlich nur durch Unfall oder Mord *vorzeitig* beendet werden. Würden Menschen einer solchen Gesellschaft nicht in ständiger, panischer Angst um ihr so kostbares Leben sein? Würden sie paranoisch möglichst jedem Risiko aus dem Weg gehen, ihre abgesicherten Behausungen nur notgedrungen verlassen?

Die Erziehung und Ausbildung wird natürlich von Geburt an eine zentrale Rolle spielen müssen, um den Menschen auf ein so langes Leben entsprechend vorzubereiten. Denn eine solche Gesellschaft wäre mit vielen verhaltensgestörten Mitgliedern unausdenkbar. Doch gerade in dieser Hinsicht wäre die Gefahr besonders groß, da die Ehe bzw. der Familienverband jetziger Prägung wahrscheinlich gar keine Bedeutung mehr hätte. Denn es ist wohl kaum anzunehmen, daß die meisten Ehen, sagen wir, 180 Jahre halten würden?!

Das Rentenalter würde sich wohl zwangsläufig drastisch nach oben verschieben, vielleicht auf 150 oder mehr Jahre. Denn wie wir ja gesehen haben, soll nicht das Greisenalter verlängert, sondern die besten, aktiven Lebensjahre des Menschen durch eine Lebensverlängerung ausgedehnt werden. Das hieße eine grundlegende Umstellung des Versicherungswesens – überhaupt der gesamten ökonomischen Struktur.

Würde es kürzere Arbeitszeiten für alle bedeuten? Mehr Freizeit – mehr Langeweile?

Eine erhöhte Selbstmordrate? Und dabei taucht eine interessante Frage auf: Wäre es Selbstmord, eine lebensverlängernde Droge zu verweigern; Selbstmord, ein Medikament abzulehnen, daß eine lebensbedrohende Krankheit heilt?

Schon hier scheiden sich die Geister.

Positiv könnte sich bei einer »Gesellschaft der Unsterblichen«

ein verantwortungsbewußteres, umweltbedachteres Denken entwickeln. Vielleicht fände sie sogar wieder den Weg zur Natur, mit der ja jeder so viel länger leben muß.
Welche Meinung jemand auch vertreten mag – dafür oder dagegen, wir müssen uns damit abfinden, daß die Lebensverlängerung auf uns zukommt. Denn die Menschheit steht vor dem größten Eingriff in ihre Natur.

Literaturverzeichnis und Quellennachweis

Acharya, P. V. N./Ashman, St. M./Bjorksten, J.: Isolation and Partial Characterization of Age – correlated Oligo Deoxyribo-ribo-nucleo-peptides (Finska Kemists, Medd. 81, No. 3, 1972)

American Aging Association (AGE): To Help People Live Better Longer Through Education and Research

Anderson, P.: Brain Wave, (Ballantine Books, New York 1954)

Andrews, F. A./Ashman, St. M./Poole, R./Bjorksten, J.: A Cold-Labile Hemoglobin Complex (CRYOBIOLOGY Vol. 1, No. 4, 1965)

Andrews, F./Bjorksten, J./Underwood, Ch./Thomson, D./ Laakso, P.: Chemical Composition of Enzyme – Fractionated Aged Heart Tissue, (Journal of the American Geriatrics Society, February 1965)

Andrews, F./Piper, Ph./Northrup, R./Trenk, B./Bjorksten, J.: Observations On Age Pigment In The Hearts Of Stillborn Babies, (Journal of the American Geriatrics Society, August 1962)

Andrews, F./Bjorksten, J./Trenk, B./Henick, A. S./Koch, R. B.: The Reaction of an Autoxidized Lipid with Proteins (The Journal of the American Oil Chemists Society, September 1965)

ASCA Service: Institute for Scientific Information, Philadelphia

Barrows, C. H./Beauchene, R. E.: Aging and Nutrition. In Albanese, A. A. (ed.): Newer Methods of Nutritional Biochemistry, (Vol. 4, Academic Press, INC., New York 1970)

Bauer, E.: Der rheumatische Formenkreis und K. H. 3 in Therapie und Prophylaxe (Hippokrates Verlag Stuttgart, Zeitschrift für Allgemeinmedizin, Heft 24, S. 1238–1240, 1971)

Beier, W.: Biophysikalische Aspekte des Alterns multizellulärer Systeme, (VEB Georg Thieme, Leipzig, Band 16, 1973)

Bellamy, D.: Exp. Gerontol. 3, (1968), 327

Biedermann, H.: Medicina Magica, (Akademische Druck- und Verlagsanstalt, Graz 1972)

Biedermann, H.: Handlexikon Der Magischen Künste (Akademische Druck- und Verlagsanstalt, Graz 1968)

Bjorksten, J.: Aging, Primary Mechanism, (Gerontologia 8: 179–192, 1963)

Bjorksten, J.: Gerogenic Fractions in the Tritiated Rat, (Official Journal of the American Geriatrics Society, Volume XIX, July 1971, Number 7)

Bjorksten, J.: Approaches and Prospects for the Control of Age-Dependent Deterioration, (Annals of the New York Academy of Sciences, Volume 184, Pages 95–102, June 7, 1971)

Bjorksten, J./Ashman, St.: Nitrogenous Compounds Immobilized In An Aged Rat, (Journal of the American Geriatrics Society 1970)

Bjorksten, J.: The Crosslinkage theory of aging (Finska Kemists, Medd. 80, No. 2, 1971)

Bjorksten, J./Weyer, E. R./Ashman, St. M.: Study of Low Molecular Weight Proteolytic Enzymes, (Finska Kemists, Medd. 80, No. 4, 1971)

Bjorksten, J.: Why grow old, (Chemistry, Vol. 37, No. 6, June 1964)

Bjorksten, J./Andrews, F. A./Prahl, H. F.: Anhydrous Hydrogen Fluoride as a Tool in Studyin Crosslinkages in Proteinaceous Substances Accumulating with Age, (Finska Kemists, Medd. 71, No. 3, 1962)

Bjorksten, J.: Chemical Causes of the Aging Process, (Scientific Section of the Toilet Goods Association, Number 41, Pages 32–34, May 1964)

Bjorksten, J./Bloodworth, J. M. B./Buetow, R.: Enzymatic Lysis in Vitro of Hyalin Deposits in Human Kidney, (Journal of the American Geriatrics Society 1972)

Bjorksten, J./Collbring, Th.: A Chemical Model of Ultraviolet Radiation Effects on Skin Collagen, (Scientific Section of the Toilet Goods Association, December 1964)

Bjorksten, J.: Dialogue on death, (Rejuvenation, Januar 1975)

Bjorksten, J.: Let's Wake Up – Neglecting a Biological Program Will Lose the Space Race, (The Chemist, June 1962)

Bjorksten, J.: Crosslinkage and The Aging Process, Theoretical Aspects of Aging, (Academic Press, INC., New York 1974)

Bjorksten Research Foundation: Studies on Aging, (Bjorksten Research Foundation Madison)

Block, S.: Zellulartherapie in der Praxis, (Ott Verlag, Thun 1967)

Block, S.: Die Placenta in der Zellulartherapie, (Ott Verlag, Thun 1967)

Blumenthal, H. T.: The Regulatory Role of the Nervous System in Aging (Basel, S. Karger, 1970)

Böhlau, V.: Wege zur Erforschung des Alterns (Wissenschaftliche Buchgesellschaft, Darmstadt 1973)

Buttlar v., Johannes: Schneller als das Licht (Econ Verlag, Düsseldorf 1972)

Buttlar v., Johannes: Reisen in die Ewigkeit, (Econ Verlag, Düsseldorf 1973)

Brüning, G.: Beeinflußbarkeit von Leistungsminderungen im 6. Lebensjahrzehnt, (Werk-Verlag Dr. Edmund Banaschewski München-Gräfelfing 1969)

Brüning, G.: Altersmedikation bei berufstätigen Probanden, (Werk-Verlag Dr. Edmund Banaschewski, München-Gräfelfing 1970)

Carson, C.: The Roquish World of Doctor Brinkley, (Holt, Rhinehart and Winston, New York 1960)

Charroux, R.: Phantastische Vergangenheit, (Herbig 1969)

Chebotarev, D. F.: Longevous People, (Gerontology and Geriatrics, 1972 Year-Book)

Chebotarev, D. F.: Biological Active Agents (»Geriatrics«) In Prevention and Treatment of Premature Aging, (U.S.S.R. Acad. Med. Sci. 1973)

Comfort, A.: The Anxiety Makers (Panther Modern Society 1968)

Comfort, A.: The Process of Aging, New York, Signet Science Library, 1961 (Signet Book P2452)

Comfort, A.: Basic research in Gerontology, (Gerontologia, 16: 48–64, 1970)

Comfort, A.: Die biologischen Grundlagen des Alterns, (Verlag von Theodor Steinkopff, Dresden 1969)

Comfort, A.: Aging: The Biology of Senescence, New York, Holt, Rhinehart and Winston 1956, (Library Congress Card 64–15946)

Cramp, A. J.: Nostrums and Quackery and Pseudo-medicine (Vol. 3, Chicago, American Medical Association 1936)

Czerwenka, W. H./Maly, J./Quatember, R./ Tschaibitscher, H.: Klinische und testpsychologische Untersuchungen mit einem Geriatricum, (Wiener Medizinische Wochenschrift, Separatdruck aus 120 Jahrg., 1970, Nr. 13, Seie 217–224)

Dedekind, F.: Beitrag zur Behandlung mit dem Serum R.A.S. nach Bogomoletz und dem Polycitotropen-Serum P.C.S. in der ärztlichen Praxis (Karl F. Haug Verlag – Ulm/Donau, Band X, 1961, Heft 11)

Defares, J. G.: De Celtherapie A.J.G. Stregholt's Boeken, Naarden 1973

Dennis, E./Harman, D.: Free Radical Theory of Aging: Effect of Adding Antioxidants to the Maternal Diet on Life Span of Offspring, (Omaha, Nebraska 68105, 1974)

Die Behandlung mit Bogomoletz-Serum: Vorträge während der Deutschen Therapiewoche, (Karlsruhe 1955, Schwarzhaupt, Köln)

Dittmar, F.: Gesundheit und Lebenskraft durch Zelltherapie (Walter Hädecke Verlag, Weil der Stadt 1974)

Doetsch, H.: Beitrag zu den Veränderungen im Aussehen nach Behandlung mit antiretikulärem Serum nach Bogomoletz (Fortschritte der Medizin, Juli 1964)

Doetsch, H.: Neues über die Fortschritte in der Therapie mit antiretikulärem Serum nach Bogomoletz (Der Landarzt, November 1963)

Dokumentation, K. H. 3, Schwarzhaupt, Köln

Dublin, L. J./Lotka, A. J./Spiegelman, M.: Length of Life (The Ronald Press Company New York, 1949)

Dunne, J. S.: The City of the Gods, (Sheldon Press London 1974)

Dyckerhoff, H.: Regeneresen (Müller, Göppingen)

Dyckerhoff, H./Gans, W.: Organspezifische Ribonukleinsäuren, Fortschritte der Medizin, Verlag Dr. Schwappach Co., 1972)

Eisdorfer, L./Fann, W. E.: Psychopharmacology and Aging (Plenum Press, New York/London, 1973)

Entzündungen haben vielfältige Ursachen, Seminar für Chirurgen und Orthopäden, Köln, Januar 1975, (Selecta 14, 7. April 1975)

Ettinger, R. C. W.: The Prospect of Immortality (New York, Doubleday and Co. INC., 1964)

Exton-Smith, A. N./Scott, D. L.: Vitamins in the Elderly (John Wright & Sons LTD., Bristol 1968)

Federmann, R.: Die Königliche Kunst, (Paul Neff Verlag, Wien/Berlin/Stuttgart 1964)

Feinberg, G.: Projekt Prometheus, (Walter Verlag AG, Olten 1970)

FIR Medizinische Kommission, Ermüdung und vorzeitiges Altern (Johann Ambrosius Barth, Leipzig 1973)

Franke, H.: Hundertjährige (Verlag der Fränkischen Gesellschaftsdruckerei, Würzburg 1971)

Franke, H.: Aktuelle Probleme der Gerontologie und Geriatrie, (Naturwissenschaften 61, Springer Verlag 1974)

Frolkis, V. V.: Aging of a Cell, (Gerontology and Geriatrics, 1970–1971 Year-Book)

Fulcanelli: Master Alchemist, (Neville Spearman, London 1971)

Gaitz, Ch. M.: Aging and the Brain, (Plenum Press, New York/London 1972)

Galpin, L.: The Search for Youth, (Corgi Books 1968)

Gershon, H./Gershon, D.: Detection of inactive enzyme molecules in aging organisms, (Nature, Lond., 227: 1214–17, 1970)

Gilgamesch Epos: Philipp Reclam Jun., Stuttgart

Goulet, L. R./Baltes, P. B.: Life-Span Developmental Psychology, (Academic Press, New York/London 1970)

Grastschenkow, N. I./Komarow, L. W.: Some Approaches to the Problem of Artificial Prolongation of the Biological Lifespan of Animals and Humans, (Proceedings of the 7. Int. Congr. of Gerontol., Band 5, Seiten 47–51, Wien 1966)

Grujic, M./Perinovic, M.: Unsere Erfahrungen mit dem Präparat K. H. 3 – Geriatricum – Schwarzhaupt, in der Therapie der Alterskrankheiten (Zeitschrift für Allgemeinmedizin, Hippokrates Verlag Stuttgart, Heft 13, 1973)

Gruman, J. G.: A History of Ideas about the Prolongation of Life, (Transactions of the American Philosophical Society, Dezember 1966)

Hagmaier, W.: Zelltherapie in der Chirurgie, (Die Heilkunst, November 1974)

Hagmaier, W.: Zelltherapie in der postoperativen Phase, (Die Zelltherapie, August 1973)

Hahn, H. P.: Structural and functional Changes in nucleoprotein during the aging of the Cell, (Gerontologia, 16: 116–28, 1970)

Hahn, H. P./Verzár, F.: Gerontologia 7 (1963), 105
Harman, D.: Free radical theory of aging dietary implications (The American Journal of Clinical Nutrition 25, August 1972)
Harman, D.: Free radical Theory of Aging, (Triangle, Vol. 12, No. 4, 1973)
Harman, D.: Increasing The Healthy Life Span, (Omaha, Nebraska)
Harman, D.: Prolongation of Life: Role of Free Radical Reactions in Aging, (Official Journal of the American Geriatrics Society, August 1969)
Harman, D.: Free Radical Theory of Aging: Effect of the Amount and Degree of Unsaturation of Dietary Fat on Mortality Rate, (Journal of Gerontology 1971, Vol. 26, No. 4, 451–457)
Harman, D.: Free Radical Theory of Aging: Effect of Vitamin E on Tumor Incidence, (Meeting of the Gerontological Society, 12. 72)
Harman, D.: Chromatin Template Capacity: Effect of Oxygen, Meeting of the Gerontological Society (The Gerontologist 1967)
Harman, D.: The Free Radical Therory of Aging: Effect of Age on Serum Copper Levels, (Journal of Gerontology 1965)
Harman, D.: The Biologic Clock: The Mitochondria? (Omaha Nebraska 68105, April 1972)
Harman, D.: Mutation, Cancer, and Aging (The Lancet, Januar 1961)
Harrison, B. J./Holliday, R.: Nature, London 213, (1967), 990
Harrison, B. J./Holliday, R.: Senescence and the fidelity of protein synthesis in Drosophila, (Nature, Lond., 213: 990–92, 1967)
Hayflick, L.: Exp. Cell Res. 37, (1965) 614
Hayflick, L.: The limited in vitro lifetime of human diploid cell strains, (Exp. Cell Res., 37: 614–36, 1965)

Hochschild, R.: Effect of Dimethylaminoethanol on the Life Span of Senile Male, A/J Mice, (Exp. Geront. Vol. 8, Pergamon Press, 1973)

Hochschild, R.: Lysosomes, Membranes and Aging, (Exp. Geront. Vol. 6, Pergamon Press, 1971)

Hochschild, R.: Effect of Dimethylaminoethyl p-Chlorophenoxyacetate on the Life Span of Male Swiss Webster Albino Mice, (Exp. Geront. Vol. 8, Pergamon Press 1973)

Hochschild, R.: Effects of DMAE on Depression, on *in vitro* cell survival and on animal life span, (Corona del Mar, California, Februar 1975)

Hoffmann, P.: Die Therapie mit antiretikulären Seren (Schwarzhaupt, Köln 1963)

Holecková, E./Cristofalo, V. J.: Aging in Cell and Tissue Culture, (Plenum Press, New York 1970)

Holliday, R.: Errors in protein synthesis and Clonal senescence in fungi, (Nature, Lond., 221: 1224–28, 1969)

Hotton III, N.: The Evidence of Evolution (Penguin Books Ltd., 1973)

Jansen, W.: Therapeutische Erfahrungen mit einem Geriatrikum im Altenkrankenhaus, (Perimed Verlag Dr. D. Straube, Erlangen 1973)

Jores, A.: Um eine Medizin von Morgen, (Verlag Hans Huber, Bern 1969)

Juppe, G.: Biochemie des Alterns, (Euro Spectra, März 1973)

Kahn, H./Wiener, A. J.: Ihr werdet es erleben, (Rowohlt 1971)

Kemeny, G./Rosenberg, B.: Compensation Law in Thermodynamics and Thermal Death, (Nature, Vol. 243, Juni 1973)

King, L. S.: A history of medecine (Penguin Book 1971)

Klossowski de Rola, St.: Alchemie (Droemer, Knaur, München/Zürich 1974)

Kohn, R. R.: Principles of Mammlian Aging (Prentice Hall, INC., New Jersey 1971)

Komarow, L. W.: Die Verlängerung des Lebens, (Deutsche Verlagsanstalten, Stuttgart 1969)

Komarow, L. W.: Probleme der radikalen Lebensverlängerung, (Beiträge der Moskauer Naturforscher-Gesellschaft, Band 6)

Komarow, L. W.: Theorie des Alterns der Organismen und Wege ihrer Entwicklung, (Westnik AN SSSR, Nummer 1)

Komarow, L. W.: Some Elements of the Aging Theory, (Proceedings of the 7. Int. Congr. of Gerontol., Band 2, Seiten 57–60, Wien 1966)

Komarow, L. W.: Some Potential Areas for Research on Means of Drastically Increasing the Human Lifespan, (Journal Theor. Biol., 1963, Heft 4)

Krohn, P. L.: Topics in the biology of aging (John Wiley and Sons, INC., New York 1966)

Kuhn, W.: Zellulartherapie in Klinik und Praxis (Hippokrates Verlag, Stuttgart 1956)

Kuntze, A.: Behandlung seniler Abbauerscheinungen mit einem Geriatrikum, (Therapiewoche 23, 47, 4594, 1973)

Kuprevich, V.: Longer Life – The Reality of a Dream (Century and World Peace, Isvestia-printshop, Moskow 1974)

Lao=Tse, Tao-Teh King, (Baum-Verlag, Pfullingen/Württ. 1961)

Lassmann, H./Plenk, H.: Zur oralen Procain-Therapie (Die Medizinische Welt, F. K. Schattauer-Verlag, Stuttgart, März 1969)

Lassmann, H./Plenk, H.: Behandlung von Altersbeschwerden mit K. H. 3, (Therapiewoche 17, 40, 1967)

LeCompte, H.: Vitamin C and the Prevention of Aging (Center for Experimental Gerontology)

LeCompte, H.: The Three Laws of LeCompte, (Geriatric Times, New York,

LeCompte, H.: Hoe Word Ik 1000 Jaar, (Standaard, Belgielei Antwerpen 1972)

LeCompte, H.: Magie in de Geneeskunde, (Banana Press N. V., Antwerpen 1973)

Lépine, P.: Elie Metchnikoff et l'Immunologie, (Paris, Pierre Seghers, Editeur 1966)
Lewis, C. M./Holliday, R.: Mistranslation and aging in Neurospora, (Nature, Lond., 228: 877–80, 1970)
Luckey, T. D.: Thymic Hormones (Urban & Schwarzenberg, München/Berlin/Wien 1973)
Lüderitz, B.: Zur Wirkungsweise unspezifischer Heilverfahren (Hippokrates Verlag, Stuttgart 1972)
Lütz, P.: Wissenschaftliche Berichte, E. Merck AG, 1961
Masters, W. H./Johnson V. E.: Die sexuelle Reaktion, (Akademische Verlagsgesellschaft, Frankfurt/Main 1967)
McGrady, P.: The Savage Cell (Basic Books, INC., New York 1964)
McGrady Jr. P. M.: The Youth Doctors, (Coward-McCann, INC., New York 1968)
Medvedev, Zh. A.: Molecular aspects of aging. In Woolhouse, H. (ed.): Aspect of the Biology of Aging (Symposia of the Society for Experimental Biology, No. 21, Cambridge University Press, Cambridge, England 1967)
Medvedev, Zh. A.: Protein Biosyntheses. London: Oliver and Boyd, (Russian first edition)
Metschnikoff, I. I.: Arch. Path. klin. med. Bakt. 7 (1899), 210
Metchnikoff, E.: Essais Optimistes, (Paris, A. Maloire, 1907)
Miller, Ch. A.: Remarks at Washington State Conference on Health, Fraud and Quackery, (Seattle, Washington, Mai 1966)
Mock, A.: Die psychische Effizienz eines Geriatrikums, (Ärztliche Praxis, Werk-Verlag Dr. Edmund Banaschewski, München-Gräfelfing 1970)
Monod, J.: Chance and Necessity (Fontana Books 1974)
Niehans, P.: La Senéscence et la Rajeunissement, (Vevey, Switzerland, Société de l'Imprimerie et Lithographie Klausfelder 1937)
Ohlmarks, A.: En Bok om THX, (Zindermans 1971)

Ohlmarks, A.: THX, (AB Smälänningen, Ljungby 1972)
Orgel, L. E.: Proc. U. S. Nat. Acad. Sci. 49, (1963), 517
Orzechowski, G.: Das Phänomen des Altern in historischer und molekular-biologischer Sicht, Hypothesen und Folgerungen, (Physikalische Medizin und Rehabilitation, Januar 1974, Heft 1)
Pakesch, E.: Die Behandlung und Prophylaxe arteriosklerotischer Geistesstörungen, (Wiener klinische Wochenschrift, Springer Verlag, Wien–New York, Nr. 12, S. 211–215, 1970)
Pauling, L.: The Process of Aging (Reprinted from New Dynamics of Preventive Medicine, edited by Leon R. Pomeroy. Published by Symposia Specialists, Miami, Florida 1974)
Pauling, L.: Good Nutrition for the Good Life, (Engineering and Science, June 1974)
Pauling, L.: Vitamin C and the Common Cold (Pan/Ballantine, London 1972)
Pesić, M. C.: Lecenje mladim zivim ćelijama, Verlag (ICS Izdavacko Informativni Centar Studenata, Beograd, Balkanska 4/III, Februar 1975)
Platt, D./Lasch, H. G.: Molekulare und zelluräre Aspekte des Alterns (F. K. Schattauer Verlag, Stuttgart–New York 1971)
Plenert, W./Heine, W.: Normalwerte, (VEB Verlag Volk und Gesundheit, Berlin 1973)
Poynter, N.: Medicine and Man (Penguin Books Ltd., 1971)
Prokop, L.: Untersuchungen zur leistungssteigernden Wirkung oraler Procain-Gaben, (Wiener Medizinische Wochenschrift 1973)
Redgrove, H. St.: Alchemy, Ancient and Modern, (EP Publishing Ltd., 1973)
Renner, H.: Onko-fetale Antigene und Tumor-Immuntherapie (Fortschritte der Medizin 1974)
Robertson, D. H./Co. Autoren: Endocrines and Aging (MSS Information Corporation, New York 1972)

Rosenberg, B./Kemeny, G./Switzer, R. C./Hamilton, Th. C.: Quantitative Evidence for Protein Denaturation as the Cause of Thermal Death, (Nature, Vol. 232, August 1971)

Rosenberg, B./Kemeny, G./Smith, L. G./Skurnick I. D./Bandurski, M. J.: The Kinetics and Thermodynamics of Death in Multicellular Organisms, (Elsevier Sequvia S. A. Lausanne 1973)

Rosenfeld, A.: Die zweite Schöpfung, (Econ Verlag, Düsseldorf 1970)

Sandberg, E.: Contribution to the Physiology of the Thymus, (Medl.-Bl. f. vet.-förb. 16 23/1963)

Sandberg, E.: The Bovine Cervical Thymus and its Involution (Upsala Läkare förenings Förhandlingar 1949)

Sandberg, E.: THX, (Zindermans 1968)

Schenk, R. U./Bjorksten, J.: The Search for Microenzymes: The Enzyme of Bacillus cereus (Finska Kemists, Medd. 82, No. 2, 1973)

Schenk, R. U./Bjorksten, J./Ashman, St. M./Burrowbridge, G. T.: The Search for Microenzymes, Anomalous Behaviour of Pronase, (Auomen Kemistilehti B 45/1972)

Schmid, F./Stein, J.: Die Technik der Zelltherapie (Deutsche Gesellschaft für Zelltherapie 1971)

Schmid, F./Stein, J.: Zellforschung und Zellulartherapie (Verlag Hans Huber, Bern u. Stuttgart 1963)

Schröder, J./Struck, L.: In-vitro-Nachweis der biologischen Wirksamkeit des sogenannten Bogomoletz-Serums mit dem Leukozyten-Resistenztest (Therapiewoche 1971)

Science Citation Index 1961–1975, Institute for Scientific Information, Philadelphia

Shock, N. W.: A classified Bibliography of Gerontology and Geriatrics, Stanford, Cal., (Stanford University Press 1950)

Shute, W. E./Taub, H. J.: Vitamin E, For Ailing and Healthy Hearts, (W. H. Allen, London/New York 1971)

Sobel, H.: When does Human Aging Start? (The Gerontologist, Vol. 6, No. 1, März 1966)

Social Science Citation Index 1972–1975, Institute for Scientific Information, Philadelphia

Stein, J.: Derzeitiger Stand der Therapie mit Zellen und Geweben, (Physikalische Medizin und Rehabilitation 1969)

Stein, J.: Vitalität, Vitalitätseinbuße und Revitalisierungstherapie, (Die Heilkunst, November 1972)

Stein, J.: Die Zelltherapie in der inneren Medizin, (Die Heilkunst 1974)

Strehler, B. L.: Time, Cells and Aging, (Academic Press INC., New York 1962)

Symposium Sobre Terapeutica, Celular en el Tratamiento del Cancer y en la Tercera Edao, Februar 1975

Taylor, J.: The shape of Minds to come, (Panther Books Ltd., 1974)

Taylor, J. G.: New Worlds in Physics, (Faber und Faber, London 1974)

Tappel, A. L.: Will antioxidant nutrients slow aging processes? (Geriatrics, 23: 97–105, 1968)

Theimer, W.: Altern und Alter, (Georg Thieme Verlag, Stuttgart 1973)

Timiras, P.S.: Developmental Physiology and Aging, (The Macmillan Company, New York 1972)

Tomas, A.: Wir sind nicht die Ersten, (Verlag der Europäischen Bücherei, H. M. Hieronimi, Bonn 1972)

Unschuld, P. U.: Pen-Ts'ao 2000 Jahre Traditionelle Pharmazeutische Literatur Chians, (Heinz Moos Verlag, München 1973)

Vaughun, W.: Is aging due to a decrease in gene function (Unpublished paper, Chemical Biodynamics Laboratory, University of California, Berkeley 1969)

Verzár, F.: Die Kontrolle des menschlichen Alterns, (Gottlieb-Duttweiler-Institut)

Vingt Ans de Transplantation de Glandes Endocrines: Regards en Arrière et Voies Nouvelles, (Bern, Verlag Hans Huber 1948)

Vinz, H.: Die Änderung der Materialeigenschaften und der stofflichen Zusammensetzung des kompakten Knochengewebes im Laufe der Altersentwicklung (NOVA ACTA LEOPOLDINA, Band 35, Johann Ambrosius Barth, Leipzig 1970)

Voronoff, S.: La Greffe Testiculaire du Singe à l'Homme, (Paris, Doin 1930)

Walford, R. L.: The Immunological Theory of Aging, (Mimksgaard, Copenhagen 1969)

Was ist der Tod: R. Piper u. Co. Verlag, München 1969

Watson, J. D.: The Double Helix, (A Signet Book, The New American Library 1968)

Wentz, M. Ch.: Contribution à l'étude de la thérapeuthique géreatrique, Thèse pour le Doctrat en Médecine, (Diplôme d'Etat, Paris 1962)

Wiedemann, F.: Länger und gesünder leben, (Heidenheimer Verlagsanstalten 1972)

Wilson, R. A.: Die vollkommene Frau, (Kindler Verlag, München 1966)

Wolf, M./Ransberger, K.: Enzyme Therapy, (Vantage Press, New York 1972)

Wolf, N.: Möglichkeiten und Erfolge der Zelltherapie bei hirnatrophischen Prozessen (Fortschritte der Medizin 1969)

Woolhouse, H. W.: Aspects of the Biology of Aging, (Symposia of the Society for Experimental Biology, No. 21, New York Academic Press 1967)

Register

Johannes v. Buttlar

Schneller als das Licht

Von den grenzenlosen Möglichkeiten des Menschen
208 Seiten, 16 Seiten Schwarz-Weiß-Abbildungen, Leinen

»Von Buttlar will keine Begrenzung der Möglichkeiten für den Menschen anerkennen und wagt es, das vielfältig bestätigte Gesetz von der Konstanz der Lichtgeschwindigkeit in Frage zu stellen. Damit nimmt er für sich in Anspruch, was vor ihm entscheidende Geister gegen die wissenschaftliche Tradition getan haben: Svante Arrhenius und Walter Nernst, Niels Bohr, Werner Heisenberg, von Weizsäcker und H. C. Urey.«

Prof. Dr. Dr. E. H. Erich Pietsch

»Der Autor führt den Leser bis an die Grenzen astronomischer Erkenntnisse und zeigt Richtung auf, die uns heute noch utopisch, morgen vielleicht schon wissenschaftlich gesichert erscheinen.«

Der Rotarier

Econ Verlag · 4000 Düsseldorf 1 · Postfach 9229